U0135030

約翰·柏格 前言

劉奕吟 ——譯

泰勒·雷利摩爾 Taylor Larimore

梅爾·林道爾 Mel Lindauer

麥可·勒巴夫 Michael LeBoeuf

柏格頭論壇 創版人 ——著

觀念版

真·佛系投資法

鄉民的提早退休計畫

The Bogleheads' Guide to investing

SECOND EDITION

關於這本書……

這是一本為挖掘眾鄉民對投資討論精華，系統整理而成的投資指南！

作者為史上最大的線上免費投資論壇——
柏格頭論壇創版人、鄉民之最、發帖最兇的泰勒‧雷利摩爾
等人。

讀這本書之前，你必須要先知道……

🏛 柏格頭論壇是什麼？

1998 年，泰勒‧雷利摩爾和其他人在晨星上創立的一個網路
論壇。論壇專門討論領航創始人約翰（傑克）‧柏格所支持
的指數化投資，其目的是幫助所有人達到財務目標。

2007 年，柏格頭論壇從晨星搬到柏格頭信徒們的論壇：
www.Bogleheads.org

這個論壇是世界上最大的免費投資論壇，每日點擊率高達
450 萬次，運作超過 20 年。

💲 約翰（傑克）· 柏格是誰？

領航投資的創始人，被《財星雜誌》譽為20世紀四大投資巨頭之一，更是推出供散戶投資的指數型基金的第一人。

他認為，最理想的投資工具是，低成本的指數型基金。

💰 成功的投資法是什麼？

柏格頭的頭號信徒泰勒告訴我們，「先理財，再利用低成本的指數型基金投資」。
切記：把握投資成功的三大關鍵：多樣性＋低成本＋買進持有。

📊 指數化投資是什麼？

投資成功的三關鍵是：低成本＋多樣性＋買進持有。指數化投資就有這三要素，它強調要利用被動型的指數基金（含有「低成本」和「多樣性」兩要素）做投資，而且長期投資（代表「買進持有」）下，通常可獲得的年報酬率會接近市場報酬率（約 7 ～ 9%）。

閱讀小訣竅

第 10 ～ 11 章關於稅務的內容，以美國稅法為主。
這部分在閱讀上，可看看觀念與作法，再配合台灣的稅法去投資。

1. 台灣現行基金種類與課稅方式

基金種類	投資標的	收益來源	課稅方式
境內基金	國內市場	買賣基金價差（資本利得）	不課（證所稅停繳）
		基金配息	併入利息、股利所得（1 年 27 萬內免稅）[※1]
境內基金	海外市場	買賣基金價差（資本利得）	不課（證所稅停繳）。[※2]
		基金配息	海外所得（1 年 100 萬內免申報）[※2]
境外基金	海外市場	買賣基金價差（資本利得）	海外所得（1 年 100 萬內免申報）[※2]
		基金配息	

[※1] 利息和股利，涉及到所得稅和二代健保。若加上個人所得，超過原稅率級距，就會有較大的變化。

[※2] 依現行規定，海外所得100萬以內免申報所得，100萬以上則需申報並計入「基本所得」，包含海外所得、個人綜合所得淨額、特定保險給付等七個項目，合計超過670萬者，需繳納稅金（與一般所得稅額比較後取較高者繳納）。

2. 在節稅帳戶的利用上，台灣法規，只能利用勞退新制，自行提撥薪資至勞工退休金個人專戶（最高 6%），勞工個人自願提繳部分，得自當年度個人綜合所得總額中全數扣除。

致約翰・柏格（John C. Bogle），
領航集團（Vanguard Group）創辦人

他是我們在遠方認識多年的人，
但後來我們把他當作朋友來認識與珍惜。
當一些共同基金創辦人選擇賺取數十億美元時，
他選擇做出改變。

目錄

第一部分
提早退休必須知道的16件事

第二部分
達到目標必須完成的 7 件事

附錄

推薦序
在這裡，你能享受投資成功的樂趣

沒有什麼比美國人的知識與道德協會更值得你注意了。各種年齡、各種條件、各種性格的美國人不斷形成各式各樣的協會……宗教的、道德的、嚴肅的、無用的、普遍或受限的、巨大或微小的。我常常欽佩美國居民的高超技巧，他們能成功提出一個共同目標，促使許多人自願去追求它。

美國的一些居民一旦提出他們希望促進的意見或感情，他們就會尋求彼此的協助，一旦他們找到彼此，他們就會聯合起來。從那一刻起，他們不再是孤獨的人，而是一種可從遠處看見的力量，他們的行動會成為榜樣，他們的語言會被傾聽。

只有透過人與人之間的相互影響，感情與意見才會被吸收、內心才會擴大、人類的思想才會發展。……這只能透過協會來實現。什麼樣的政治權力能在協會原則的幫助下，維持美國公民每天所從事的眾多次要的工作呢？

——阿勒克西・德・托克維爾（Alexis de Tocqueville）

《民主在美國》（*Democracy in America*），1840

在我看來，網路上的柏格頭是阿勒克西・德・托克維爾在其具深遠影響的著作中，以敏銳觀察力所描述的美國協會的典範。這個有才智、充滿正直、志同道合的投資者協會，不僅為成功積累財富，提供可靠的知識基本原理，也如同阿勒克西・德・托克維爾所說的，提供了可靠的道德基本原理。難怪《民主在美國》──出自一位法國人，他在 25 歲時，只拜訪了美國 9 個月！──**禁得起長達約 170 年美國定義式考驗的文本。**

在柏格頭存在的十幾年裡，它已經從一個鬆散、但專門的投資者協會，變成一個正式的網站 Bogleheads.org（柏格頭是之前聚集在晨星網站〔Morningstar.com〕的領航死忠粉絲留言板）。現在，柏格頭網站每天吸引令人難以置信的 5 萬人次的訪問，以及每天高達 1,500 則的貼文。《鄉民的提早退休計畫〔觀念版〕》標記著這個非凡的協會的一個重要里程碑。

有兩個特別顯著的特徵，標記了柏格頭文化。**第一個特徵是理性**。這些散戶充滿常識、不能容忍不合邏輯，而且對事實的偏好甚過誇大。今天流行的投資錯誤觀念──專注於短期和快節奏的交易；相信過去基金的傑出表現，將會反覆出現；忽視基金的營運費用、銷售佣金、隱藏的投資組合週轉成本，以及州和聯邦稅的重要性──對他們來說是討厭的事。柏格頭已經開始接受我所說的「**在簡約帝國中的簡單威嚴**」，做為成功投資的核心。

第二個特徵是（對所有事物）關心。柏格頭會關心彼此。他們渴望幫助對幾乎任何投資主題有疑問的所有投資者──網站的定期訪客和新訪客、見多識廣者和天真的投資者、經驗豐富者和初學投

資者——願意不受限制的（除了粗魯無禮或粗糙的）討論當前的投資議題，有時甚至是全國性與全球性的議題。基金的選擇、基金的績效表現、投資的類型、退休規劃、儲蓄計畫、稅務管理——這些都不在這個非凡的投資者協會的範圍之內，但他們在無償與沒有偏見的情況下，努力幫助他們的成員投資者。如果有一個網站能展現黃金法則，那麼柏格頭網站肯定是它的典範。

柏格與柏格頭

柏格頭在引起我的注意之前，至少已經成立三年了。我聽過領航集團的公關人員對他們的討論，早就知道他們不只是我的投資方法——當我在 1974 年創立領航集團時，反映在代表這間新興公司基石的投資策略與人類價值上——的堅定支持者，還是相當特殊的一群人。

然而，直到 1999 年 2 月 3 日，我才遇到我的第一個柏格頭。當時是在佛羅里達州奧蘭多的「金錢秀」（The Money Show）上，我發表了一場引發爭議的投資演講（「投資的文化衝突：複雜 vs. 簡單」〔The Clash of the Cultures in Investing: Complexity vs. Simplicity〕），這場演講似乎立刻讓邀請我去發表演講的主持人感到不解，此演講內容似乎激怒了贊助公司（它們都提供它們自己的輕鬆致富途徑），似乎也讓數千名散戶觀眾既驚訝又高興。

在我開始演講前不久，泰勒・雷利摩爾（Taylor Larimore；與他的妻子派特一起）向我介紹他自己。泰勒當時與現在都被認為

是柏格頭的非正式領導人，事實證明，他是我所見過非常優秀的人——熱情、體貼、聰明、有投資頭腦，且渴望幫助別人。二次世界大戰老兵與出色的水手，只是泰勒眾多豐富的背景之一。我提到這些背景是因為前者需要勇氣與紀律；後者則需要仔細的規劃，堅持已經設定好的路線，同時在過程中適應風與潮汐的變化。恰好，這些都是成功投資者的主要特徵。

2000 年 3 月，當我在佛羅里達州再次發表演講時，泰勒邀請我到他位於邁阿密的共有公寓（實際上就位在泰勒出生的地方——他稱它為「傑克建造的房子」來向我致敬）跟柏格頭見面，我熱情的同意了。當我下樓到飯店大廳時，迎接我的是梅爾・林道爾（Mel Lindauer），他是這個團體的非正式副領導人，旁邊有一個告示寫著「柏格頭在此聚會」。[1] 我們都去了泰勒可愛的家，派特在晚宴上的熱情款待，讓這個後來被稱為第一次死忠粉絲聚會（Diehards I）的夜晚，特別溫暖、有活力，並充滿愉快的交談，也讓大約 20 位素未謀面的投資者很快的成為朋友。

第二年，第二次死忠粉絲聚會（Diehards II），這群人在賓州的福吉谷（Valley Forge, Pennsylvania）見面。慶祝活動始於 2001 年 6 月 8 日，當天的晚宴由《Money 錢》（*Money*）雜誌的撰稿人傑森・茲威格（Jason Zweig）主持，當時有 40 位柏格頭出席。他後來寫

---

1 泰勒與梅爾是網站上最活躍的參與者之一，他們合作寫這本書絕非巧合。麥可・勒巴夫也加入了他們的行列，我也認識他，他是柏格頭網站的另一位主要貢獻者，本身也是一位作者。

了一篇文章讚美這個團體：「死忠粉絲在同一首投資讚美詩的同一頁上，和聲唱歌，藉此蓋過市場上的噪音。」第二天，包含拜訪領航集團位於福吉谷的總部的延伸行程，在那裡，我擔任主持人、導覽人員，以及主題演講者。接下來的問題與回答時間涉及相當廣泛，最後由麻薩諸塞州的柏格頭鮑伯·斯托（Bob Stowe）牧師做結尾，他代表協會贈送我一個帥氣的二戰時期軍號，象徵著我「建立一個保護與服務一般投資者的產業」的號角（我忍不住引用聖保羅〔St. Paul〕的這句話來回應：「如果號角發出不確定的聲音，那麼有誰會準備好去戰鬥呢？」）

第三次死忠粉絲聚會，由網站提供商晨星公司好心主辦，於2002年6月26日在芝加哥舉行，大約50位來自全國各地的柏格頭，他們不但參加了公司的年度投資研討會，還聽了我的演講（「洩密圖表」〔The Tell-Tale Chart〕），更參與一系列活躍的聚會。在芝加哥，這個由有才智的投資者、且尋求傳播福音的好人所組成的協會，變得愈來愈熟悉與友好。

下一次聚會（死忠粉絲 IV）在2004年5月10日舉行，當時大約有60位柏格頭聚集在科羅拉多州的丹佛（Denver, Colorado），他們是投資管理與研究協會（Association for Investment Management and Research，簡稱 AIMR）年會的嘉賓，這個協會是代表證券分析師與資產管理者的專業組織（AIMR現在已經更名為CFA協會〔CFA Institute〕，CFA為特許財務分析師〔Chartered Financial Analyst〕的簡稱）。在我的演講（「創造健全的治理：股東的視角」〔Creating Sound Governance: The Shareholder's

Perspective〕）中，柏格頭被安排在一個特別的座位區域，接著是範圍廣泛的提問與回答環節。主持人問我的最後一個問題是：「柏格頭是什麼？」有機會可以向 1 千位投資專業人士介紹，組成這個專門的散戶協會的傑出人士，以及他們所採用與宣傳的可靠投資策略，真是一件難得的樂事。

每年的柏格頭聚會都持續吸引著熱情的投資者，去跟老朋友與新朋友重新聯繫、去聆聽投資專業人士的演講，當然，也去跟他們的同名者見面。這些研討會已經在全國各地舉行——拉斯維加斯、華盛頓哥倫比亞特區、聖地牙哥，以及達拉斯－沃斯堡（Dallas/Ft. Worth）。近年來，柏格頭在賓州的福吉谷（領航集團總部所在地）舉行了他們的年度研討會。

柏格頭要旨

《鄉民的提早退休計畫〔觀念版〕》是一本精彩、詼諧、有智慧的書。身為一名投資者（在我整個成年生活中），我發現雷利摩爾、林道爾，以及勒巴夫先生的睿智理解是最有價值的，正如他們所說，投資的實踐「與生活中的大部分事情有很大的不同」。為什麼？**很大程度上是因為，我們的金融市場本質上是一個封閉的系統，在這個系統中，特定投資者所獲得的優勢，會使同一市場上的其他投資者處於不利地位。**作者們意識到這個永恆的真理：身為一個群體，我們投資者不可避免的會趨於平均，所以擊敗市場是一場零和遊戲（當然，扣除我們的投資成本後，就會變成輸家遊戲）。

重要的是，他們指出，依靠那些適用於生活中大多數挑戰的典型常識方法，「注定會讓你變得更窮」。舉例來說，他們告誡各位**不要遵循**以下的生活原則：

- 如果你不知道該如何做某件事……那就僱用一位專家。
- 付出多少，就得到多少。
- 如果出現危機，就採取行動！
- 未來表現的最佳預測指標，是過去的表現。

　　簡而言之，在我們日常生活大部分方面發揮作用的原則，只會導致投資失敗。了解這種反向智慧，是邁向投資成功的第一步。

　　不過，如果上述的告誡是既準確又違反直覺，那麼《鄉民的提早退休計畫〔觀念版〕》的基本要點，就是既準確又符合直覺。「選擇一種可靠的理財生活方式。儘早開始並且定期投資。了解你買的東西。保持你的購買力。保持低成本與低稅務。多元化你的股票投資組合（並藉由債券投資組合來分散你的股票風險）。」遵循這些簡單信條的投資者，無論金融市場在未來幾年提供什麼樣的報酬，都將獲得公平的分配。

柏格頭與班傑明·富蘭克林

　　當我讀完《鄉民的提早退休計畫〔觀念版〕》時，我有一種似曾相識的感覺。因為我突然意識到，我最近才看過 250 年前寫下的，一套類似的可靠、簡單、成功的儲蓄與投資方法，這表示這些

戒律可能不只有效，而且還恆久不變。很巧，這些方法是班傑明・富蘭克林（Benjamin Franklin）在 1757 年出版的一本廣為流傳的小冊子《致富之道》（*The Way to Wealth*，也叫《賺大錢的藝術》〔*The Art of Making Money Plenty*〕或亞伯拉罕神父之言〔*Father Abraham Speaks*〕）中所表達的觀念，這本小冊子在 2002 年由美國哲學學會（American Philosophical Society）重新出版，其觀念如下：

- 如果你想變富有，除了考慮儲蓄，還要考慮賺錢。
- 靠希望生活的人會餓死。
- 沒有付出，就沒有收穫。
- 有一技在身，就有資產。
- 稅確實很重，（但是）我們因為懶惰會被課兩倍的稅、因為驕傲會被課三倍的稅、因為愚蠢會被課四倍的稅。
- 當心小筆開銷；小漏洞會使大船沉沒。
- 好學的人有學問，謹慎的人有財富。
- 如果你想要忠實的僕人，你就要服侍自己。
- 總是從飯桶裡取出卻從不存入，很快就會見底。
- 大資產可以多冒險，小船則應該靠岸邊。
- 為了年老與需要，能儲蓄時就儲蓄；早晨的太陽不會持續一整天。

總之，富蘭克林的影響與柏格頭的影響是一致的，「我的朋友們，關於理性與智慧……還有節儉與謹慎的信條，雖然都是非常好的東西，但我們要謙卑的祈求上帝賜福，不要刻薄那些需要祝福的

人，而是安慰和幫助他們……世界上最高尚的問題是什麼？是『我這麼做能得到什麼好處？』」再次引用富蘭克林的話，這個投資協會的成員都「致力於承擔美德與服務他人的義務」。

柏格是怎麼想柏格頭的？

親愛的讀者們，請暫時把你們自己放在我的立場想一想。如果有一個美國公民協會為他們自己命名為「（請在這裡填上你的姓氏）頭」，你會有什麼感覺？這一切都取決於——不是嗎？——他們的性格、他們的價值觀，以及他們的知識與道德準則跟你的相符程度。在這裡，**柏格頭在這方面獲得了高分，他們擁護我整個職業生涯所致力的投資策略與人類價值觀**。不僅如此，正如阿勒克西·德·托克維爾所言，他們已經「採納一種意見……他們希望推廣，他們尋求彼此的幫助，一旦他們發現彼此，他們就會結合起來……藉由吸取意見、擴大心胸、發展人類思想來互相影響。」

所以，我當然很榮幸，也很高興，不只是因為得到這群以我的名字命名，並採納我的原則的追隨者的支持與友誼。我職業生涯——在投資、管理、創業，以及公共服務方面——的最終目標，是帶著完好無損的名聲離開這個世界（但不要太快！）因此，我承認，是的，我對我人生使命得到愈來愈多的認可，感到非常自豪，不只是在柏格頭之中，也包含在數百萬正直、腳踏實地的人們之中，他們值得在努力為家庭獲得經濟保障的過程中，得到公平的對待。

當然，**驕傲**並不是一件天大的好事，我也意識到，它是一種需要謹慎對待的性格特徵。以下是班傑明・富蘭克林對此性格特徵巧妙的形容：

　　在現實中，也許沒有任何一種天生的強烈情感，比驕傲更難以抑制了。隨你的心意去掩飾它、跟它鬥爭、打倒它、扼殺它、抑制它，它依然存在，而且會不時的出現、展現它自己；也許你會在我的歷史中經常看到它；因為即使我能想像我已經完全克服它，我可能還是會為我的謙遜感到驕傲。

　　在我今天敘述的歷史中，如果我允許自己的驕傲顯露並表現出來，我會向你們保證，我是懷著極大的謙卑接受這份榮譽的：這個柏格頭協透會過他們對名稱的選擇、對我的原則與價值觀的熱情支持，以及他們在這本書的奉獻，**對這個特殊的柏格做出了付出**。遵循它的指引，你將享受投資成功的樂趣。

約翰・柏格

賓州福吉谷

2014年6月

前言
這是一本最棒的投資指南

不要以高於或低於金錢的價值來衡量金錢;它是個好僕人,卻是個壞主人。

——小仲馬(Alexandre Dumas fils),

《茶花女》(*Camille*),1852

柏格頭跟你想像的可能相反,它不是你偶爾會在你前面那台車子的後窗看到,頭會晃來晃去的那種有趣小玩偶。那是搖頭公仔。

柏格頭是完全不同的動物。雖然不像搖頭公仔那麼顯眼,但我們的軍團有數百萬人。我們是遵循領航集團創辦人約翰·「傑克」·柏格所提倡的投資哲學與策略的投資者。

認識我們的領袖——約翰(傑克)·柏格

傑克·柏格(Jack Bogle;編按:在台灣通常以約翰·柏格〔John Bogle〕稱呼)為散戶所創造的可能,真的非比尋常。多虧了他創造的無銷售手續費、低成本、具稅務效率的共同基金,數百萬的投

資者才能從他們的投資中，獲得比其他方法更高的報酬。他推出的第一檔供散戶投資的指數型基金（index fund），被批評者稱為「笨蛋柏格的把戲」（Bogle's Folly）。如今，同一檔基金，也就是領航500 指數基金（Vanguard's 500 Index fund），已成為全球最大的共同基金。多虧了傑克・柏格，更多投資者的錢被用來為他們自己效力，而不是進到經紀人、基金經理人，或稅務人員的口袋。對於一般投資者來說，這也轉化成一些其他用處，像是擁有更好的家庭、孩子的大學教育、老年人的退休生活、將更多的錢可以留給愛的人和關心的事業。雖然有一些其他投資基金家族也加入低成本革命，不過是傑克・柏格吹響了號角、帶頭衝鋒，也是領航集團一直在引領這場革命。

也許你會認為，對一個人來說，一生如此巨大的貢獻已經足夠了，但傑克・柏格不是一個普通人。傑克・柏格自從 1996 年因為心臟移植，而辭去領航集團董事長的職位以來，一直致力於教育投資者，教他們如何從他們的投資中獲得更高的報酬。此外，他的教學簡化了投資，讓沒有財務金融背景的一般人也能非常容易理解。他的著作《柏格談共同基金》（*Bogle on Mutual Funds*）、《共同基金必勝法則》（*Common Sense on Mutual Funds*），以及其他著作都是經典之作。

傑克・柏格除了創立一個偉大的共同基金家族、教其他人如何有效的進行投資，他也是一個孜孜不倦幫助散戶的提倡者。我們經常看到他對專業團體進行演講、出席畢業典禮、或是在電台和電視上接受採訪。他的社論經常出現在《華爾街日報》（*Wall Street*

Journal）上。他向投資界傳達的資訊始終是一致的：給投資者的錢一個「公平的對待」、告訴他們真相，以及記住人品很重要。他已經貼切的被貼上「行業良知」的標籤。他的榮譽不勝枚舉，其中包含在 2004 年成為其中一位被《時代》（Time）雜誌評選出的「塑造我們生活的 100 位英雄與偶像」。當湯瑪斯·傑佛遜（Thomas Jefferson）說，「一個人有勇氣就是多數人」時，他說的可能就是傑克·柏格。

認識柏格頭

多虧了位於芝加哥的投資研究公司晨星公司，柏格頭的聚會場所於 1998 年建立起來，世界各地的柏格頭可以在那裡聚會、討論投資想法、互相幫助。正如你猜想的那樣，我們是在網路上聚會。你可以從 www.bogleheads.org 進入這個柏格頭論壇。多虧了柏格頭亞歷克斯·弗拉克與拉里·歐頓的工作成果，在 bogleheads.org 網站上，你能看到一個能連結到最近對話的列表，你能得知更多關於柏格頭的訊息，並找到常見問題的答案。論壇是開放給公眾參與的。你可以在柏格頭投資論壇上免費閱讀對話與貼文。

冒著顯得不謙虛的風險，我們相信柏格頭論壇是網路上最好的投資論壇。這個網站每天的點擊量，超過 100 萬次。我們的成員包括一些最好的投資規劃師、作家，以及有商業頭腦的人。你張貼一個問題，可能就會從他們其中一人或多人身上得到答案。更棒的是，你可以從某個沒有隱藏銷售動機的人身上，得到誠實、公正的

答案。我們的論壇非常不贊成有人在網站上試圖進行商業行為，因此，商業貼文會很快的被刪除。我們的會員年齡範圍在 12 歲以上（含 12 歲），我們的財富與經驗範圍包含剛起步的投資者，到擁有數百萬美元投資組合的老練投資者。

柏格頭的聚會不是只在網路上開始與結束。從 2000 年開始，我們每年都會舉行一次聚會，邀請所有柏格頭面會和互相問候。傑克・柏格參加了每一次的聚會，只有一次例外（當時他在醫院）。他慷慨的與我們分享他的時間，認識身為個體的我們，並回答我們的投資問題。這些全國性活動全都大獲成功，我們也持續舉辦一年一度的聯歡會。

此外，當地的柏格頭分會如雨後春筍般，出現在全國各地的城市和地區，還有歐洲和亞洲。當地的分會提供了一個機會，讓柏格頭能面對面交流、一起享受一頓飯、討論投資。全國的柏格頭研討會和地方分會聚會是美國的縮影——一個非常多樣化但非常友善的群體，他們來學習、分享他們所知道的，以及幫助他人。

關於本書

我們寫這本指南是為了讓你體驗柏格頭的投資方法。我們知道，它將使你成為一個更好的投資者，以及你自己的財務資源管理者。我們假設你不具備財務金融知識。事實上，對投資一無所知可能是件好事。這樣你就不必拋棄許多由華爾街、由媒體所傳播的不實內容。

我們三人加起來擁有超過一個世紀的投資經驗。經過反覆試驗，**我們每一位都分別採用了柏格頭投資方法，原因很簡單：它給了我們每個人最好的稅後報酬，同時讓我們的投資風險最小。就這麼簡單。**

本書涵蓋了幾個關鍵主題：

- 如何在開始投資之前，擁有良好的理財基礎。
- 各種類型的投資，實際上是什麼內容。
- 如何保護你的投資免於遭受通貨膨脹的破壞。
- 如何確定你需要存多少錢。
- 建立一個簡單但有效的投資組合的步驟。
- 為大學存錢的好方法。
- 如何不讓意外之財，從指縫間溜走。
- 如何決定是否需要財務顧問，如果需要的話該如何選擇。
- 如何決定何時該再平衡你的投資組合，以及如何進行再平衡。
- 如何分辨並排除來自華爾街與媒體的噪音，這些噪音的目的是為了讓他們受益，而不是讓你受益。
- 投資者的情緒如何成為自己最大的敵人，以及如何防止讓情緒毀掉你的儲蓄。
- 防止財務災難的步驟。
- 如何在不花光錢的情況下，過舒適的退休生活。
- 如何有效率的把資產傳給繼承人。
- 如何保持簡單的投資風格，讓你有更多時間充實自己的生

活。

　　我們沒有隱藏的動機。我們不是在尋找客戶的財務規劃顧問或資產管理者。我們沒有強而有力、快速致富的週末研討會能推銷你。我們都已經 70 幾歲了，在經濟上很有保障，還不曾沒飯吃。如果你想在書店、圖書館閱讀這本書，或者從朋友那裡借這本書，我們都很樂意。我們的主要任務只不過是，透過教導其他人如何從他們的投資中獲得最佳的長期報酬，來支持傑克・柏格的使命。

　　我們還有第二個任務。我們希望這本書能鼓勵你加入網路上的柏格頭投資者軍團。來 www.bogleheads.org 打個招呼吧。張貼你可能有的任何問題，並與我們分享你在投資方面學到的東西。我們都在那裡學習、幫助，以及享受柏格頭的友誼。歡迎！

泰勒・雷利摩爾

梅爾・林道爾

麥可・勒巴夫

—— 第一部分 ——
提早退休必須知道
的
16 件事

第 1 章

投資前，你得先理財

免下車銀行的建立，使得今天大多數的汽車都能看到它們真正的主人。

——E・約瑟夫・格羅斯曼（E. Joseph Grossman）

這是一個長期以來一直保持一致的古老數據。以 100 位 25 歲的年輕美國人為例。當他們到了 65 歲時，其中 1 個人將會變富有，4 個人將在財務上獨立。其餘的 95 個人將在到達傳統退休年齡時，無法自我維持他們已經習慣的生活方式。

如果沒有社會安全福利金、聯邦醫療保險（Medicare），以及醫療補助（Medicaid）等政府方案的援助，許多人將會餓死。如果你懷有政府能為你提供一個完整、富足的退休生活的夢想，那麼是

時候該醒醒了。雖然政府不會讓你挨餓，但它也不會承諾讓你的晚年變美好。你的晚年生活是否美好，取決於你。一種完全建立在政府救濟款的生活方式，往好的方面說，也始終讓人有點不自在。

隨著 7600 萬嬰兒潮一代的退休或接近退休，情況可能會變得更糟。

我們生活在世界歷史上最富有的國家。我們的財富極為龐大，而且還在成長。然而，我們當中只有 5% 的人能在 65 歲時實現財務獨立。這是為什麼呢？答案往往就在於，我們選擇如何處置進入我們生活的錢。

你的理財生活方式是什麼？

雖然你可能沒有意識到，但你已經選擇了目前的理財生活方式。為了簡單起見，讓我們來看看，三對不同夫妻的三種常見的理財生活方式。當你讀到每種生活方式時，可能會想起認識的人。但最重要的問題是：「哪種理財生活方式與你的最接近呢？」

1. 借款者

「忘記明天，讓我們為今天而活吧。」這是借款者比爾（Bill）與貝蒂（Betty）的信條。這是一種建立在容易出問題的計畫——信用卡——上的理財生活方式。對於借款者來說，用現金購買絕大多數東西是前所未聞的。他們開著最新且最好的車子、穿戴最新的時尚珠寶和服裝、住在大房子裡，所有的一切都靠巨額債務來提供

資金。大房子是用很少的頭期款購買的，或幾乎沒有頭期款，餘額則是靠只支付利息、浮動利率的房屋貸款提供資金。同樣的，車子是用租賃，或是靠高額汽車貸款提供最多的資金。任何可以用信用卡支付的東西，都用信用卡支付。對於借款者來說，信用卡是一種極好的交易——幾乎就像免費的錢。每個月只需支付信用卡公司欠款餘額的 2%——永遠。這是他們在大學裡學到的第一堂課之一。

比爾與貝蒂非常想去參加，他們的朋友布拉加特夫婦（Braggarts）參加過，且讚不絕口的豪華遊輪旅行。不幸的是，價格遠遠超過他們的信用卡額度。不過，他們有現成的資金來源。比爾與貝蒂的房子已經大幅升值，就像是命運的安排。因此，他們只需申請一筆房屋淨值貸款，就可以搭乘遊輪出遊了。更棒的是，由於貸款的利息是可扣抵稅的，因此一部分花在遊輪上的錢，是承蒙山姆大叔（Uncle Sam）的允許。美國很棒吧？

除非借款者做出重大改變，否則他們的財務未來將走向懸崖。他們不只沒有積累財富，還積累了負的財富，也就是所謂的債務。此刻面臨失業，下一刻面臨意外事故或疾病，借款者的高生活水準便成為歷史。車子會被收回。房貸會被取消抵押品贖回權，他們就會被迫離開他們的房子。

他們宣布破產，他們許多珍貴的財產都被拍賣，用來償還債權人。朋友和鄰居都非常震驚，他們會說：「他們看起來做得很好。」（在德州，這種典型特徵被稱為「打腫臉充胖子」）。比爾與貝蒂宣稱自己是壞運氣的受害者。事實是，他們為了今天的支付去搶劫明天。

2. 消費者

　　幸運的是，大多數美國人比借款者更負責。他們的理財生活方式反而更接近消費者查德（Chad）與凱西（Cathy）。借款者以信用卡的心態消費，消費者則以薪水的心態消費。查德與凱西並沒有借到最大程度，而是根據他們加起來的淨收入，最大程度的花錢。他們會看他們的實得工資，看它有多少，然後出去盡情的買他們能負擔得起的東西。畢竟，這不就是他們工作的原因嗎？

　　查德與凱西跟大多數美國人一樣，無法用現金支付重大消費，像是房子、新車，或像他們鄰居擁有的那種大螢幕高畫質電視。當涉及重大消費時，購買決定通常可以歸結為，找到這個神奇問題的答案：

我們能負擔得起每個月的支付嗎？

　　他們從來沒有停下來考慮，他們增加了多少購買成本，或者他們將會為此支付多長的時間。他們對這樣的細節不感興趣。如果他們能搞定付款，他們就會購買商品。他們的理財生活方式完全就是賺錢消費。

　　查德與凱西聽說過羅斯個人退休帳戶（Roth IRA，簡稱羅斯IRA），他們可以用這個帳戶為退休累積免稅的錢。而且他們的雇主都有 401(k) 計畫，在這個計畫中，雇主會根據他們願意在延後課稅基礎上儲蓄與投資的錢，提供公司的相對提撥。然而，他們拒絕了免費資金的提供，也拒絕了免稅累積財富的機會。當然，他們願意存錢。不幸的是，他們現在需要的東西太多了：新車、大螢幕電視、iPod、有數位相機的新手機、迪士尼樂園之旅，以及許

多其他的生活必需品。他們的靈魂也許屬於上帝，但麥迪遜大道（Madison Avenue）控制著他們的錢包。

關於消費者的理財生活方式，你唯一能說的好事是，它比借款者更好。儘管查德與凱西認為這是他們擁有自己的生活方式，但事實是，這只是他們租來的。就像借款者一樣，失業、意外事故，或疾病，都可能會帶來可怕的財務後果。沒有緩衝現金和實現財務獨立的長期計畫，他們將繼續過著租來的生活方式，直到他們選擇退休或不能再工作。從那時起，他們將在政府官僚機構的支配下，過著非常簡樸的理財生活方式。

3. 保存者

雖然大多數美國人都用信用卡或薪水的心態在過日子，但第三種非常聰明的群體，卻有著不同的財務心態。正如保存者肯（Ken）與金（Kim）所說的：「債務是致命的，賺錢消費對你沒有任何好處。達成財務自由的人都專注於長時間積累財富。」當其他人把焦點放在他們的淨收入時，保存者則對他們的淨資產更感興趣。

保存者的收入並不比借款者或消費者高。事實上，他們可能賺得更少。但是，在他們的一生中，他們可能會比另外兩對夫妻擁有更多錢可以花，也擁有更多非工作的時間可以享受。

有何區別呢？首先，保存者一賺到錢後會怎麼處理。他們對每一份薪水所做的第一件事，就是為他們未來的財務自由支付一筆錢。**他們的稅後工資中，至少有 10% 被拿來儲蓄和投資。**他們熱衷於參與工作中的任何員工儲蓄和／或雇主相對提撥（matching）

計畫。他們每年向他們的羅斯 IRA 提撥最高的法定金額。

他們是否像借款者與消費者一樣，擁有債務與信用卡呢？是的，他們有。不過，他們的債務很可能是他們能夠負擔得起的房貸，或是用來支付能夠大幅提高他們收入潛力的助學貸款。如果他們有汽車貸款，他們可能會購買車齡兩年或三年的汽車，並計畫長期持有。他們知道，擁有一台車的最大成本，是最初幾年的折舊。他們會找一台物美價廉、車況良好的車子，讓原來的車主承擔折舊損失。至於信用卡，他們使用是為了方便，且每個月都會付清全部欠款。

肯與金是生活在極度貧困中，希望有一天能變富有的守財奴嗎？不，他們不是。在每個月留下一筆固定的錢之後，他們會花掉他們賺來的大部分的錢。他們穿好的衣服、住在好的房子裡、在好的餐廳裡吃飯、度假、並享受金錢能買到的許多好東西。他們只是意識到某些借款者與消費者不知道，或選擇忽視的事情。藉由做出長期承諾並制定財務計畫，來長時間累積財富，他們擁有的錢很可能永遠比他們需要的更多，有一天，他們擁有的錢也可能會比他們想要的更多。

投資前，請採取以下三件事

你花時間閱讀這本書的事實告訴我們，你在關心你的財務未來。你想要學習可靠投資的基礎知識，以便實現重要的人生目標，比如住在好的房子裡、支付你的孩子的大學教育費用，以及擁有一

個舒適的退休生活。與此同時，你想要擁有足夠的錢能享受現在。數百萬人已經實現上述所有目標，你也可以。但是，在我們討論基礎知識和在你開始投資之前，我們強烈建議你做以下三件事（如果你還沒有做到的話）：

1. 從薪水心態提升到淨資產心態。
2. 還清信用卡與高利息債務。
3. 建立一個應急基金。

1. 從薪水心態提升到淨資產心態

自我們懂事起，社會就讓我們習慣於把收入跟財富混為一談。我們認為醫生、執行長、職業運動員，以及電影演員很富有，因為他們的收入很高。我們透過朋友、親戚、同事的收入，來判斷他們在財務上是否成功。六到七位數的薪水，被視為財富的地位象徵。雖然收入與財富之間有明確的關係，但它們是非常獨立且不同的經濟指標。

收入是指你在一段特定時間內賺多少錢。如果你一年賺一百萬，然後把它全部花光，那你的財富就沒有增加。你只是過著奢侈的生活。那些只把淨收入當作衡量經濟成功標準的人，忽視了衡量財務獨立最重要的量尺。重要的不是你賺了多少，而是你保留下多少。

財富的衡量標準是淨值：你所擁有的資產總額，減去你的債務總額。所以，我們希望你做的第一件事情是，計算你的淨資產。計算你的淨資產非常簡單。首先，把你擁有的所有東西的當前美元價

值加起來。這些項目包含以下幾項：

- 支票帳戶、儲蓄帳戶、信用合作社、或貨幣市場基金中的現金。
- 你的人壽保險的現金價值。
- 你的房子與任何其他的不動產。
- 任何股票、債券、共同基金、定期存單、政府證券，或其他投資。
- 退休金或退休計畫。
- 汽車、船、機車，或其他交通工具。
- 個人物品，例如：衣服、珠寶、傢俱，以及家用電器。
- 收藏品，例如：藝術品或古董。
- 你的公司（如果你擁有一間公司，並且打算賣掉它）。
- 你擁有的其他有價值的任何東西。

你算出你所擁有東西的當前價值總額之後，再把你當前欠下的所有債務加起來。這些債務包含下列項目的應支付總額：

- 你的房屋或任何不動產的抵押貸款。
- 信用卡。
- 汽車貸款。
- 個人貸款。
- 助學貸款。
- 人壽保險貸款。
- 房屋淨值貸款。

- 你公司的應付帳款。

- 任何其他的債務。

　　用你擁有的減去你欠的，那就是你的淨資產。只需進入 Google.com，在搜尋框中輸入「淨值計算機」（net worth calculator），你就會搜尋到成千上萬個淨值計算機的連結。選擇一個，在空格中填入數字，你的淨值就會被計算出來。

　　一旦你計算完你的淨資產，你也許會發現，看看自己的淨資產，相較於其他與你年齡和收入相同之人的淨資產，會有所幫助。聯邦準備系統（Federal Reserve）每三年會調查一次美國家庭的淨資產。最新的數據為 2010 年。當時，美國家庭淨資產的中位數（即一半家庭的淨資產更低、一半家庭的淨資產更高）為 77,300 美元。

　　如你所料，受過良好教育的人與自雇者的機率更大。由大學畢業生領導的家庭，其淨資產中位數為 195,200 美元，相比之下，由高中畢業生領導的家庭，其淨資產中位數為 56,700 美元。自雇者則享有最高的淨資產中位數，為 285,600 美元。

　　毫不意外的，淨資產中位數往往會隨著年齡與收入的成長而增加，如下圖所示：

　　養成每年計算一次你的淨資產的習慣。若想要實現財務自由，首先要知道自己的位置。

2. 還清信用卡與高利息債務

我們最大的希望是，當你計算你的淨資產時，你沒有高利息債務或循環信用卡餘額。然而，如果你有，你也許應該在開始投資之前就還清它們。

會這樣建議，是因為這是你可能賺到的，最高、無風險、且免稅的報酬。信用卡餘額是最陰險的。當你把現有的餘額，從一張信用卡，轉到另一張承諾在接下來幾個月，提供你低利息的信用卡時，你可能會認為你比信用卡公司聰明。但，不要上當了。請還清這些餘額。保有循環餘額的同時，你正讓信用卡公司變得更富有、讓自己變得更貧窮。

舉例來說，我們假設一個家庭的信用卡餘額為 8,000 美元，每個月的最低應繳金額為 160 美元，被收取的利息為 18.9%。如果餘額沒有加入額外的費用，那麼大約需要 8 年的時間，以及超過 7,000 美元的利息費用，才能還清。這代表信用卡持有人將花費超

淨資產中位數與年齡的關係

年齡	淨資產中位數
小於 35 歲	$ 9,300
35-44	$ 42,100
45-54	$117,900
55-64	$179,400
65-74	$206,700
大於 75 歲	$216,800

淨資產中位數與家庭收入百分位數的關係

收入百分位數	淨資產中位數
小於 20	$ 6,200
20-39.9	$ 25,600
40-59.9	$ 65,900
60-79.9	$ 128,600
80-89.9	$ 286,600
90-100	$1,194,300

過 15,000 美元，去購買價值 8,000 美元的商品與服務。如果你覺得這很划算，那就去看醫生吧。

你是否曾經讀過信用卡公司寄給你的，印在合約上的那些非常細小的字？如果你讀過，你可能會很震驚的發現，它們到底有多麼強大。錯過一次還款 6% 的優惠利息，就會在不通知你的情況下，飆升至 25%、30%，或更多。由於有信用報告的服務，它們可以查看你是否按時償還你的其他未償還債務。如果你拖欠房屋貸款、另一張信用卡，或任何其他債務，那它們將保有權利，可以把你的利息提高到它們所選擇的任何水準。你在這件事情上沒有發言權，而且信用卡公司可以收取的利息，沒有聯邦上的限制。如果你同意了他們的條件，你就有可能把你的財務未來，交到那些有權成為合法高利貸業者的公司手中。

你是否意識到，在你的一生中，你的總收入可能會達到數百萬美元？嗯，銀行與信用卡公司當然有意識到，因此它們想分一杯

羹。你沒有償還的每一筆高利息債務，都正從你潛在的淨資產中吸走美元，然後將其轉移到貸款公司的淨資產中。也許這就是它們擁有摩天大樓的原因。也許這就是為什麼它們用電視廣告、用無窮無盡的垃圾郵件轟炸我們，提供我們有各式各樣額外待遇的信用卡，像是航空里程、現金回饋等。也許這就是為什麼它們可以贊助備受關注的大型體育賽事，我們卻不行。所以償還你的信用卡吧！你就可以獲得 12%、 18%、 30% 或更高的保證、免稅的報酬。

如果你正在信用卡的旋轉木馬上，請你離開。如果餘額很大，你也擁有自己的房子，可以考慮用房屋淨值貸款來償還信用卡欠款。利息也許會更低，而且利息是可扣抵稅的。

一旦付清循環餘額，還清每個月的應付餘額，你就不會產生任何利息費用。如果帶著信用卡會讓你超支，那就剪掉它們、關閉帳戶。付現金或改用簽帳金融卡。讓別人來維持放款人的成功。相信我們；沒有你的幫助，它們也能做得很好。

3. 建立一個應急基金

投資的最後一個必備條件是，手頭上擁有隨時可用的現金來源，以備不時之需。意外事故、自然災害、疾病、失業、喪偶，以及離婚，都可能造成財務浩劫。更糟糕的是，財務上的緊急情況，總是會在最意想不到的時候出現。有兩種方法可以將傷害降到最低，一種是承擔適當種類與金額的保險，另一種是手邊擁有緩衝現金，以備不時之需。保險的基本內容請見第二十一章。

你需要多少應急基金，主要取決於你的淨資產與工作的穩定

性。一方面，如果你有一份非常穩定的工作，例如大學終身教授，那麼三個月生活費的現金儲備，大概就很足夠了。另一方面，如果你是自雇者，或者在一個裁員很普遍的行業工作，那你可能需要存夠一年的生活費。對大多數人來說，六個月的生活費可能就足夠了。

把你的應急基金放在一個安全、易變現的帳戶裡。銀行的儲蓄帳戶、信用合作社帳戶，或貨幣市場共同基金帳戶都挺好的。有了良好的應急基金，你晚上會睡得更好。這也減少了你不得不動用，投資於實現長期財務目標的資金的可能性。

如果你清楚自己的淨資產情況、已經還清高利息債務、也建立了現金儲備，那麼恭喜你！你現在已經準備好成為一位柏格頭投資者了。

第 2 章

投資，愈早開始愈好

投入時間去投資，就像為花園施肥：它使萬物生長。

——梅格‧格林（Meg Green），佛羅里達州邁阿密，

認證理財規劃顧問（Certified Financial Planner，簡稱CFP）

2005 年 2 月，傑克‧柏格與少數幾位柏格頭，在佛羅里達州
奧蘭多的一次非正式晚宴上見面。在談話過程中，柏格提到幾週前
收到領航集團一位股東的來信。寫信的人聲稱，他自 1970 年代中
期以來就一直在領航集團投資。從那時起，他的投資組合的價值已
經成長到 125 萬美元。但有趣的是：在他的一生中，他的年收入從
未超過 25,000 美元。

這引起你的注意了嗎？

你可能會問：「這怎麼可能？他是股市奇才嗎？他有厲害的顧問嗎？他中彩券了嗎？他搶銀行了嗎？他繼承一大筆財產了嗎？他只是運氣好嗎？」

我們不認識這個人，也不了解他的投資歷史。但事實可能是，他透過長期不斷的儲蓄與投資，積累了一筆小財富。雖然很少有人選擇去做這件事，但任何人都能做到。事實證明，每個月月初將 601 美元投入股票指數基金之中，加上 10% 的平均年報酬率，30 年後就會成長到 1,249,655 美元。順便說一句，每個月 601 美元，大約是年薪 25,000 美元的 28.9%。如果你想知道的話，是的，每個人的計算方法都是一樣的。

神奇之處在於複利

大多數年收入 25,000 美元的人認為，他們成為百萬富翁的唯一機會，就是中彩券。事實上，任何人中大獎的機率，比一生中被閃電擊中兩次的機率還低。不過，複利的力量及相關的 72 法則（Rule of 72），說明了在長期之下，任何人都可以慢慢的把小變化變成大財富。

72 法則非常簡單：要確定一項投資的價值需要多少年才能翻倍，只需用 72 除以年報酬率。舉例來說，一項報酬率為 8% 的投資，每九年就可以翻倍（72/8 = 9）。同樣的，一項報酬率為 9% 的投資，每八年就可以翻倍，而一項報酬率為 12% 的投資，每六

年就可以翻倍。

從表面上看，這似乎沒什麼大不了，直到你意識到，每一次錢翻倍，它就變成你最初投資的 4 倍、然後 8 倍、然後 16 倍、再然後是 32 倍。事實上，如果你從一分錢開始，且每天翻倍，在第三十天，它就複利成長為 5,338,709.12 美元。你開始明白複利的力量了嗎？難怪愛因斯坦稱它為有史以來最偉大的數學發現。

假設今天有個孩子出生。在未來的 65 年裡，她或他的父母會把一定金額的錢存入股票型共同基金中，而該基金的平均年報酬率為 10%。你認為他們每天需要存多少錢，才能讓她在 65 歲時擁有 100 萬美元？5 美元？10 美元？事實上，每天只需 54 美分的存款，65 年後就能複利成長至 100 萬美元以上。儘早開始真的很有幫助。以下是另一個例子，能說明儘早投資的力量：如果一個投資組合在扣除費用與稅之後，平均年報酬率為 8%，那麼一個人為了在 65 歲時擁有 100 萬美元，在不同年齡之下必須投資的一次性金額如下：

年報酬率 8%，在 65 歲時積累 100 萬美元所需的金額

年齡	投資金額	年齡	投資金額
15	$ 21,321.23	40	$146,017.90
20	$ 31,327.88	45	$214,548.21
25	$ 46,030.93	50	$315,241.70
30	$ 67,634.54	55	$463,193.49
35	$ 99,377.33	60	$680,583.20

資料來源：Portfolio Solutions, LLC 版權

年輕的時候，我們大部分的人都沒有一大筆錢，能進行一次性存款。不過，也不是完全沒有希望了。如果一個 25 歲的人想在 65 歲時擁有 100 萬，這很容易實現。只要在每年年初存 4,000 美元到**羅斯 IRA（8% 的平均年報酬率）**。在 65 歲時，這個投資組合的免稅價值，將達到 1,119,124 美元，每天只需存 11 美元。然而，如果同一個人等到 35 歲，才開始每年投資 4,000 美元，那麼在 65 歲時，他的投資組合將價值 489,383 美元——這是一筆可觀的數目，但遠不及 100 萬美元。一對年輕的已婚夫妻如果每年存 8,000 美元，持續存 40 年，以 8% 的平均年報酬率計算，那麼他們將因為每年的羅斯投資，而成為擁有數百萬家產的富翁。

　　下面是另一個例子，能說明儘早開始的巨大好處。25 歲時，艾瑞克・俄里（Eric Early）每年投資 4,000 美元於羅斯 IRA，持續 10 年，然後停止投資。他的總投資金額是 4 萬美元。賴瑞・雷里（Larry Lately）從 35 歲開始，每年存 4,000 美元在他的羅斯 IRA 裡，持續 30 年。他的總投資金額是 12 萬美元。假設兩個投資組合都賺 8% 的平均年報酬率，在 65 歲時，艾瑞克的 IRA 將價值 629,741 美元，但賴瑞的 IRA 將只價值 489,383 美元。透過提早 10 年開始投資，並投入三分之一的金額，艾瑞克最終多賺了 29%。

　　我們都聽過這樣的老生常談：

- 如果我當時知道現在知道的事情就好了。
- 我們老得太快，也聰明得太晚了。
- 青春太寶貴了，不能在年輕時浪費掉了。

如果你是年輕人，我們強烈鼓勵你利用你的年輕優勢，讓複利的力量為你所用。如果你不再年輕，那這就更重要了。利用你所擁有的時間，讓 72 法則為你效勞。

存錢是致富的關鍵

你很快就會知道，柏格頭的投資方法很容易理解，也很容易做到。它簡單到你可以教你的孩子，我們也鼓勵你這麼做。對大多數人來說，這個過程中最困難的部分，就是養成儲蓄的習慣。清除這個障礙，剩下的就很簡單。

什麼？你想要一個不需要儲蓄就能迅速致富的投資系統嗎？做夢。當然，你只需要放 20% 的金額，就可以融資購買股票。但是，如果它們的價值下跌了，怎麼辦？你準備好拿出現金來支付追繳保證金了嗎？1929 年，很多投資者都遇到這個問題。結果導致了歷史性的股市崩盤與經濟大蕭條。我們的想法是，**融資買進不是謹慎的風險**。

柏格頭是投資者，不是投機者。投資是購買資產，長期持有這些資產，然後在多年後收獲。當然，這需要承擔風險，但只有在情況對你有利時才承擔。投機與賭博類似。投機者購買一項投資，希望能迅速賣出並迅速獲利。有些投機者跟賭徒一樣，確實會贏，但形勢對他們不利。

成為柏格頭需要計畫、承諾、耐心，以及長期思維。如果真的有簡單、快速致富的祕訣，那麼有錢人肯定比現在還多。快速、輕

鬆賺錢的承諾，是深夜電視商業廣告中那些胡扯之人的說辭。正如財經作家傑森·茲威格貼切的說法：「快速致富的問題在於，你必須經常執行那個作法。」

如果你想用更少的時間實現你的財務目標，這是我們能提供你的最簡單、最好的建議：

當你賺 1 美元時，試著至少存下 20 美分。

有些勤奮的儲蓄者，實際上會努力把他們賺到的每一美元中的 50 美分存下來。你存得愈多，就能愈早實現你的財務目標。節儉沒有替代品。決定存多少錢是你所做的最重要的決定，因為你不能投資你沒有存下的東西。

2000 年，美國國家經濟研究局（National Bureau of Economic Research）發表了一篇標題為〈退休時的選擇、機會，以及財富分散度〉（Choice, Chance and Wealth Dispersion at Retirement）的論文。這篇論文公布了經濟學家史蒂芬·凡提（Steven Venti）與大衛·懷斯（David Wise）進行的一項研究的結果，這項研究比較了數千個美國家庭的終生收入，以及他們退休時的淨資產。這項研究的目的是找出影響財富積累的因素。

正如你可能猜想的，凡提與懷斯發現一些終生收入較高，但退休時淨資產相對較低的家庭。反之，他們也發現一些終生收入不高，但退休時淨資產相對較高的家庭。他們的下一步是，找出為什麼有些人能比其他人積累更多的財富。是因為有些人更健康嗎？是因為有些人在他們的投資選擇上更聰明或更幸運嗎？是因為繼承了大筆遺產嗎？經濟學家從他們的研究中得出結論，這些因素中沒有

一個對退休時的財富有顯著影響。他們只發現一個重要的因素：**有些人選擇比其他人存更多錢。**

你可以選擇如何處理進入你生活中的每一美元。**你可以在今天花掉它，或者把它存下來並進行投資，在明天賺更多的錢。成功的資金管理關鍵在於，在這兩者之間取得健康的平衡。**

找錢來投資

已故演員喬治・拉夫特（George Raft）曾解釋，他是如何用這種方式揮霍掉 1,000 萬美元的：「一部分錢用於賭博、一部分用於賽馬、一部分用於女人。其餘的我傻傻的花掉了。」所有優秀的財富累積者都有一個共同點：他們花的比他們賺的少。有兩種基本的方法可以找到錢來投資：你可以賺更多的錢，或者花得比你目前賺得少。我們建議兩者都做。下面有一些建議能幫助你開始。

領到薪水先存下 10%

你已經聽過這句話，你還會再聽到一次。如果你等到擁有一些額外的錢再去投資，你可能就會一直等下去。儲蓄／投資的第一條規則是，把它從你的薪水中扣除。要存多少錢是由你自己決定。**我們建議最低限度為 10%**。很少有人能將收入的三分之一以上存起來，但能這麼做的少數人，是最有可能提早退休的人。我們沒有獲得財富的神奇公式。你愈早開始，且投資愈多，你就能愈早達成財務自由。

如果你現在就花光所有的收入，那麼就從這個月存 1% 開始，然後在接下來一年的每個月增加 1%。一年後，你就能養成將收入的 12% 存起來的習慣。

從財務角度來說，減少你的支出會比賺更多錢更有效。為了得到你打算存起來的每一美元額外收入，你可能必須賺 1.4 美元，因為你必須支付所得稅。然而，你沒有花掉的每一美元，都是可以投資的一美元。再說一次，節儉是有好處的。

減少每天的支出

想辦法每天減少 15 美元的支出，一年下來，你就有大約 5,500 美元（5,475 美元）可以投資到羅斯 IRA 了。隨身攜帶一本記事本一個月，寫下你花錢買的所有東西的成本和內容。你會對每天從指縫間溜走的錢感到驚訝。你能減少到餐廳用餐和去美食咖啡館的次數嗎？你能走路或騎腳踏車去上班，而不是開車、搭公車，或搭計程車嗎？自己帶午餐，你每天可以省下 5 到 7 美元，或甚至更多。在家製作優質咖啡只需要 50 美分，無須花 4 美元，這樣你可以省下 3.5 美元。租錄影帶而不是帶全家一起去看電影，然後算算這樣能省下多少錢。在家看電視上的大型比賽，而不是花一大筆錢在買門票、停車和場館內的販賣部上。

如果你的年齡在 50 歲以下，你每年可以提撥到羅斯 IRA 的最高金額是 5,500 美元。50 歲以上的人最多可以提撥 6,500 美元。這些提撥上限將會根據通貨膨脹進行調整，所以一定要查看最高金額是否有增加。你必須有收入，而且你調整後的總收入，不得超過當

前的限制，才有資格提撥最高金額。如果你超過調整後的總收入限制，你就沒有資格。稅法會隨著時間的經過而有所變動，所以，請查看你是否符合條件。無論你能提撥多或少，如果你可以，請不要錯過這個積累免稅財富的機會。一個 25 歲的人，每年投資 5,000 美元於羅斯 IRA，持續 40 年，到了 65 歲時，他的免稅財富就有 1,625,149 美元。

同樣的，有些雇主也會根據員工的提撥，相對提撥一定比例的金額，到他們的延後課稅退休計畫。如果你工作的地方正是這種情況，一定要參加。如果你現在拿了所有薪水，沒有存起來，你等於是放棄免費的錢，實際上是在替自己減薪。不要拿了錢就跑。拿了錢要存起來！

把未來的加薪投入投資

許多人覺得存錢很困難，因為他們習慣花光所有的收入，來維持目前的生活方式。如果你是這種情況，那就下定決心，把至少一半的未來實得加薪，用於投資。這樣你就能夠維持你的生活水準、享受加薪帶來的些許好處，還能進行投資。

如果你換工作，收入也有可觀的成長，那就按照你已經習慣的消費水準生活，並且用多的錢來購買你的財務自由。有一天，你會非常感謝自己。

購買二手物品

如果你養成購買一些二手物品的習慣，那可能付不到全新價格

的一半，就能買到很多二手物品。養成這個習慣，比讓你的薪水翻倍更好。二手的鐵鎚或螺絲起子跟新的一樣好用。你可以在二手商店或車庫拍賣上買東西，閱讀你需要的物品的廣告。在二手衣服和家具店，你可以用原價的一小部分，買到很好的東西。一台新電腦的售價會在一年後大幅下降。而一台或許能做到你想要它做的所有事情、一或兩年舊的電腦，只需花費一小部分成本。除了你，沒人知道它是二手的。這點引導我們到最重要的問題，也就是考慮購買二手物品。

不要買新車

每隔幾年購買一台新車的習慣，比其他任何購買習慣（包含信用卡債務），都更有可能降低你未來的淨資產。更糟糕的是，大多數車子都是靠信貸購買的，這使得它們更加昂貴。通用汽車（General Motors）從汽車貸款中獲得的利潤，比從汽車中獲得的利潤更多。

讓我們來看看，超級有錢的職業體育特許經營老闆們是如何發家致富的。如果你觀察，你會發現他們當中有很多人，擁有或曾擁有汽車經銷商連鎖店。汽車製造商與經銷商就跟信用卡公司一樣，看著我們一生中賺到的所有錢，然後努力從中分一杯羹。結果他們最終擁有美國全國橄欖球聯盟（NFL）、NBA，或美國職業棒球大聯盟特許經營，而我們最終擁有一桶昂貴的螺栓，而這桶昂貴的螺栓，每年損失大約 25% 的價值。

降低你開車成本的方法是，購買一台好的二手車，並且用現金

付款。良好的經驗法則告訴我們，開一台中價位新車的年成本，比開一台三年的二手車還高 2,500 美元左右。如果你購買一台新的豪華轎車，或非常耗油的運動型多功能休旅車（SUV），那增加的成本很可能是兩倍或更多。

我們假設，一個 19 歲的人一生都習慣購買三年的中價位汽車。這時她每年省下 2,500 美元，並在年初把它投資到一個平衡的投資組合中，一年賺取 8%，那麼到了 65 歲，這些儲蓄將複利成長至 1,129,750 美元。如果一個家庭有兩台車，你可以將這個金額增加一倍。降低一生中的開車成本，相當於百萬富翁退休與破產退休之間的區別。如果傳奇的億萬富翁投資者華倫·巴菲特（Warren Buffett）開著一台舊的小貨車，如果柏格先生能開著他的六年富豪汽車（Volvo）去柏格頭聚會（Boglehead Reunion），那我們為什麼會覺得有必要買一台新車，來讓我們的鄰居留下深刻印象呢？

搬到生活成本較低的地方

你可以透過兩種方式實現這個目標：搬到同一地區裡較便宜的房子，或者搬到另一個生活成本較低的地區。做其中一項或兩項的結果，可以提供你更多錢去投資。搬到一間更小的房子，可以降低你的財產稅、房屋貸款支付的金額、水電費，以及維護成本。同時，你先前房子的出售所得，或許能提供你一筆可觀的淨值去投資。

如果你住在華盛頓和波士頓之間的東海岸，或者住在聖地牙哥和舊金山之間的西海岸，那麼搬到生活成本更低的地區，會有巨大的財務回報。舉例來說，根據 homefair.com（www.homefair.com/

homefair/calc/salcalc.html）上的薪資計算機顯示，從加州的新港灘搬到幾乎任何一個佛羅里達州的沿海城市，你的生活成本將會降低 50% 以上。如果你厭倦了新英格蘭的冬天，渴望去一個幾乎每天都能打高爾夫球的地方，那麼根據 bestplaces.net（www.bestplaces.net/col/）的生活成本計算機顯示，從波士頓搬到鳳凰城，可以降低你 41% 的生活成本。如果你住在舊金山灣區，你可能會唱：「我把我的財富留在舊金山了」。搬到美國大陸的幾乎任何地方，肯定都能大幅降低你的生活成本。

最理想的居住地點是關乎個人喜好的問題，但不同社區、城市，以及地區之間的生活成本存在差異，卻是事實。有些人無法想像住在曼哈頓以外的任何地方。然而，一位前曼哈頓居民說：「紐約是一個可以讓你賺到夠多錢，去擺脫其他地方不存在的問題的地方。」也許你只需透過搬家，就能降低你的生活成本、擁有更多的錢去投資，以及提高你的生活品質。

創造額外收入

創造額外的收入來源是找到投資資金的好方法。拉爾夫（Ralph，不是他的真名）就是一個典型的例子。他 28 歲，有妻子與一個新生兒，並且在一間財星 500 大企業（Fortune 500）有一份全職工作。拉爾夫希望有一天能財務獨立，於是他開始在週末經營自己的地毯清潔生意。他也在他居住的溫暖氣候地區，擁有一棟可出租的獨戶房屋。在冬季期間，這裡的房地產會增值，等到價格合適時，他打算再買幾處房地產。來自地毯清潔生意的收入與來自租

金收入的正現金流量，為拉爾夫提供了投資共同基金的必要資金。他也在工作時充分利用自己的 401(k) 雇主相對提撥方案，並為自己與妻子在羅斯 IRA 中，投資了其所允許的最大金額。順便說一句，拉爾夫最近買了一輛三年的家用轎車，它的性能很好，價格只比它的藍皮書估價的一半再多一點點。毋庸置疑，拉爾夫正走在致富的正確道路上吧？

除了提供投資收入，副業收入還能讓我們不那麼容易受到停工期、裁員、辦公室政治，以及討厭的老闆的影響。就像讓你的投資多樣化，具有良好的經濟意義一樣，你的收入來源多樣化也是有意義的。

如果你決定創造額外的收入來源，那就做好你的功課。任何成功企業的祕訣都在於，滿足未被滿足的需要與想要。找到一個需要，然後去滿足它。發現一個問題，然後去解決它。找到一個傷痛，然後去治癒它。人們會花錢去買讓他們感覺良好、能解決他們的問題的商品與服務。如果你選擇的活動與你的教育背景、以前的工作經驗、能力和興趣相符，那麼成功的機率就很大。

最後要提醒一句：要非常小心那些透過參加投資祕密研討會、房地產研討會、居家商業機會，或網路行銷操作來吹捧榮華富貴的人和廣告。這些絕大多數的詐騙，只會讓你更窮。引用賽馬場的一句古老諺語：「當一個有經驗的人遇到一個有錢人的時候，有錢的人能得到經驗，而有經驗的人能得到錢。」

不是所有債務都是不好的債務

雖然消費者債務是不被允許的，但意識到債務本身並非不好，是很重要的。事實上，有些時候債務是極好的投資。用低利息貸款來購買房產、支付提高收入潛力的教育費用，以及提供創業資金等，都是好債務的例子。如果不可能借到錢，那麼生活中許多美好的事情也不可能實現。「關鍵是要保持低利息，最好是可扣抵稅，並且只在預期回報高於借貸成本時才借錢。」

舉例來說，有些時候，即使你有足夠的資金能還清房屋貸款，但承擔房屋貸款依然是個更好的選擇。假設你用 5% 的實際固定利率借款。同時，你相信長期投資於一個平衡的投資組合，你可以獲得 8% 的平均年報酬率。償還房屋貸款是逃不掉的 5% 報酬率。然而，將錢投資於報酬率 8% 的投資，每年平均能多賺 3%。把錢投資在流動資產上，你可以在需要的時候取得它，而且不管房子是否有房屋貸款，它的價值都可能會增值。或者，也許你寧願花掉這筆錢，也不願把沒有房屋貸款的房子留給你的繼承人。這有風險嗎？有的，但它是計畫好的風險，而且很可能對你有利。這個風險是否值得承擔，由你來決定。

儲蓄＋複利＋持續投資

艾瑞克・哈班（Eric Haban）是一位柏格頭，也是論壇的定期撰稿人，當他 23 歲時，他漂亮的表達了這個想法，他寫道：

大多數年輕人不明白的是，一開始存錢比找到表現最好的投資更重要。有能力「先付錢給自己」、管理你的債務，以及確定你想要實現的願景，對你的成功來說至關重要。上週我閱讀了一篇文章，該文章描述，有 40% 的美國人不知道他們的收入去哪裡了。儲蓄的簡單性，加上複利的力量，是一件非常令人高興的事情。

在成為柏格頭之前，我們三個都有過失敗的投資。**正是多年的儲蓄習慣，加上學習可靠的投資策略，使我們得以實現財務自由。**

第 3 章

了解你買的東西（I）：
股票和債券

只買那些如果市場關閉十年，你也非常樂意持有的東西。

——華倫・巴菲特

　　在我們開始投資之旅之前，需要先了解我們可用的各種主流投資選擇。在這一章，我們會學習股票、債券、共同基金、組合型基金（fund-of-funds）、指數股票型基金（exchange-traded fund，簡稱 ETF），以及年金。

　　雖然你可能永遠不會選擇投資個股或債券，但如果你打算投資共同基金，你依然應該了解你的共同基金的標的投資。因此，我們會試著介紹一些你可以直接投資的各種產品，以及那些最好經由共

同基金進行投資的選擇。當然，我們有些偏見，我們認為共同基金投資在大多數情況下，是大多數投資者的最佳管道（請注意，我們並不是說所有投資者或所有情況下）。

由於債券與債券型基金似乎是最不被了解的投資選擇之一，因此我們會花大量時間在這個主題上。我們會儘量不要講得太專業，但我們會詳細的討論這個主題，好讓你對自己的投資決策感到放心。

股票

股票代表公司的所有權權益。當一間公司發行股票時，實際上就是將公司的一小部分股份，出售給每一個購買股份的人。股票所有權證書是發行給購買者，表明擁有的股份數量，而發行股票的收入，會被用來為公司的業務提供資金。

一旦首次股票發行完成，股票就可以在公司上市的股票交易所當中進行交易（買進與賣出）。這些股票的買賣是經由股票經紀人進行的，他們會為他們的服務收取佣金或費用。這些股票的價值會隨著時間的經過而有所變化，當股票市場開放交易時，它們會在持續的基礎上重新被評價。股票在任何特定時候的價值，都取決於另一個買家願意為該公司的股票支付多少，以及賣家願意接受多少。一方面，如果這間公司的前景很好或正在改善，買家可能願意支付高於你買進股票的價格，因此如果你以更高的價格賣掉它，你就會獲利。另一方面，如果你不得不在股價低於你支付的價格時賣出股

票，你就會賠錢。決定持有他們的股票，而不是出售股票的投資者，期望從公司不時支付給他們的股利，和／或從他們的股票隨著公司（他們期望）的成長與繁榮而增加的價值中獲利。

由於這些股份代表了一間公司的部分所有權，因此將你的所有資金投資於單一公司，通常不是個好主意，因為你的整個投資組合的投資表現，將與該特定公司的命運綁在一起。如果公司遇到問題，你的股票價值很可能會下跌；如果公司破產，你甚至可能失去你的全部投資。等我們後面討論共同基金與分散風險時，會更詳細討論這個問題。

債券

當你在首次發行時購買個別債券，你實際上是把你一定金額的錢借給債券發行者。你被承諾可以從你的投資得到報酬，即債券的殖利率（yield to maturity）與債券在未來某一特定日期（即到期日）的面值的報酬率，做為你把錢借給債券發行者的回報。這些到期日可以是短期（1 年或更短）、中期（2 年至 10 年），以及長期（10年或更長）。因此，實際上，債券只不過是在到期之前，偶爾（通常每半年一次）會支付利息的借據或本票。

債券由許多實體發行，包含美國財政部、政府機構、公司，以及市政府。

財政部發行的公債

美國財政部發行的公債被認為是最安全的債券投資，因為它們是由美國政府的充分信任與尊重所支持的。公債包含國庫券、中期公債、長期公債、抗通膨債券（Treasury Inflation-Protected Securities，簡稱 TIPS），以及兩種美國儲蓄債券（EE 債券和 I 債券）。公債利息收入免課州與地方稅。

國庫券、中期公債，以及長期公債

一年或一年以下的公債被稱為**國庫券**（Treasury Bill 或 T-Bill）。目前，國庫券的發行期限為 13 週、26 週，以及 52 週。發行期限為 2 年、3 年、5 年，以及 10 年的公債被稱為**中期公債**（T-Note）。發行期限超過 10 年的公債被稱為**長期公債**（T-Bond）。這些債券全部都被統稱為公債。

TIPS

1997 年，財政部推出通膨指數連動債券（Treasury Inflation-Indexed Securities，簡稱 TIIS）。推出後不久，這些債券就在投資界被廣泛稱為 TIPS（抗通膨債券）。顧名思義，TIPS 提供了免受通貨膨脹摧殘的保護。當我們在第五章討論抗通膨債券時，我們會詳細討論 TIPS。

儲蓄債券

財政部目前還發行兩種不同類型的美國儲蓄債券——**I 債券**與

EE 債券。I 債券與 EE 債券都有最低一年的持有期間，表示在你持有的第一年，它們不能被兌現。在滿足第一年的持有期間要求後，它們可以在第二年開始到 30 年之間的任何時間被兌現，且不會出現本金損失的情況。然而，如果你在 5 年之前贖回你的儲蓄債券，你將失去最後三個月的利息。

每年 5 月和 11 月，財政部都會公布 I 債券與 EE 儲蓄債券的新的收益率數字。在新發行的債券方面，你將能立刻開始賺得新的利息。在較舊的浮動收益率債券方面，你可以在 6 個月後賺得新公布的收益率（從你的儲蓄債券發行 6 個月或 12 個月的紀念日開始）。不過，I 債券與 EE 債券的收益率設定方式不同。當我們在第五章討論抗通膨債券時，我們會更詳細的討論 I 債券，但現在我們會先討論 EE 債券。

從 1997 年 5 月到 2005 年 4 月購買的 EE 債券，收益率是依市場利率計算，相當於 5 年期公債前 6 個月平均收益率的 90%。這個利率在接下來的 6 個月裡依然有效，這種模式會一直持續到 EE 債券到原始到期日為止。

在 2005 年 5 月 1 日或之後購買的 EE 債券，有一個由財政部設定的固定利率。財政部沒有揭露設定利率所使用的公式，因此沒有辦法提前知道新利率可能是多少。新的 EE 債券與舊的 EE 債券不同，舊的是以市場為基礎的浮動利率，每六個月變化一次，而新的 EE 債券的收益率是固定的，很像定期存單，當你購買這些 EE 債券時，實際上利率會保持 20 年不變。未來 EE 債券的固定利率將由財政部設定，並在每年 5 月和 11 月公布。

如果持有 EE 債券 20 年，最低保證收益率為 3.526%，因為該債券被保證在這段時間內，至少增加一倍。如果舊的 EE 債券的市場利率（5 年期公債前 6 個月平均利率的 90%）或新的 EE 債券的固定利率，在 20 年後沒有讓你的 EE 儲蓄債券的價值翻倍，那麼美國財政部將會對你的帳戶進行一次性調整，以彌補任何不足。

儲蓄債券的其他好處

雖然 EE 與 I 儲蓄債券是用你應稅帳戶的稅後資金購買的，但它們可以延後課稅長達 30 年。當你需要在應稅帳戶中持有債券，但又不需要從持有的債券中獲得當前收益時，儲蓄債券就成了你投資組合的理想選擇。**儲蓄債券跟其他公債一樣，不需要繳納州與地方稅。**

此外，如果你在贖回債券為你、你的配偶，或你的小孩支付學費時，符合實際上的收入要求，你就可以在免稅的情況下，使用在 1989 年後購買的任何 EE 儲蓄債券及所有 I 債券（無論購買日期是何時），供所有符合條件的教育費用使用。然而，為了有資格享受這種免稅教育福利，儲蓄債券必須登記在父母一方或雙方的名下。如果孩子被列為擁有者或共同擁有者，那麼這些債券就不符合免稅教育福利的資格。但是，孩子可以被列為受益人，債券仍會有資格。我們在第十四章討論資助大學教育的聰明方法時，會對此進行更多的討論。

公債怎麼買？

國庫券、中期公債、長期公債，以及 TIPS 都在定期拍賣中出售。你可以透過以下幾種方式在拍賣中購買公債：

- 你可以讓你的銀行幫你購買（它可能會向你收取費用）。
- 你可以讓你的經紀人幫你購買（他／她可能會向你收取費用）。
- 你可以在 www.treasurydirect.gov 網站上開一個 TreasuryDirect 帳戶，然後使用這個帳戶進行購買。
- 注意：如果公債是為了你的延後課稅帳戶而購買的，那你就不能使用上述任何一種方法來購買你的公債。取而代之，你的 IRA 保管人必須在拍賣中為你的帳戶購買公債。

美國儲蓄債券可以在 TreasuryDirect 網站（www.treasurydirect. gov）上線上購買。透過 TreasuryDirect 購買的儲蓄債券，僅以帳面紀錄形式持有；財政部不會對這些帳戶發送出對帳單。因此，雖然儲蓄債券的購買與贖回可以在網路上輕鬆的處理，但保留書面紀錄的決定權在你。最簡單的方法是，在網路上列印最新的帳戶對帳單。當你使用 TreasuryDirect 購買儲蓄債券時，財政部會直接從你的銀行帳戶中拿走購買資金，也會把所有贖回收入存入你的銀行帳戶。

政府機構證券

有許多政府機構會發行不動產抵押貸款證券（mortgage-backed

security，簡稱 MBS），投資者可以直接購買這些證券，或透過債券型共同基金購買。其中一些比較知名的機構，包括美國政府國民抵押貸款協會（Government National Mortgage Association，簡稱 GNMA，又稱為吉利美〔Ginnie Mae〕）、聯邦國民抵押貸款協會（Federal National Mortgage Association，又稱為房利美〔Fannie Mae〕），以及聯邦住宅抵押貸款公司（Federal Home Loan Mortgage Corporation，又稱房地美〔Freddie Mac〕）。這些機構的目的，是刺激與促進中、低收入的美國人擁有住房。

美國政府在住房與城市發展部（Department of Housing and Urban Development，簡稱 HUD）裡面建立 GNMA。這個機構的使命是，確保 MBS 投資者能及時收到 GNMA 擔保之證券（GNMA-backed security；Ginnie Maes）的本息與利息之償還。GNMAs 實際上代表了，投資者在重新包裝後的一組個別抵押貸款中的財務權益，而這個財務權益被稱為不動產抵押貸款證券。這些出售給投資者、在重新包裝池中的標的抵押貸款，是由其他聯邦機構提供保險，像是聯邦住房管理局（Federal Housing Authority，簡稱 FHA）與退伍軍人事務部（Department of Veterans Affairs，簡稱 VA）。

GNMA 利用美國政府的充分信任與尊重，證明它向投資 GNMA 擔保之證券的投資者，及時支付本金與利息的保證。然而，這個保證並不代表，投資者購買的不動產抵押貸款證券的價值不會波動。它們可以波動，也會波動，取決於利率。

例如，當利率上升時，房屋擁有者將繼續持有他們的低成本抵押貸款。這代表那些收益率較低的 GNMA 證券投資者，將必須忍

受較長時間的低利息支付，因為房屋擁有者沒有任何財務動機，提前償還他們的抵押貸款。因此，這會降低 GNMA 債券與持有該債券的 GNMA 債券基金的價值。

相反的，當利率下降時，房屋擁有者會傾向於再融資他們的抵押貸款，進而向投資者償還標的收益率較高的 GNMA 證券。當然，這代表 GNMA 的投資者將不得不比預期得更早，把提前償還的資金再投回市場，而且是以較低的收益率。同樣的，這會影響 GNMA 債券與持有該債券的 GNMA 債券基金的價值。

當利率長期保持相對穩定時，GNMA 證券往往表現最佳。在沒有利率波動的情況下，GNMA 證券投資者將獲得的收入流，大約相當於與他／她首次購買證券時預期獲得的收入。

房利美與房地美將現有的抵押貸款池打包，然後轉售給投資者。這些得到美國「不言而喻的」支持的機構證券，實際上不像 GNMAs 一樣，由「美國的充分信任與尊重」所擔保。更確切的說，它們是由政府部門所擔保，像是 VA 或 FHA。基本上，它們與 GNMAs 類似，因為它們是個別抵押貸款的組合，因此是不動產抵押貸款證券。然而，它們不具有額外的保護層，沒有附帶 GNMA 保證。這使得房利美與房地美的證券，增加了一點額外的風險因素。因此，投資者需要意識到這點，也應該預料到會因為任何額外的風險，得到較高的收益率做為補償。

公司債

顧名思義，公司債是由為了各種經營目的（擴張、新設備、新

產品推出等）需要額外資金的公司所發行的。新發行的公司債之收益率，主要由四個因素決定：

1. 發行債券之公司的信用等級
2. 安全評級與到期日類似之債券的當前收益率
3. 對債券的需求
4. 債券的贖回條款

許多信評機構，包括標準普爾（Standard & Poor's）、穆迪（Moody's），以及惠譽（Fitch），都會對公司債的發行進行信用評等。通常，信用評等愈高，債券的收益率就愈低。舉例來說，標準普爾的投資級債券包含 AAA（最高評級）、AA、A，以及 BBB。此外，標準普爾用加號（＋）與減號（－）分配債券評等。BBB－是投資級債券中最低的。評等低於 BBB－ 的債券則被視為投機級債券，會支付較高的利息，因為發行公司可能無法償還投資者的風險更大。這些低評等的債券被稱為**垃圾債券（junk bond）**、**高收益債券（high-yield bond）**，以及**非投資級債券（non-investment-grade bond）**。

地方政府債券

州政府與地方政府會出售債券，以支付各種政府和／或政府批准的項目。這些地方政府債券通常免課聯邦稅，它們在發行的州裡面通常也免課稅。對於住在有地方稅的城市的投資者來說，擁有當地政府發行的地方政府債券，可以享受三倍的免稅，因為他們不用

為來自這些債券的收入，繳納聯邦、州或地方稅。由於有這些稅務優勢，地方政府債券（收益率通常比類似的應稅債券還低）對於那些課稅級距較高的投資者（通常為 25% 與 25% 以上）來說，是有意義的。不過，你需要對免稅債券的收益率，與其他可購得的應稅債券選擇進行比較，看看哪一種債券能帶給你最大的稅後報酬率。由於投資者的決策涉及了聯邦、州、甚至可能是地方稅的問題，所以涵蓋的每一種可能情況已經超出本書的範圍。更確切的說，你應該諮詢你的稅務顧問，或者使用線上計算機，來確定地方政府債券對你是否有意義。

這裡有兩個免費的線上計算機，可以幫助你確定哪種債券或債券型基金（地方政府債券或應稅債券）能提供你最大的稅後報酬率：

1. 到 https://investor.vanguard.com/home，搜尋「應稅等值收益率計算機（taxable-equivalent yield calculator）」。

2. 到 www.TRowePrice.com，搜尋「免稅等值收益率計算機（Tax-Free Equivalent Yield Calculator）」。

在使用計算機之後，如果地方政府債券看起來適合你的投資組合，你需要注意，有些地方政府債券需繳納美國國稅局（IRS）的替代式最低稅負制（Alternate Minimum Tax，簡稱 AMT）。因此，如果你要繳 AMT，在你購買地方政府債券或地方政府債券基金之前，你需要仔細的檢查，以確定你是否可能因為擁有需繳此稅的地方政府債券，而受到影響，以及可能受到怎麼樣的影響。

最後，如果你打算購買地方政府債券，你需要注意，有些地方

政府債券的發行具有保險，承諾如果債券發行者出現問題時，會同時支付利息與本金。不過，地方政府債券的投資者都應該了解，這種擔保取決於保險公司的財務實力。此外，有些債券是由發行者的最高稅務當局擔保，有些債券則只由特定專案（為了融資而發行債券）所產生的收入擔保。

總之，身為一位投資者，你需要意識到，**所有地方政府債券和／或地方政府債券基金並不是平等的，就像其他任何債券投資一樣，你應該預料到獲得較高的收益率，代表承擔額外的風險。**

債券的重要概念

個別債券會有一個**到期日**（償還投資者債券本金的日期）。債券型共同基金則沒有，因為它們會不斷購買新的債券來取代即將到期的債券。因此，中期債券型基金可能會持有一些長期債券、一些中期債券，以及一些接近到期的短期債券。所以，是它們持有的所有債券的加權平均到期日，使該債券型基金被歸類為中期債券基金類別。隨著時間的經過，長期債券變成中期債券、中期債券變成短期債券、短期債券最終到期並且被新的債券取代。

雖然債券型基金沒有到期日，但它們還是有一個衡量標準，可以幫助債券型基金投資者，考慮到他們的投資期間長短與風險承受程度，以確定某檔債券型基金是否適合他們。這個衡量標準的專有名詞為**存續期間（duration）**。

存續期間以年為單位，用整年和部分年來表示，例如 4.3 年。大多數非專業債券與債券型基金投資者，只是用存續期間的數字來

預測債券或債券型基金，在利率上升或下降環境下的價格波動。存續期間的數字愈長，債券或債券型基金在不斷變化的利率環境中，波動性就愈大。

債券與債券型基金的價值跟利率走勢相反。利率上升時，債券與債券型基金的價值會下降。利率下降時，債券與債券型基金的價格會上漲。我們使用 4.3 年這個存續期間數字來解釋，如果利率上升 1%，債券或債券型基金投資者應該預料到，他們投資的價值會下降大約 4.3%。相反的，如果利率下降 1%，投資者可以預料到債券或債券型基金的價值會上升 4.3%。若想直觀的理解利率與債券價格之間的關係，一個簡單的方法就是想像一個蹺蹺板，它的上面一邊是利率，另一邊是債券價格。一個往上，另一個就下降，反之亦然。

債券型基金投資者應明白，雖然利率上升會導致他們基金的淨值（net asset value，簡稱 NAV）下降，但債券型基金的收益率會增加，而且長期之下，增加的收益率將有助於減輕利率上升所造成的價值損失。因此，如果利率上升 1%，彌補價值損失所需的時間，大約等於債券型基金的原始存續期間，即 4.3 年。不過，**要注意的是，債券型基金的存續期間可能會隨著時間的經過而有所改變，因此你需要監控你的基金的存續期間，以確保它依然與你的投資時間長短相符**。

雖然我們已經討論過，債券在利率下降的環境中價值會增加，在利率上升的環境中價值會損失，但是這些只不過是「帳面」的獲利與損失。債券價值的獲利或損失，只有當你在債券到期之前，在

二級市場上出售時，才會實現。如果你選擇持有你的債券到到期，你將繼續獲得票面收益率，直到債券到期，因此不會有獲利或損失。此外，你也只會在透過贖回你的基金股份來賣出基金的情況下，債券型基金才會實現獲利或損失。

你可以透過打電話問你的經紀人或共同基金公司，了解債券或債券型基金目前的存續期間。有些基金公司會在網路上提供債券型基金的存續期間數字。例如，領航集團有提供一個表格，列出每一檔領航債券型基金的存續期間（請到 vanguard.com）。

選擇合適的債券型基金

既然現在我們對債券與債券型基金有了基本的了解，我們該如何運用所學，選擇適合自己的債券型基金呢？以下是一些你可能會用到的簡單指導方針：

1. **找一個與你的投資時間長短相符的債券型基金**。例如，如果你 2 到 3 年後需要這筆錢，那你就要選擇短期的債券型基金。重要的是，你不要投資存續期間超過你的投資時間的基金。

2. **不要選擇升息的時機**。相反的，你只需投資符合你期望的特徵的基金，且持有該基金的時間至少為它的存續期間或更長。

3. **選擇與你的風險承受度相符的基金**。如果你擔心短期的價值損失，那就選擇存續期間較短的基金。

我為什麼應該投資債券？

了解這點是很重要的：債券與債券型基金跟股票的相關性很低（它們不會一直在同一時間朝同一個方向變動），因此債券可以成為你投資組合中的部分穩定力量。舉例來說，在 2008 年的熊市當中，雖然股票型基金損失 30% 至 60% 是很普遍的事，但是領航集團的整體債券市場指數基金（Total Bond Market Index Fund），卻上漲了 5.05%。

我應該投資多少錢在債券上？

決定你的投資組合中有多少應該投資於債券、多少應該投資於股票，是一項資產配置決策。你將在第八章中，學習如何建立自己的個人資產配置計畫。不過，這裡有一些你可能會覺得有用的普遍指導方針：

1. 柏格建議，**持有與年齡相同的債券是個不錯的起點**。因此，20 歲的人會在他／她的投資組合中，持有 20% 的債券。當這位投資者達到 50 歲時，投資組合中的債券部分會以 1% 的增量逐漸增加，此時占他投資組合的 50%。

2. 如果你是一個更保守的投資者，那就增加你的債券持有比例；如果你希望你的投資組合更積極，那就減少你的債券持有比例。

我應該持有個別債券還是債券型共同基金？

因為沒有持有美國儲蓄債券的債券型基金，它們必須以個別債

券的形式來購買。但是，我們討論過的大多數其他債券投資，都可以讓你選擇要購買個別債券，還是購買持有大量你感興趣之債券類型的債券型基金。所以，讓我們來考慮一下這兩種選擇的優點與缺點。表格 3.1 列出了持有個別債券的優點與缺點。表格 3.2 則列出

表格 3.1　持有個別債券

優點	缺點
由於在到期時保證能歸還你的本金，因此你會知道，如果你打算持有債券到到期，你就不會賠錢。	大多數非公債的債券必須透過經紀人購買，這會涉及佣金。
一旦你購買債券，持有債券就不像債券型基金一樣，會有持續性費用。	如果你讓銀行或經紀人幫你購買公債，他們可能會向你收取費用。
	建立一個多樣化的債券投資組合需要更大量的投資，因為個別債券有較高的最低投資要求。
	你不能進行配息再投資。你必須找個地方來投資你收到的配息支票。
	你必須透過你的延後課稅帳戶保管人，來為你的延後課稅帳戶購買債券。這通常包括費用或佣金。
	如果你在二級市場上買賣債券，你可能會支付隱藏的加價與價差。

持有債券型共同基金的優點與缺點。

　　在我們討論債券時，我們確實討論了很多。希望我們能讓你在做債券投資決策時，更加放心。任何高品質、低成本的短期或中期債券基金都很難出錯。

表格 3.2　持有債券型共同基金

優點	缺點
買進或賣出無銷售手續費的基金不會有成本。	在你持有基金的整個期間，你都要支付基金的成本與費用。
債券型基金持有大量的債券，因此你可以快速分散風險。	由於債券型基金沒有到期日，因此不能保證，在你賣出的時候能拿回你的本金。
有些債券型基金允許開支票。	債券型基金經理人可能會因為選到錯誤的債券，或對利率走向下賭注而犯錯。
你可安排讓你的債券型基金的配息自動再投資。	
大部分債券型基金的投資最低要求較低。	
專業的研究與管理。	

第 4 章

了解你買的東西（II）：
共同基金、年金、變額年金和
指數股票型基金

我發現，當你在市場下跌時有智慧的買進基金，那麼在未來的某個時刻，你將會感到幸福。你無法透過聽到「現在是買進的時候了」，來達到目的。

——彼得・林區（Peter Lynch）

共同基金

共同基金彙集許多投資者的資金來購買證券。這些證券可以是股票、債券，或貨幣市場工具，也可以是其他類型的投資。身為共同基金的投資者，你實際上擁有你的共同基金經理人購買的，標的

證券池中的一小部分權益。

共同基金受到 1940 年投資公司法（Investment Company Act of 1940）所管理，在大多數情況下也受到它們經營地點的州所管理。

你可以購買的共有基金種類有很多。有投資股票的股票型共同基金，投資（你猜對了！）債券的債券型基金，以及同時投資股票與債券的基金（混合型或平衡型基金）。還有貨幣市場基金，其目標是提供穩定的 1 美元每股價值。

在每一種類型的共同基金（股票型基金、債券型基金）中，有許多具有不同投資目標的基金。例如，股票型共同基金包含以下這些基金：

- 積極成長型基金
- 成長型基金
- 成長與收益型基金
- 跨國型基金
- 產業與特定對象基金（例如，REITs〔Real Estate Investment Trusts，不動產投資信託〕與醫療保健）

債券型基金與股票型共同基金一樣，債券型基金投資者也有大量的債券型共同基金可以選擇。有只投資於投資級債券（安全評級較高的債券）的債券型基金，也有投資於投資級以下債券的高收益（垃圾）債券基金。有些債券型基金只投資美國公債，有些基金則完全投資公司債。還有一些基金是投資地方政府債券。

根據基金投資之債券的到期日，有不同期限的債券型基金可選

擇。最常見的有以下三種：

1. 短期債券基金（1 到 4 年期）

2. 中期債券基金（4 到 10 年期）

3. 長期債券基金（10 年期或 10 年期以上）

在這些類別當中，有應稅債券基金與免稅的地方政府債券基金。

有些共同基金會在同一檔基金中同時投資股票與債券。這些基金被稱為平衡型基金。但是，並非所有平衡型基金都持有相同比例的股票與債券。舉例來說，某一檔平衡型基金可能持有 60% 的股票與 40% 的債券（可能是最常見的組合），其他檔基金可能只持有 40% 的股票與 60% 的債券。

共同基金的管理風格

共同基金的管理風格主要有兩種：主動式管理與指數化投資。關於指數化投資，基金會試著盡可能貼近的複製特定基準指標的報酬，像是標準普爾 500 指數（S&P 500）、威爾夏 5000 指數（Wilshire 5000），或巴克萊資本綜合債券指數（Barclay's Capital Aggregate Bond Index）等基準指標。指數型基金經理人，通常不會購買不在他們基準指標中的股票和債券，他們會依據基準指標中的股票或債券的權重，持有個別股票與債券。

主動式基金經理人會試圖挑選股票和債券，希望這些股票和債券能讓他們的基金表現優於基準指標（績效指標），或者在風險

較小的情況下，獲得與基準指標相似的報酬率。由於許多主動式管理基金的成本較高，因此，如果主動式基金經理人想超越成本較低的、相對應的指數型基金，就需要克服更高的障礙。雖然有些主動式基金經理人每年的表現，確實優於他們相對應的指數型基金，但長期來看，很少有經理人能一直表現優於指數型基金。

投資者面臨的真正問題是，要事先找出哪些主動式基金經理人，會在長期之下表現優於他們的指數。這不是一件容易的事。然而，你可以透過選擇優質的低成本、主動式管理基金（例如，領航集團與其他低成本基金公司提供的基金），來增加實現這個目標的機率。

閱讀基金公開說明書。共同基金的公開說明書，是了解你正在考慮要投資的任何共同基金的目標、成本、過去績效表現數據，以及其他重要資訊的最佳途徑。雖然閱讀公開說明書可能會讓你眼花撩亂，但它是幫助你確定某檔基金是否滿足你的投資目標（風險、報酬率等）非常重要的一步。既然你打算進行長期投資（難道你不是？），那麼閱讀公開說明書並了解你的投資對象，都是值得花時間和精力的。我們再怎麼強調這件事都不為過：**閱讀基金的公開說明書，了解你所投資的對象！**

共同基金的優點。至少有十個：

1. **分散風險。**對於大多數投資者來說，購買一個分散風險的個別股票與債券的投資組合，所涉及的成本可能令人望之卻步。但是，由於每一檔共同基金都投資於大量的股票、債券，或者兩者皆投資，因此當你購買共同基金時，就能立即分散

風險。

2. **專業的管理**。無論你的基金是指數型基金還是主動式管理基金，都有專業經理人在負責掌管。

3. **最低限制較低**。雖然每一檔共同基金都有自己的最低購買要求，但實際上你可以透過承諾每個月只投資 50 美元，來購買一些共同基金。正常的基金購買最低限制金額，介於 1,000 至 3,000 美元之間。

4. **沒有銷售手續費或佣金**。許多共同基金在沒有收取佣金（銷售手續費）的情況下，提供它們的產品。你可以不需要透過經紀人或顧問，直接從共同基金公司購買基金。

5. **流動性**。由於開放式共同基金在市場開放交易的任何一天，隨時準備好以當前的淨值（NAV）贖回你的基金股份，因此當你要賣出的任何時候，隨時都有一個準備好的買家。

6. **自動再投資**。如果你願意，你可以安排你基金的配息和資本利得，自動再投資於該基金，或直接投資於其他基金。

7. **方便**。你可以透過郵件、電話，或網路買賣大多數共同基金。你可以做好設定，把任何來自基金贖回或分配的收益，存進你的銀行帳戶。你也可以安排，從你的銀行帳戶或貨幣市場共同基金自動進行購買，定期提款也一樣能這麼做。貨幣市場基金在你等待投資時，提供了一個停泊資金的好地方。

8. **客戶服務**。如果你有問題或麻煩，可以打電話給共同基金的客戶服務人員，他們會很樂意幫助你。大多數共同基金公司

會提供較長的客戶服務時間，遠比正常的市場交易時間還
長。

9. **溝通與紀錄**。你會定期收到對帳單，顯示你帳戶上的任何活
動，以及每年年底的稅務申報資訊。許多共同基金甚至會為
你計算報稅資訊。你還會收到來自基金經理人提供的，有關
你的基金的半年與年度報告，其中包含你的基金的相關重要
資訊。

10. **多樣化**。最後，由於可選擇的基金範圍很廣，你幾乎可以
找到符合你任何投資需求的基金。

因此，正如我們所看到的，共同基金可以提供許多好處。我們
強烈認為，它們應當是大多數散戶的投資選擇。

組合型基金

為了簡化投資，最近出現一種趨勢，讓投資者可以透過選擇單
一共同基金——符合他們想要的資產配置——來獲得一個非常多樣
化的投資組合。這些產品投資於其他共同基金，而這些共同基金通
常是同一間公司的，通常會包含股票、債券，以及貨幣市場共同基
金——因此被稱為**組合型基金**。

在這些基金當中，有些基金在任何時候都保持相當穩定的股
票、債券，以及現金比例，因此，隨著投資者年紀愈來愈大、愈來
愈接近退休時，是否轉向更保守的基金，就取決於投資者自己了。
領航集團提供的各種生活策略基金（LifeStrategy funds）就是這類基

金的好例子。讓我們來看看這些基金的組成。

領航生活策略成長基金（Vanguard LifeStrategy Growth Fund）的目標資產配置相當積極，為 80% 的股票與 20% 的債券。這檔組合型基金投資於四檔領航基金：

1. 整體股票市場指數基金（Total Stock Market Index Fund）

2. 整體債券市場基金（Total Bond Market Fund）

3. 整體國際股票指數基金（Total International Stock Index Fund）

4. 整體國際債券基金（Total International Bond Fund）

領航生活策略保守成長基金（Vanguard LifeStrategy Conservative Growth Fund）的目標資產配置較保守，為 40% 的股票與 60% 的債券。這檔組合型基金投資於四檔領航基金：

1. 整體股票市場指數基金

2. 整體債券市場基金

3. 整體國際股票指數基金

4. 整體國際債券基金

領航生活策略系列中，還有另外兩檔提供不同資產配置的基金。其中包括生活策略適度成長基金（LifeStrategy Moderate Growth Fund），其目標資產配置為 60% 的股票與 40% 的債券，以及生活策略收入基金（LifeStrategy Income Fund），其目標資產配置非常保守，為 80% 的債券與 20% 的股票。所以，這些組合型基金的其中一檔，很可能可以滿足你想要的資產配置。

有些基金公司更近期推出的產品包括生命週期組合型基金，這些基金會隨著時間的經過，自動變得更加保守。跟其他組合型基金一樣，投資者只需選擇能滿足他們目前期望的資產配置、且已經被很好的分散風險的基金。然而，跟其他保持股票、債券、現金比例相當穩定的組合型基金不同的是，這些生命週期基金在長期之下，會逐漸降低股票的比例，然後增加債券和現金的比例。隨著這些生命週期基金的推出，共同基金公司正試圖為投資者簡化事情，讓他們不再需要定期進行再平衡。有了這些基金，投資者就不需要隨著年齡愈來愈大或接近退休，而更動他們的投資組合。領航集團的目標退休（Target Retirement）系列基金與富達（Fidelity）的自由（Freedom）系列基金，就是這類基金的好例子。

年金

年金是帶有保險包裝的投資。年金有幾種不同的種類，包含固定年金（fixed annuity）、變額年金（variable annuity），以及即期年金（immediate annuity）。

固定年金

固定年金在某些方面類似於銀行的定期存單，但它實際上是保險產品，同意按照你在合約上的最初投資資金，在一段指定的期間當中（1 年到 5 年），支付你特定的報酬率（例如，4% 到 6%）。在這段指定期間之後，你的報酬率將恢復到**市場利率**，這是由發行

年金合約的保險公司所決定與設定的。

　　大多數固定年金都有較低的最低保證利率，也就是它們支付給你的投資利率。通常，固定年金會提供短期（也許是一年）的初始利率，而這個利率會比你當時購買銀行定期存單的利率，還要高許多（這就是所謂的**初期優惠利率**〔teaser rate〕）。然而，這些初始利率高於正常水準的固定年金，往往伴隨著「逮到你」的較低的後續利率，和較高的解約費用。你可能會誤認為，年金的**解約費用**類似於銀行定期存單的提前提領罰款。然而，這些年金的解約費用（罰款）可能非常昂貴，有些甚至超過提款的 10%。解約費用可能持續 10 年或甚至更長的時間，取決於發行該年金的保險公司是哪間。這些費用通常會在你持有年金時，每年減少 1%，直到它們終於不復存在。由於這些解約費用（通常不會向年金購買者解釋），一旦最初的高利率期間的到期日過了，它們可能會讓你在財務上不靈活，無法取出你的錢。即使你發現保險公司提供的新利率，無法跟你在其他地方可以得到的利率競爭，這也是事實。現在你明白為什麼這叫「**逮到你**」了吧。

　　你投資於固定年金的錢，與保險公司的營運資金是混合在一起的，所以，如果保險公司有財務問題，你也可能面臨問題。固定年金提供延後課稅，即使用不合資格的（稅後）基金購買也是。

變額年金

變額年金是一種可以讓你投資於多個子帳戶的保險合約。子帳戶基本上就是共同基金的翻版,外加一些保險。在這裡,我們將交替使用這兩個名詞。

大多數變額年金都有解約費用,通常會持續好幾年。所以,一旦你購買了你的年金,即使你不滿意,也不可能拿回你所有的錢,而不用支付提領時生效的解約費用。

此外,變額年金基金的支出往往遠高於同類型的非年金共同基金。舉例來說,晨星公司的 Principia 年金資料庫顯示,有將近9500 個變額年金子帳戶的總年度費用超過 2.5%,4500 個以上的子帳戶的總年度費用超過 2.75%,將近 2000 個變額年金子帳戶的總年度費用超過 3.0%。在我們看來,這簡直太離譜,因為這是低成本、大範圍投資的共同基金的 15 倍以上,比如領航的整體股票市場指數,它的總年度費用為 0.17%。

一間保險公司的變額年金,可能只提供有限數量的子帳戶供選擇,而另一間公司的年金,可能有一長串的共同基金列表。你可以在你的變額年金中擁有多檔基金,並在這些基金之間進行轉換,而不會產生任何稅務後果。你的變額年金的價值,將取決於你選擇投資的共同基金的表現。

固定年金與變額年金有一些相似之處,也有一些不同之處。例如,變額年金跟固定年金一樣,提供延後課稅,即使用稅後資金購買也是。但是,**與固定年金不同的是,你投資於變額年金的錢,跟**

保險公司的營運資金是分離的。因此，你投資的安全性跟發行該年金的保險公司的財務實力無關。

　　由於變額年金已經延後課稅了，如果你可以選擇的話，在已經延後課稅的退休計畫（像是 401(k)、403(b)，或 IRA）中投資年金，通常沒有什麼好處。你不會從支付變額年金更高的費用中，獲得任何額外的延後課稅好處。這就像穿一件雨衣就夠了一樣，但你卻穿了兩件！

即期年金

　　即期年金是你跟保險公司之間的合約。做為從你身上拿一筆錢的交換，保險公司將承諾在你的餘生中，定期支付你一定金額的錢。如果你願意接受較少的支付，保險公司將保證這些支付會在你和你配偶的餘生中持續，或者持續一段特定的期間。即使你活到 100 歲以上，你也不會比這筆收入流活得時間更長。

　　與固定年金一樣，這些支付保證是由你購買年金的保險公司的財力所支持。因此，在購買即期年金之前，檢查保險公司的安全評級是非常重要的。你也應該知道，並不是所有的即期年金都會付給你相同的金額，所以你**需要貨比三家，並且考慮不同保險公司的財務實力**。即期年金不像固定年金與變額年金，它不涉及解約費用，因為一旦你決定購買即期年金，且開始收到付款，你通常無法收回你的錢。

　　由於年金的高成本和解約費用，以及相對於稅務效率更高的其

他可得投資而言，它的稅務利益更少，因此對大多數投資者來說，年金並沒有提供多少好處。**可以肯定的說，大部分的年金都是被賣出，而不是被買進。**我們曾聽過一些令人震驚的故事，講的是一些不道德的年金銷售人員，把不合適的、附帶高解約費用的年金，出售給那些信任他們的老年人，而這些老年人的課稅級距很低（或沒有），完全不需要高價的延後課稅年金產品。我們還有許多其他低成本、延後課稅，以及免稅的投資選擇，譬如 401(k) 計畫、IRA、羅斯 IRA，以及其他退休計畫。在考慮變額年金之前，投資者應該先為這些退休計畫選項提供資金。

現在，由於合格股利與長期資本利得的稅率較低，一旦大多數投資者為他們的退休計畫提供資金，他們可能會因為把他們擁有的額外資金投資於應稅帳戶，而不是投資於變額年金，而得到更好的服務。不過，**值得注意的是，領航集團與少數其他公司確實有提供低成本的變額年金，不收取銷售手續費或解約費用。**所以，如果你已經擁有一份高成本的變額年金，且解約費用已經到期，或者解約費用已經很低，你也許要考慮往低成本年金提供商進行免稅轉移（這被稱為 1035 轉換〔1035 exchange〕）。此外，如果你目前沒有持有年金，但你覺得年金確實會在你的投資組合中占有一定的位置，那麼你肯定會想把你辛苦賺來的錢投資於低成本年金，比如領航集團提供的那些年金。

美國證券交易委員會（Securities and Exchange Commission，簡稱 SEC）有一個很棒的入門資料網站，你可以在 www.sec.gov/investor/pubs/varannty.htm#wvar 上獲得更多關於變額年金的資訊。

指數股票型基金

　　指數股票型基金（ETF）基本上是像股票一樣在交易所交易的共同基金。當股票市場開盤的時候，它們就會在當天持續被買進和賣出。ETF 類似股票的特點吸引了廣泛的投資者，包含長期的買入持有（buy-and-hold）投資者，也包含短期的交易者。或許持有 ETF 最大的好處之一是低成本。ETF 的費用可以跟追蹤同一個指數的許多共同基金一樣低，或甚至更低。

　　可以購買的 ETF 包含追蹤國外和國內股票指數的 ETF。也有追蹤債券指數的 ETF。雖然許多 ETF 都是追蹤特定的指數，但主動式管理的 ETF 數量也愈來愈多。

　　ETF 不像一般共同基金，**共同基金是根據基金持有的證券價值，每天只在基金公司營業結束時，以淨值（NAV）定價一次，**ETF 跟股票一樣，只要股市開盤，它的價格就是透過公開市場系統，持續被定價一整天。這使得 ETF 對那些希望在白天交易、知道其交易確切價格的投資者來說，具有吸引力。

　　ETF 也有一些不利因素。首先，你每一次的買進與賣出都必須透過經紀人，這通常意味著你的每一筆交易都會被收取佣金。更不用說，持有期間愈短，這些額外的佣金成本，就會抵消掉愈多 ETF 較低的費用帶來的好處。因此，**ETF 不適合那些進行多次少量購買的投資者，比如採用定期定額投資的投資者，因為他們必須為每一次的購買支付佣金。這些投資者反而應該堅持投資於低成本、開放式的指數型共同基金。**

另一個潛在的不利因素是，**ETF 股份的市場價值，跟構成 ETF 之標的證券的淨值之間會存在差異**。由於 ETF 是在市場上交易，因此它們可以以略高於、或低於基金中持有之標的證券的價值進行交易。**一般來說，溢價或折價不會非常大，但是你需要意識到這點。**

不過，ETF 可能適合那些能夠一次性進行大量購買，並打算長期持有的投資者。在這種情況下，一次性佣金很可能被長期之下減少的費用所抵消。此外，ETF 也許適合那些找不到低成本指數型基金，來涵蓋他們感興趣的特定市場領域的投資者。

值得注意的是，領航集團的低成本 ETF 是免佣金的，消除了前面提到的買賣 ETF 必須支付佣金的不利因素。

若使用得當，低成本 ETF 肯定能在長期投資者的買入持有投資組合中，扮演重要的角色。另一方面，如果投資者打算用 ETF 當作當沖交易或市場擇時（market timing）的工具，那麼他們很可能會搬石頭砸自己的腳。

我們學到什麼？

我們希望你現在對一些可供你選擇的各種主流投資，以及它們適不適合你的投資計畫，已經有了更好的了解。你可以透過額外的閱讀，也可以從柏格頭論壇（www.bogleheads.org）開始，透過利用網路上豐富的免費資訊，了解更多這些各種不同投資的相關資訊。

我們三個人在我們早期的投資生涯中犯了很多錯誤，我們也從

這些錯誤中學到許多。這些年來,我們透過經驗和投資者教育,變得更有知識。在這段旅程結束時,**我們得出的結論是,低成本的共同基金應該成為大多數投資者的首要投資選擇。**

第 5 章

擔心資產因通膨縮水嗎？
投資抗通膨債券就有解

掌握自己的命運，否則將由別人掌握。

——傑克・威爾許（Jack Welch）

通貨膨脹就像黑夜中到來的沉默的小偷，在沒看見的情況下，偷走了我們的貴重物品。通貨膨脹跟偷走我們有形資產的竊賊不同，它更加陰險，因為它偷走的是我們無法真正看到的東西——我們未來的購買力。

如果我們一開始有 1,000 美元，10 年後也有 1,000 美元，有些投資者會說，他們沒有損失任何東西。他們真是大錯特錯！ 1,000 美元只是一種交易媒介，它的唯一價值是某個人為了換取這 1,000

美元，而提供給我們的商品或服務的數量。所以，真正重要的不是錢的**數量**，而是它的**購買力**，或者說它能買的東西。

通貨膨脹侵蝕了我們現在美元的未來購買力，所以，我們在未來的某一天，需要更多的美元來購買相同數量的商品與服務，才能抵消通貨膨脹的影響。

在第二章，我們學過複利的力量如何為我們發揮效果。然而，當談到通貨膨脹時，同樣的複利的力量會對我們不利。3% 的通貨膨脹率表示，當一個 25 歲的投資者在 40 年後退休時，她將需要 3,262 美元，來購買她今天能用 1,000 美元買到的相同的一籃子商品與服務。如果同一段期間的通貨膨脹率是 4%，那麼她將需要 4,801 美元。當然，如果通貨膨脹率繼續升高，那麼購買相同商品與服務所需的金額，就會更多。

由於我們之中有些人將在退休後多活 20 到 30 年，因此我們要談論的是，一個 25 歲的投資者必須應對通貨膨脹的影響，這可能會侵蝕她的儲蓄的未來購買力，長達 60 到 70 年。

我們使用美國勞工部勞工統計局（U.S. Department of Labor, Bureau of Labor Statistics）的官方通貨膨脹數字，以及明尼阿波利斯聯邦準備銀行（Federal Reserve Bank of Minneapolis）提供的線上計算機，建立了表格 5.1。它列出美國不同時期的通貨膨脹影響，以及我們在每個不同時期結束時需要多少錢，才能等於這些時期開始時的 1,000 美元的購買力。

這些通貨膨脹數字令人警醒，甚至有點嚇人。它們以相當戲劇性的方式表明，通貨膨脹對我們當前資產的未來消費能力的摧殘，

多具破壞性。我們希望你現在能明白你面對的是什麼，以及投資對你來說有多麼重要，不只是為了保護你的本金，也是為了保護且希望增加你未來的消費能力。但是，我們該怎麼做呢？

傳統觀點認為，股票應該是戰勝通貨膨脹的投資選擇。然而，傳統觀點不能帶來任何保證，而且也有一些重疊時期──小公司股票（根據股票價格研究中心〔Center for Research in Stock Prices〕的定義）和大公司股票（根據標準普爾 500 指數的定義）的漲幅都未能超過通貨膨脹。

有些非常安全的公債投資，比如一個月期的國庫券和長期政府債券，也有很長一段時間沒有帶來正的**實質報酬率**（請記住，我們前面說過，**實質報酬率**是我們的報酬率減去通貨膨脹後，所剩下的報酬率）。如果我們看圖 5.1 當中最上面的線，我們可以看到國庫券的名目年化報酬率（扣除通貨膨脹之前）。這一條線可能給我們的印象是，國庫券多年來一直是一項成功的投資。然而，當我們看下面的線時，可以看到年化的國庫券**實質報酬率**，多年來一直是負的。在那些負的年份當中，國庫券投資者實際上失去了消費能力，而且那是稅前的報酬率。

那麼，投資者可以從哪裡獲得**有保證**的正的實質報酬率呢？美國財政部目前提供了能滿足這個需求的兩種選擇──I 債券與通膨指數連動債券，通常稱為 TIPS（抗通膨債券）。我們在前面章節中已經提過這兩者，現在讓我們更詳細的研究它們是如何運作的。

表格 5.1　通貨膨脹在不同期間的影響

期間	年數	2005 年需要多少金額， 才會等於期間一開始的 1,000 美元
1935–2005	70	$14,255
1940–2005	65	$13,950
1945–2005	60	$10,850
1950–2005	55	$ 8,103
1955–2005	50	$ 7,287
1960–2005	45	$ 6,597
1965–2005	40	$ 6,200
1970–2005	35	$ 5,033
1975–2005	30	$ 3,630
1980–2005	25	$ 2,370
1985–2005	20	$ 1,815
1990–2005	15	$ 1,494
1995–2005	10	$ 1,281
2000–2005	5	$ 1,134

圖 5.1　國庫券報酬率

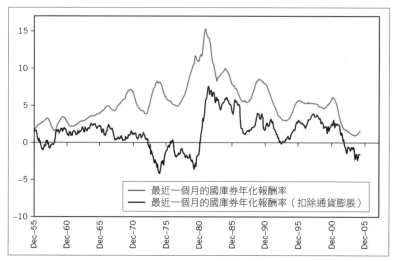

資料來源：Portfolio Solutions, LLC 版權

I 債券

　　I 債券（「I」代表通貨膨脹）是美國儲蓄債券。它們是由美國財政部發行，並由美國政府的充分信任與尊重所支持，這代表它們是沒有風險的。I 債券以固定利率發行，保證提供跟該債券發行時的固定利率相等的**實質報酬率**。

　　I 債券的收益率由兩個部分組成：

1. 收益率的第一個組成部分是固定的，也就是你購買 I 債券時採用的**實質利率**。這個**實質利率**是你可以獲得的高於通貨膨脹的利率，而且這個利率會在債券存在的期限內（長達 30 年）保持不變。

2. 收益率的第二個組成部分是變動的通貨膨脹調整率,每年會分別在 5 月與 11 月,重新計算並公布兩次。這個變動利率,是根據調整日期前六個月之衡量期間的通貨膨脹率,採用都市消費者物價指數(CPI-U)計算的。

把這兩個部分(固定利率與通貨膨脹調整)加在一起,就能得到公告日期後六個月的當前收益率。舉例來說,如果 I 債券的保證**實質利率**在發行時是 1.2%,而購買時之前公布的通貨膨脹數字是 3%,那麼在你持有 I 債券的最初六個月,你會獲得 4.2%(1.2% 的固定利率加上 3% 的通貨膨脹率)。接著,如果通貨膨脹率在最初六個月的期間上升到 4%,那麼你在下一個六個月將開始獲得 5.2%(1.2% 的固定利率加上 4% 的通貨膨脹率)。利率每年會重新計算兩次,這種模式會持續 30 年,除非你在此之前贖回債券。

由於財政部把通貨膨脹率加到 I 債券的固定利率上,用來決定總收益率,因此,I 債券的稅前報酬率,被保證會等於或高於通貨膨脹。

這種情況下的唯一不利因素是,山姆大叔不僅從我們的**實質報酬率**中拿走他的那部分,而且還從我們 I 債券收益率的通貨膨脹部分中獲益,因為美國國稅局會對我們報酬率的這兩個部分課稅。因此,有些投資者可能以非常低的保證實質報酬率購買 I 債券,然後在他們處於高課稅級距時將其兌現,最終,他們的消費能力可能會比他們開始時還低。不過,由於 I 債券可以延後課稅 30 年,因此許多投資者應該能夠一直等到他們退休,在較低的課稅級距時,延

後兌現他們的 I 債券。

讓我們來看看不同的 I 債券固定利率、課稅級距、通貨膨脹率的情境下，會發生什麼情況。表格 5.2 所呈現的是，在不同課稅級距下，I 債券投資者的稅後、經通貨膨脹調整後的購買力。我們比較兩種 I 債券的表現，一種以 1% 的固定利率（表格的上半部分）發行，另一種以 1.5% 的固定利率（表格的下半部分）發行。本範例使用的通貨膨脹率為 2%。

我們可以從表格 5.2 中看到，除了只持有固定利率為 1% 的 I 債券 5 年、課稅級距為 35% 的投資者，所有課稅級距和所有時間範圍，都提供**正的實質稅後**報酬率。當然，投資者的課稅級距愈低，稅後實質報酬率就愈高，因為山姆大叔得到的更少，而我們得到的更多。我們還可以看到，固定利率為 1.5% 的 I 債券，甚至戰勝了最高的課稅級距與最短的持有期間，產生正的稅後實質報酬率。

現在，讓我們在表格 5.3 當中將通貨膨脹率改為 4%，看看相同的 I 債券的表現會是如何。

表格 5.3 說明了稅收制度在高通貨膨脹率之下，對高課稅級距投資者的影響。在固定利率為 1% 的 I 債券方面，課稅級距為 33% 和 35% 的投資者，無法勝過較高的稅，實現正的實質報酬率，即使他們持有 I 債券 30 年也無法。至於固定利率為 1.5% 的 I 債券，課稅級距較高的投資者，必須持有他們的債券至少 15 年，才能獲得正的稅後實質報酬率。

在表格 5.4 當中，我們把 I 債券的固定利率提高到 1.8% 和 2.0%，看看在與表格 5.3 相同的 4% 通貨膨脹率之下，它們的表現

表格 5.2 在不同的持有期間下，投資 1,000 美元於固定利率為 1% 和 1.5% 的 I 債券、通貨膨脹率為 2% 的稅後實質報酬率

課稅級距	固定利率	通貨膨脹率	5 年	10 年	15 年	20 年	25 年	30 年
10.00%	1.0%	2%	$1,036	$1,074	$1,116	$1,161	$1,210	$1,261
15.00%	1.0%	2%	$1,028	$1,060	$1,095	$1,134	$1,176	$1,222
25.00%	1.0%	2%	$1,014	$1,032	$1,054	$1,080	$1,110	$1,143
28.00%	1.0%	2%	$1,010	$1,023	$1,042	$1,064	$1,090	$1,119
33.00%	1.0%	2%	$1,002	$1,009	$1,021	$1,036	$1,056	$1,080
35.00%	1.0%	2%	$ 999	$1,004	$1,012	$1,026	$1,043	$1,064
10.00%	1.5%	2%	$1,059	$1,123	$1,195	$1,272	$1,357	$1,450
15.00%	1.5%	2%	$1,050	$1,107	$1,170	$1,239	$1,316	$1,400
25.00%	1.5%	2%	$1,033	$1,073	$1,119	$1,173	$1,233	$1,300
28.00%	1.5%	2%	$1,028	$1,063	$1,104	$1,153	$1,208	$1,270
33.00%	1.5%	2%	$1,020	$1,046	$1,079	$1,119	$1,166	$1,220
35.00%	1.5%	2%	$1,016	$1,039	$1,069	$1,106	$1,150	$1,200

表格 5.3 在不同的持有期間下，投資 1,000 美元於固定利率為 1% 和 1.5% 的 I 債券、通貨膨脹率為 4% 的稅後實質報酬率

課稅級距	固定利率	通貨膨脹率	5 年	10 年	15 年	20 年	25 年	30 年
10.00%	1.0%	4%	$1,026	$1,058	$1,094	$1,135	$1,181	$1,230
15.00%	1.0%	4%	$1,015	$1,037	$1,064	$1,098	$1,136	$1,179
25.00%	1.0%	4%	$ 992	$ 994	$1,005	$1,022	$1,046	$1,076
28.00%	1.0%	4%	$ 985	$ 981	$ 987	$1,000	$1,020	$1,046
33.00%	1.0%	4%	$ 974	$ 960	$ 957	$ 962	$ 975	$ 995
35.00%	1.0%	4%	$ 970	$ 952	$ 945	$ 947	$ 957	$ 974
10.00%	1.5%	4%	$1,049	$1,106	$1,171	$1,244	$1,325	$1,414
15.00%	1.5%	4%	$1,036	$1,082	$1,137	$1,200	$1,272	$1,352
25.00%	1.5%	4%	$1,011	$1,034	$1,069	$1,113	$1,167	$1,230
28.00%	1.5%	4%	$1,004	$1,020	$1,048	$1,087	$1,135	$1,193
33.00%	1.5%	4%	$ 991	$ 996	$1,014	$1,043	$1,082	$1,131
35.00%	1.5%	4%	$ 986	$ 987	$1,000	$1,025	$1,061	$1,107

表格 5.4　在不同的持有期間下，投資 1,000 美元於固定利率為 1.8% 與 2.0% 的 I 債券、通貨膨脹率為 4% 的稅後實質報酬率

課稅級距	固定利率	通貨膨脹率	5 年	10 年	15 年	20 年	25 年	30 年
10.00%	1.8%	4%	$1,063	$1,136	$1,220	$1,314	$1,420	$1,537
15.00%	1.8%	4%	$1,049	$1,110	$1,183	$1,266	$1,362	$1,469
25.00%	1.8%	4%	$1,023	$1,059	$1,109	$1,171	$1,246	$1,332
28.00%	1.8%	4%	$1,015	$1,044	$1,087	$1,143	$1,211	$1,291
33.00%	1.8%	4%	$1,001	$1,018	$1,050	$1,095	$1,153	$1,223
35.00%	1.8%	4%	$ 996	$1,008	$1,035	$1,076	$1,130	$1,196
10.00%	2%	4%	$1,072	$1,156	$1,253	$1,363	$1,486	$1,625
15.00%	2%	4%	$1,058	$1,130	$1,214	$1,313	$1,425	$1,551
25.00%	2%	4%	$1,022	$1,060	$1,114	$1,182	$1,264	$1,361
33.00%	2%	4%	$1,008	$1,034	$1,075	$1,131	$1,202	$1,288
35.00%	2%	4%	$1,003	$1,023	$1,059	$1,111	$1,178	$1,259

會是如何。

有了較高的固定利率，除了課稅級距為 35%、只持有 5 年固定利率為 1.8% 的 I 債券的投資者以外，在所有課稅級距與所有時間範圍下，即使通貨膨脹率為 4%，I 債券依然能夠戰勝稅，提供正的稅後實質報酬率。

這個模式已經愈來愈清晰。I 債券的固定利率愈高、你的課稅級距愈低，以及持有時間愈長，你就愈有可能實現較高的稅後實質報酬率。在固定利率低或為零、通貨膨脹率高、持有期間短，以及課稅級距高的情況下，投資者更有可能實現負的稅後實質收益率。然而，有時候即使是固定利率為 0% 的 I 債券，也可能提供比其他無風險選擇更好的稅後報酬率。

即使我們看到過去 I 債券發行的固定利率高達 3.6%，我們大概也不應該期望，短期內固定利率會大幅上升。表格 5.5 清楚的呈現出，I 債券的固定利率隨著時間經過而下降的模式。如果財政部將固定利率提高到使之有利可圖的程度，那麼許多持有收益率較低的 I 債券的投資者，就會在不損失本金的情況下兌現它們，支付應繳的稅，然後再投資於新的、收益率較高的債券。由於財政部很清楚這點，因此我們可能必須在很長一段時間內，投資於收益率較低的 I 債券。

表格 5.5　I 債券過去的固定利率

日期	固定利率	日期	固定利率	日期	固定利率
1998, SEP 1	3.40%	2003, NOV 1	1.10%	2009, MAY 1	0.1%
1998, NOV 1	3.30%	2004, MAY 1	1.00%	2009, NOV 1	0.3%
1999, MAY 1	3.30%	2004, NOV 1	1.00%	2010, MAY 1	0.2%
1999, NOV 1	3.40%	2005, MAY 1	1.20%	2010, NOV 1	0%
2000, MAY 1	3.60%	2005, NOV 1	1.00%	2011, MAY 1	0%
2000, NOV 1	3.40%	2006, MAY 1	1.4%	2011, NOV 1	0%
2001, MAY 1	3.00%	2006, NOV 1	1.4%	2012, MAY 1	0%
2001, NOV 1	2.00%	2007, MAY 1	1.3%	2012, NOV 1	0%
2002, MAY 1	2.00%	2007, NOV 1	1.2%	2013, MAY 1	0%
2002, NOV 1	1.60%	2008, MAY 1	0%	2013, NOV 1	0.2%
2003, MAY 1	1.10%	2008, NOV 1	0.7%	2014, MAY 1	0.1%

TIPS

TIPS 為投資者提供了另一種美國財政部發行的抗通膨選擇。TIPS 不像 I 債券，由財政部設定固定利率，TIPS 的保證利率是由公債的 TIPS 拍賣市場所設立的。由於 TIPS 是暢銷的證券，因此與 I 債券相比，我們在 TIPS 方面擁有更多的投資選擇：

- 在公債拍賣上購買 TIPS。
- 在次級市場上購買 TIPS。
- 投資 TIPS 基金，例如領航集團的 VIPSX（領航抗通膨債券指數基金）或富達的 FINPX（富達抗通膨債券基金）。

如果你想從 TIPS 中獲得有保障的通貨膨脹保護，且沒有本金的風險，那麼在公債拍賣上購買你的 TIPS，並持有至到期日，將是你的最佳選擇，因為另外兩種選擇，始終存在損失一些本金的風險。然而，**對許多投資者來說，TIPS 共同基金就像其他債券型共同基金一樣，它的靈活性與好處足以抵消本金可能損失的風險。**

地點、地點、地點

TIPS 的保證利率通常高於 I 債券的固定利率。因此，如果你的延後課稅帳戶中還有足夠的空間，那麼那裡就是它們應該去的地方，因為你可以在沒有本金風險的情況下，獲得延後課稅的通膨保護。前提假設是你在拍賣上購買這些債券，並持有至到期日。如果你在次級市場上買進或賣出 TIPS，你拿回來的，就有可能會比你

支付的更多或更少。

如果你的延後課稅帳戶裡沒有足夠的空間給 TIPS，那該怎麼辦？如果你的課稅級距較低，而且 TIPS 的保證利率跟 I 債券的固定利率之間的差異夠大，那麼將 TIPS 存進你的應稅帳戶，可能會比收益率較低的 I 債券，提供略高的收益率。

當你在你的應稅帳戶中持有 TIPS 時，主要的不利因素是，你必須為一些到期後才會收到的收入支付年度的稅。這就是為什麼它被稱為**幻影收入（phantom income）**。不過，有利的一面是，如果你生活在一個所得稅高的州，那麼應稅帳戶中來自 TIPS 的利息，不需要繳交州和地方稅，但是當你從延後課稅帳戶中提領時，可能就需要繳交州所得稅。因此，你必須把這點納入考慮。

記住，關於 TIPS，你只能收到收益率中固定利率的部分，這是每半年根據經過通貨膨脹調整後的面值計算的收益率。通貨膨脹調整適用於你的 TIPS 本金，但你要等到債券到期時才能收到。因此，通貨膨脹率愈高，你的課稅級距也愈高，你要為你實際獲得的收入部分，和你未獲得的通貨膨脹調整後的部分，支付的稅就愈多。此外，當 TIPS 的固定利率很低時，甚至可以想像，在通貨膨脹非常高的一年中，你所欠的稅可能比你收到的利息還多，尤其是如果你的課稅級距較高。

在表格 5.6 中，我們比較了投資 1,000 美元於固定利率為 1% 的延後課稅 I 債券，以及投資 1,000 美元於固定利率為 1.5% 的 10 年期 TIPS（在拍賣上購買，並在應稅帳戶中持有至到期）。我們使用 4% 的通貨膨脹率。

我們可以在表格 5.6 中看到，在每一個課稅級距中，固定利率為 1.5% 的應稅 TIPS 的表現，都優於固定利率為 1% 的延後課稅的 I 債券。10 年後，TIPS 高於 I 債券的差額範圍介於 8 美元至 37 美元之間。

投資 TIPS 的注意事項

表格 5.6 中的比較有一些需要注意的地方。首先，如果你讓經紀人替你購買 TIPS，而不是自己在拍賣上購買，那麼一旦計入經紀人費用，TIPS 的表現實際上可能會遜於 I 債券。

此外，TIPS 的數字是假設在你繳交年度的稅之後，你可以將收到的半年期利息的剩餘部分，再投資到另一項實質報酬率與

表格 5.6 投資 1,000 美元於 1% 的 I 債券與 1.5% 的 10 年期 TIPS

稅率	通貨膨脹率	10 年後 1% 的 I 債券的稅後實際價值	10 年後 1.5% 的 TIPS 的稅後實際價值
10.00%	4.00%	$1,058	$1,095
15.00%	4.00%	$1,037	$1,067
25.00%	4.00%	$ 994	$1,012
28.00%	4.00%	$ 981	$ 996
33.00%	4.00%	$ 960	$ 970
35.00%	4.00%	$ 952	$ 960

TIPS 相同的投資上，但這點也許沒辦法一直辦到。最後，I 型債券可以在一年後的任何時間兌現，不會有本金損失，而 TIPS 必須持有至到期，才能保證不會有本金損失。對於一些投資者來說，I 債券的靈活性可能值得稍低的報酬率。

I 債券 vs. TIPS

使用高達與包含 9% 的各種通貨膨脹率，I 債券在某些情況下表現較好，而 TIPS 在其他情況下表現較好。然而，無論是 TIPS 或 I 債券表現較好，1% 的 I 債券與 1.5% 的 10 年期 TIPS，在 10 年期間的報酬率之差，始終低於 50 美元。所以，基本上當我們比較 1% 的 I 債券與 1.5% 的 TIPS 時，實際上的結果是難見分曉。

接下來，在表格 5.7 當中，我們比較了固定利率為 1% 的 I 債券與 1.75% 的 20 年期 TIPS（在拍賣上購買，並在應稅帳戶中持有至到期）。在這個情境下，我們使用 4% 的通貨膨脹率。

在表格 5.7 中，我們可以看到，對於課稅級距最低的投資者而言，更大的固定收益率差距（0.75%），有助於應稅的 TIPS 的表現，比收益率較低的 I 債券高出 116 美元。雖然 20 年 116 美元的差額，對那些投資金額較小的投資者來說可能不重要，但對於投資 5 萬美元或 10 萬美元於 TIPS 的投資者來說，總差額可能更具意義。表格 5.7 也表明，在 20 年的時間，對於課稅級距為 33% 與 35% 的投資者來說，應稅的 TIPS 的表現，分別高出 10 美元與 4 美元。在這個情境之下，無論出於何種目的，對於課稅級距最高的投資者來說，

在應稅帳戶中的 I 債券與 TIPS，實際上是勝負難料的。

如同我們在本章中看到的，I 債券與 TIPS 可以幫助投資者，保護他們當前美元的未來消費能力。

表格 5.7　投資 1,000 美元於 1% 的 I 債券與 1.75% 的 20 年期 TIPS

稅率	通貨膨脹率	20 年後 1% 的 I 債券的稅後實際價值	20 年後 1.75% 的 TIPS 的稅後實際價值
10.00%	4.00%	$1,135	$1,252
15.00%	4.00%	$1,098	$1,185
25.00%	4.00%	$1,022	$1,062
28.00%	4.00%	$1,000	$1,027
33.00%	4.00%	$ 962	$ 972
35.00%	4.00%	$ 947	$ 951

第 6 章

存多少錢才能退休？
別忘了計算通膨

你真的不需要在 60 歲之前就開始為退休存錢。到了那個時期，只需要每年把你收入的 250% 存起來，你就能在 70 歲時舒適的退休了。

——喬納森‧龐德（Jonathan Pond）

「你需要存多少錢？」這個問題的答案，可能是大多數試圖為退休做計畫的投資者最關心的問題。有些（也許是大多數？）投資者對於該從哪裡開始完全沒有頭緒。他們只希望並祈禱事情最終能解決，然後他們就能以某種方式享受舒適的退休生活。然而，由於他們不確定自己到底需要多少錢才能舒適的退休，所以腦海中總會

有心煩不已的感覺，認為可能存得不夠多。無需多說，這讓他們擔心自己可能無法實現退休目標。

在這一章，我們會提供你一些有用的指導方針和工具，讓你可以在做退休計畫時使用。雖然結果並不精準，但這些工具與指導方針能幫助你，讓你更加了解當你到達退休年齡時，你需要多少經濟上的保障。

以下有一些因素，可以幫助我們算出需要積累多少錢，才能實現退休夢想：

1. 我們存下的金額。很顯然的，我們存得愈多，我們將來的經濟狀況就會愈好。

2. 我們目前的年齡。這有助於確定我們需要儲蓄和投資多少年，以及我們的退休投資能夠為我們發揮效果多久。當然，我們愈早開始儲蓄和投資，就愈有機會實現我們的目標，這要歸功於長時間之下的強大複利效果。

3. 我們計畫退休的年齡。

4. 根據我們的預期壽命，我們還得靠退休帳戶生活多少年。

5. 我們是打算留下遺產，還是我們只想確保在我們停止呼吸之前不會把錢花光。

6. 我們投資的預期報酬率。

7. 在我們積累期間的通貨膨脹率。

8. 我們是否預期在退休前得到一筆遺產。

9. 我們退休後的其他收入來源。這些來源包含退休金、社會安全福利金、逆向房屋抵押貸款（reverse mortgage），以及兼

職工作。

雖然其中一些變數很容易確定（我們目前的年齡和我們目前的儲蓄金額），但其中也有許多因素很難確定。

退休年齡

對有些人來說，我們計畫退休的年齡，很大程度上取決於我們何時、以及是否有足夠的錢能退休。對另外一些人來說，他們可能發現他們非常喜歡自己的工作或職業，因此想要盡可能長時間的繼續工作。如果你不確定，也許明智的作法是，選擇你第一次有資格申請全額社會安全福利金（假設你認為它還會存在）的年齡，或者如果你有資格領取退休金的話，選擇你可以開始領取退休金的時候。

退休後活幾年

在計畫退休時，許多投資者把 65 歲當作他們的退休日期，然後認為他們會再過 25 年左右的退休生活。然而，隨著醫學不斷進步和整體人口的壽命不斷延長，我們認為，對於那些在計畫中投資得更保守的投資者來說，可能要更謹慎的考慮，為 30 年的退休生活提供資金。存得太多總比存得不夠好。不過，最終每一位投資者都必須根據自己的基因，和其他他們認為重要的因素，選擇一個他們覺得最舒服的數字。

留下遺產

決定你是否想留下遺產，是一個非常私人的決定。當你思考這個問題時，確實需要記住，你的首要任務是賺到足夠的錢，以便在餘生中照顧自己和（如果你結婚了）配偶。只有在你確定可以超越這個里程碑之後，才有辦法考慮留下遺產。如果你夠幸運，有足夠的收入能滿足你當前的所有需求，包括資助孩子上大學、你的退休需求，以及一筆遺產，那很好。但如果不是，那麼你首先需要集中精力，想辦法存夠錢以滿足自己的需求，因為你不能借錢供退休使用。

在大多數孩子看到父母為他們付出的辛勞與犧牲之後，他們都想看到父母能享受退休生活，如果他們知道，獲得遺產是以犧牲父母的晚年幸福為代價，他們就不會享受得到一份遺產。記住，你能給孩子最好的禮物之一，就是在你老的時候能夠財務獨立，進而確保你不會成為他們的經濟負擔。

估算未來的報酬率

對許多投資者來說，估算我們投資組合的未來報酬率，似乎是不可能的任務。當我們需要確定所有變數，使用這些變數做為輸入值，幫助我們算出大約需要多少錢，才能為我們的退休生活提供資金時，估算未來的報酬率可能是我們必須面對的最艱巨的任務。因此，我們會花稍微多一點的時間來討論這個問題。

如果我們有一個明確的水晶球，我們可以用它來輕鬆（與準確）的提前確定，我們投資的未來報酬率是多少。但是，由於我們

大部分的預測都很模糊，因此我們必須找到其他方法來得出一個可行的估算。然而，找到其他的方法可能是這項任務中最困難的部分，尤其是當我們不知道該從哪裡開始尋找的時候。不過，估算出我們投資組合預期報酬率的最佳近似值，是很值得花時間與精力的，因為它會對我們的計算產生很大的影響。我們都聽過「垃圾進，垃圾出」這句話，而這句話在這裡也適用。

幸運的是，有一個更好的方法可以得到合理的投資組合報酬率估算，而不是查看我們模糊的水晶球或射飛鏢。

柏格頭論壇的定期撰稿人理查．菲利（Richard Ferri，CFA、Portfolio Solutions LLC 公司創辦人）已經準備了一個 30 年的市場預測，理查很慷慨的允許我們跟你們分享。你可以在線上瀏覽，網址如下：www.portfoliosolutions.com。

理查透過分析一系列經濟與市場風險因素（包括聯邦準備系統的預測、抗通膨債券的通貨膨脹預測，以及資產類別、風格、分類的波動性），得出他的估算報酬率數字。

你可以使用理查的市場報酬率預測數字當作依據，幫助你根據你的投資組合，在每一個資產類別與分類中的持股比例，估算出你投資組合的預期報酬率。雖然不能保證它是無懈可擊的，但是這些數字經過了很多計算工作，所以它們是一個很好的起點。很顯然的，你必須監控你的實際報酬率，並不時的把它們拿來跟你的估算報酬率進行比較。你甚至可能需要在這個過程中做出調整，可能是在你的資產配置方面，或是在你為了達到目標需要儲蓄的金額方面。但是，你至少已經有一些合理的數字可以開始。

表格 6.1 列出理查的一些估算報酬率數字，你可能會發現，這些資料做為計算你投資組合預期報酬率的起點很有用。表格中包含估算的總報酬率與估算的實質報酬率（總報酬率減去通貨膨脹率）。這些數字是根據 2% 的通貨膨脹率做計算。

使用這些估算的總報酬率數字，你可以將每個百分比，應用到它在你的投資組合中所占的比例。

下面是你如何計算投資組合預期報酬率的例子，投資組合中包含 30% 的美國大型股、10% 的美國小型價值股、20% 的全球已開發國家股票、10% 的 REITs，以及 30% 的中期高評級公司債。

1. 美國大型股預期報酬率 =2.1%（30%×7%）

2. 美國小型股預期報酬率 =0.73%（10%×7.3%）

3. 全球股預期報酬率 =1.48%（20%×7.4%）

4. REIT 預期報酬率 =0.7%（10%×7%）

5. 中期公司債預期報酬率 =1.38%（30%×4.6%）

因此，在這個例子當中，投資組合的總預期報酬率為 6.39%（2.1%+0.73%+1.48%+0.7%+1.38%）。

如果這些估算的報酬率數字對你來說很低，尤其是考慮到你在上一輪牛市中，可能經歷過異常高的報酬，那麼你很可能是近因偏誤（recency bias，用近期事件預測未來）的受害者。為了克服近因偏誤，你需要意識到並了解被稱為**回歸均值（reversion to the mean，簡稱 RTM）**的強大的磁性市場力量。

雖然沒有絕對保證會發生 RTM，但通常在一段時間內表現較

表格 6.1　估算的報酬率

資產類別與分類	估算的總報酬率	減去估算的通膨率	等於估算的實質報酬率
國庫券	2.1%	2%	0.1%
中期公債	3.9%	2%	1.9%
中期高評級公司債	4.6%	2%	2.6%
美國大型股	7.0%	2%	5.0%
美國小型股	7.3%	2%	5.3%
美國小型價值股	8.0%	2%	6.0%
REITs	7.0%	2%	5.0%
全球已開發國家股票	7.4%	2%	5.4%

資料來源：Portfolio Solutions LLC 公司

佳的資產類別，很可能在另一段時間內表現較差。舉例來說，在 1993 年到 2012 年這段期間當中，市場中波動較大的新興市場，有 11 年處於或接近頂部，有 8 年則處於或接近底部。你可以透過在 www.callan.com 上查看 Callan 資產類別表現圖表，獲得出色的 RTM 的視覺化呈現。但願這能消除你的任何近因偏誤，接著我們就可以

進入我們清單上的下一個項目：通貨膨脹。

通貨膨脹

由於我們剛在第五章討論過通貨膨脹，因此你應該意識到，它會侵蝕我們當前資產的未來消費能力，所以我們需要在計算中考慮通貨膨脹。如果沒有考慮通貨膨脹，我們很可能會發現自己的退休金遠遠不夠。你可以使用任何你覺得安心的通膨數字，但如果你不確定，也許知道在很長一段期間內（1914 年到 2013 年）美國的平均通膨率為 3.22%，會有所幫助。從 1964 年到 2013 年，平均通膨率為 4.18%，而 2004 年到 2013 年的平均通膨率為 2.47%。雖然每個時期都會有通膨率高於或低於平均的時候，但這些數字能為你提供一個良好的起點。

繼承的遺產

如果你希望靠一筆繼承的遺產，為你大部分的退休生活提供資金，那麼你必須明白，這麼做可能會對你的財務健康造成危險。當你父母中的一方或雙方，不得不在長期照護機構待很長一段時間時，你希望得到的遺產很可能會消失。或者，你可能會發現自己到了退休年齡時，有兩個非常健康的父母，他們正享受著他們生命中最美好的時光，而且沒有馬上離開這個地球的計畫。因此，就大多數投資者而言，我們會建議在最初的計畫中，不要使用任何預期的繼承遺產。相反的，如果你後來真的得到遺產，那就把它當做一筆意外之財吧。如果你確實得到一筆意外之財，而且你打算將其中的

一部分或全部用於你的退休需求時，那麼到時候你就可以根據這些新的資金，重新計算你的退休需求。

其他收入

我們的最後一個變數，包括來自社會安全福利金、退休金、兼職工作、縮減生活時賣出房屋，以及逆向房屋抵押貸款等來源的任何收入。如果你將會因為賣出一間企業或農場而獲得分期付款，那麼這些收入也包含在此。這些所有的不同收入來源，都可以用來幫忙支付退休後的日常生活費用。來自這些來源的收入，會減少你需要從你的投資組合中提領的金額，而你提領的愈少，你需要存的就愈少。

運用我們所學到的

既然我們已經討論完需要考慮的輸入變數，那麼是時候應用我們所學到的知識，並嘗試回答「我需要存多少錢？」這個問題了。

網路上可以找到很多不同的財務計算機，是你可以免費使用的。有些會要求你輸入估算的投資組合報酬率，有些則會在它們的計算中使用假設的報酬率。這就是為什麼，知道你的投資組合的估算報酬率是很重要的，即使你使用的計算機已經內建了預期報酬率也是。請記住，當你使用我們在本章前面討論過的方法時，計算機所使用的假設，可能跟你為你的投資組合估算的預期報酬率完全不同。因此，使用一個能讓你輸入自己的估算報酬率數字，或者使用

更符合你的報酬率預期的假設，是很重要的。

　　有些計算機，像是 www.bloomberg.com 網站上的，會利用你當前的投資組合價值與每年的提撥，來計算你退休時的預期總價值。所以，如果你從先前的計算中知道你需要存多少錢，這個計算機可以讓你知道，考慮到你現在的年齡、你的退休年齡、你的投資組合的當前價值，以及你的預期報酬率，你是否正邁向那個目標。

　　其他的計算機，像是 www.bankrate.com 網站上的，會告訴你假設你今天有一筆錢可以投資，然後持續投資一段具體的時間，那今天要投資多少才能達到未來的目標。這很適合那些獲得意外之財，且想把這筆錢用於退休投資的人。對於那些想知道自己是否已經存到足夠的錢能實現目標，而不需要進一步提撥的人來說，這個計算機也很好。

　　重要的是你要明白，有些計算機可以讓你輸入預期的通貨膨脹率，而另一些計算機使用的是你可能會感到安心、也可能不安心的假設通貨膨脹率。有些計算機會提供你，以通貨膨脹調整後的美元計算的結果，有些計算機則會提供你，以今日美元計算的結果，因此你必須調整數字將通貨膨脹考慮進去。

　　你可以在 www.bankrate.com/calculators/retirement/retirement-calculator.aspx 網站上，找到一個你也許會想試用看看、更簡單的線上計算機。這個計算機的輸入畫面，使用了我們前面討論過的許多變數，如圖 6.1 所示。

　　我們使用各種預期報酬率（5%、6%、7%、8%）進行了大量計算，並在隨後的每次計算中將「距離退休年數」改成 5 年。我們

圖 6.1　計算需要為退休存多少金額的線上計算機

	每年所需收入（以今日美元計算）
	距離退休年數
	退休後所需年數
	每年通膨率
	餘額的每年收益率（%）（固定利率）

　　將「每年所需收入（以今天的美元計算）」維持在 1,000.00 美元的倍數不變、將「每年通膨率」維持在 3% 不變、將「退休後所需年數」維持在 30 年不變，（當然，為 25 年的退休生活提供資金，而不是我們計算中使用的 30 年提供資金，會減少所需的金額）。

　　我們認為，重要的是，你要明白這些數字不應該被當作絕對真實的數字，而是應該被當作一個大致準確的數字，你可以用來當作你計畫的起點。事實上，線上計算機的結果伴隨著一個警告，而我們覺得每個人都應該意識到這點。它說：**這個計算機僅供解釋性目的。我們不保證計算是準確的。在做個人財務決定之前，請諮詢你的會計師或專業顧問。**

　　根據這些參數和警告，表格 6.2 到表格 6.7 是我們運算的各種計算的結果。計算結果是每 1,000 美元的退休收入所需要的金額。若要計算出你需要累積的總金額，只需找到與你退休年數相對應的

表格，然後使用在你的預期年報酬率旁邊的數字。接著，用這個數字乘以你退休時需要提領的美元數字（幾千）。

舉例來說，我們來考慮一下一個離退休還有 5 年、投資組合的預期年報酬率為 7% 的人的需求。請看「5 年後退休」這個表格（表格 6.2），我們發現，一個年報酬率為 7% 的人，除了退休金、社會安全福利金，以及任何其他期望獲得的收入來源，將需要為他或她將來需要的每 1,000 美元的退休收入，積累大約 21,122 美元。因此，如果一個人需要每年從退休基金中提領 3 萬美元，那他或她需要在退休時累積大約 633,660 美元（21,122 × 30）。

接下來，讓我們使用表格 6.7 來計算 30 年後退休、預期報酬率為 8% 的人的需求。如果這個人在退休時需要每年從退休計畫中提領 3 萬美元，那麼到了退休那天，這個人需要累積大約 1,193,460

表格 6.2　5 年後退休

所需收入（目前美元）	$ 1,000
所需收入（未來美元）	$ 1,159
年報酬率 5%，你將需要 ≈（每 1,000 美元）	$26,681
年報酬率 6%，你將需要 ≈（每 1,000 美元）	$23,650
年報酬率 7%，你將需要 ≈（每 1,000 美元）	$21,122
年報酬率 8%，你將需要 ≈（每 1,000 美元）	$19,000

美元（39,782 美元 ×30）。

　　從這些表格中我們可以看到，較高的預期報酬率，明顯能降低每 1,000 美元所需的金額，但較低的數字，會假設在我們 30 年的退休生活中，報酬率是相同的。事實上，年輕的投資者往往更積極，他們在投資組合中持有比例較高的股票。因此，他們因為承擔這種額外的風險，應當預期獲得更高的報酬率。然後，隨著年紀的成長和愈來愈接近退休，我們需要變得更保守。這意味著，我們將透過降低投資組合中的股票比例與增加債券比例，承擔更少的風險，所以我們可以預期獲得更低的報酬率。因此，我們應該不時的重新使用計算機，調整我們的輸入變數，以獲得更新的情況，了解我們在新的探索中所處的位置，才能回答「我需要存多少錢？」這個問題。

表格 6.3　10 年後退休

所需收入（目前美元）	$ 1,000
所需收入（未來美元）	$ 1,344
年報酬率 5%，你將需要 ≈（每 1,000 美元）	$30,931
年報酬率 6%，你將需要 ≈（每 1,000 美元）	$27,417
年報酬率 7%，你將需要 ≈（每 1,000 美元）	$24,487
年報酬率 8%，你將需要 ≈（每 1,000 美元）	$22,027

表格 6.4　15 年後退休

所需收入（目前美元）	$ 1,000
所需收入（未來美元）	$ 1,558
年報酬率 5%，你將需要 ≈（每 1,000 美元）	$35,857
年報酬率 6%，你將需要 ≈（每 1,000 美元）	$31,784
年報酬率 7%，你將需要 ≈（每 1,000 美元）	$28,387
年報酬率 8%，你將需要 ≈（每 1,000 美元）	$25,535

表格 6.5　20 年後退休

所需收入（目前美元）	$ 1,000
所需收入（未來美元）	$ 1,806
年報酬率 5%，你將需要 ≈（每 1,000 美元）	$41,568
年報酬率 6%，你將需要 ≈（每 1,000 美元）	$36,847
年報酬率 7%，你將需要 ≈（每 1,000 美元）	$32,908
年報酬率 8%，你將需要 ≈（每 1,000 美元）	$29,602

表格 6.6 25 年後退休

所需收入（目前美元）	$ 1,000
所需收入（未來美元）	$ 2,094
年報酬率 5%，你將需要 ≈（每 1,000 美元）	$48,189
年報酬率 6%，你將需要 ≈（每 1,000 美元）	$42,715
年報酬率 7%，你將需要 ≈（每 1,000 美元）	$38,150
年報酬率 8%，你將需要 ≈（每 1,000 美元）	$34,317

表格 6.7 30 年後退休

所需收入（目前美元）	$ 1,000
所需收入（未來美元）	$ 2,427
年報酬率 5%，你將需要 ≈（每 1,000 美元）	$55,864
年報酬率 6%，你將需要 ≈（每 1,000 美元）	$49,519
年報酬率 7%，你將需要 ≈（每 1,000 美元）	$44,226
年報酬率 8%，你將需要 ≈（每 1,000 美元）	$39,782

第 7 章

用「指數型基金」投資

與其他活動相比，投資遊戲有一個極為重要的不同之處。我們大多數人在任何追求中，沒有機會跟平均水準一樣優秀，因為其他人會花很多很多時間練習和磨練技能。但是，我們可以在完全不練習的情況下，也能跟股市裡平均的投資者一樣好。

——傑諾米・席格爾（Jeremy Siegel），賓州大學華頓商學院財
務金融教授，《長線獲利之道：散戶投資正典》
（*Stocks for the Long Run*）一書作者

威廉・伯恩斯坦（William Bernstein）在他傑出的著作《投資金律》（*The Four Pillars of Investing*）中寫道：「股票經紀人為客戶

提供的服務方式，就跟邦妮與克萊德（Bonnie and Clyde；編按：兩人是 1930 年代著名的鴛鴦大盜，他們的犯罪故事還曾被改編成電影《我倆沒有明天》）服務銀行的方式一樣。」儘管大多數人不會公開承認這點，但絕大多數的股票經紀人、共同基金經理人、投資產品業務人員，以及資產管理者都不值得僱用。事實上，他們之中的大多數人都是以犧牲客戶的利益為代價，而積累了大量財富。不只一個經紀人說過：「我們透過千萬富翁，成為百萬富翁。」

什麼？你說你的理財人員讓你發財？我們真誠的希望如此。然而，有一種非常簡單、無需動腦筋的投資策略，叫做**被動式投資**，你至少有 70% 的機會在一段較長的期間內，表現優於任何特定的金融專業人士。在大約 20 年的時間裡，被動式投資的表現優於 90% 主動式管理的基金。原因在於，這個系統能讓你保留更多的錢，為你發揮作用，這意味著給經紀人、投資公司、共同基金經理人、資產管理者，以及政府的錢更少。這聽起來也許好到令人難以置信，但這次它確實是真的，而且有大量的實際證據支持。

<u>投資，別靠生活常識</u>

透過教育與經歷，我們大多數人開始學習並實踐某些對我們有用的生活原則。例如：

- **不要滿足於平均水準**。努力做到最好。
- **聽從你的直覺**。你內心的感覺通常是正確的。
- **如果你不知道如何做某件事，就去問**。與專家交談或僱用專

家，讓專家來處理。這會省下你大量的時間和挫折感。

- **付出多少就得到多少。**好的幫助不便宜，便宜的幫助不好。
- **如果出現危機，就採取行動！**做點什麼來修正它。
- **歷史總是不斷重演。**預測未來表現的最佳指標就是過去的表現。

好吧，你猜猜看怎麼了？把這些原則應用於投資，注定會讓你變得更窮。身為一位投資者，只要你接受略低於指數的報酬率，就可以遠高於平均水準。聽從你的直覺是最糟糕的事情。雖然有時候僱用專家是值得的，但你得到的可能比你付出的更少。試圖透過採取行動來解決注意到的投資危機，通常只會帶來糟糕的報酬率。利用昨天的結果，來挑選明天的高績效表現投資或投資專業人士，是另一個失敗的策略。投資有一套全新的規則，如果我們想要成功，就需要遵守這些新規則。

根據波士頓的 Dalbar, Inc. 的資料顯示，從 1993 年到 2012 年，標準普爾 500 指數平均每年上漲 8.21%。然而，在相同的 20 年期間當中，股票型基金投資者的平均年報酬率僅為 4.25%。換句話說，如果一位普通的股票型基金投資者，購買了一檔低成本的標準普爾 500 指數基金，並持有它，他／她的報酬率幾乎會多一倍。研究發現，表現較差的原因是由於投資者的行為，像是市場擇時與追逐熱門基金等行為。如果這些投資者是長期、買入持有的投資者，那他們獲得的報酬率將會接近市場報酬率。當投資者平均的表現低於指數這麼多的時候，很明顯的，大多數人都是用一套糟糕的指導

方針在玩鬧，或者根本就沒有指導方針。一次性投資 1 萬美元於報酬率 8% 的投資，複利 20 年後會累積到 46,610 美元。同樣的 1 萬美元，在同一段期間投資於報酬率 4.25% 的投資，複利後只能累積到 22,989 美元。

　　為什麼這麼多的日常生活原則不適用於投資世界，原因很簡單：股市的短期表現是隨機的、不可預測的，而且對大多數人來說，是傷腦筋的。**下次你再聽到有人說，他／她知道股票市場或任何股票在未來幾週、幾個月，或幾年的走勢，你可以確定他們要不是在說謊，就是在自我妄想。**

　　美國股市有 200 多年的歷史，且長期的趨勢是上升的。從長期來看，股市的表現一直相當一致。**在任一段 50 年的期間當中，它在扣除通貨膨脹率之後，每年提供了 5% 到 7% 的平均報酬率。**這意味著，如果你投資於充分分散風險的一籃子股票，且不去理會它們，那你的投資的購買力大約每 12 年就會增加一倍。

　　雖然長期的報酬率相當一致，但是短期的報酬率卻波動很大。從長期來看，股票提供了所有投資中最高的潛在報酬率，但對於那些不了解市場、缺乏健全的投資計畫能應對市場的人來說，短期的大起大落行情可能是一場惡夢。1990 年代是股市的輝煌歲月，但1930 年代則是一場災難。

指數化投資

指數化投資是華特‧米堤（Walter Mitty；編按：他是電影《白

日夢冒險王》中的主角）會喜歡的一種投資策略。它只需要很少的投資知識、不需要技巧、幾乎不需要時間和努力──而且表現優於 80% 的投資者。它可以在你的儲蓄自動複利的同時，讓你把時間花在工作、玩樂或做其他任何事情上。它的困難程度就跟呼吸一樣，耗時程度就跟每年去一次速食店一樣。

策略的核心是：與其僱用專家，或花費大量時間決定哪些股票、或主動式管理的基金可能會表現最好，不如直接投資指數型基金，然後忘了這件事！正如我們在第四章中所討論，指數型基金試圖跟它想複製的市場領域的報酬率一致，但只減去非常小的管理費。例如，領航集團的領航 500 指數，試圖複製標準普爾 500 指數的報酬率；整體股票市場指數基金，試圖複製整體範圍的美國股票市場指數；整體國際股票指數基金，則試圖複製廣泛跨區域的國際股票的報酬率。除了股票指數基金，還有試圖複製各種債券指數表現的債券指數基金。另外，還有持有各種股票與債券指數基金組合的指數組合型基金。

為什麼指數型基金能贏？

指數型基金的長期表現優於大約 80% 的主動式管理基金。它們能做到的原因很簡單：最低成本。在一個隨機的市場中，我們不知道未來的報酬率是多少。然而，我們知道，保持低成本的投資者，將會比不保持低成本的投資者獲得更高的報酬率。這就是指數投資者的優勢。更具體的說，以下是指數的成本與其他優勢：

1. 沒有銷售佣金。

2. 營運費用低。

3. 許多指數型基金都具有稅務效率。

4. 你不需要僱用資產管理者。

5. 指數型基金是高度分散投資且低風險的。

6. 誰來管理這檔基金並不重要。

7. 投資風格轉移與追蹤誤差不是問題。

讓我們更詳細的看看這些優點吧。

1. 沒有銷售佣金

　　從經紀人那裡購買收取銷售手續費的基金，通常代表要收取 4% 到 6% 的銷售費用。那筆錢會直接進入經紀商的口袋，而不是進入你的帳戶中運作。你的錢在投資之前先被剪了個漂亮的髮型。有了無銷售手續費的指數型基金，你所有的錢都能為你效勞。當然，經紀人可能會告訴你，他或她的基金是由業內一些頂級的專業人士所管理，因此你是為他們有智慧的建議與指導付費。然而，研究表明，收取銷售手續費的基金，表現並沒有比無銷售手續費的基金更好。如果減去佣金成本，它們的表現甚至更糟。比較有可能的是，你是在為經紀人的賓士付錢。

2. 營運費用低

　　主動式管理基金通常每年的費用比率為 1% 到 2%。也就是說，

每年會從你的投資餘額中扣除 1% 到 2%，用來支付基金經理人和基金營運的其他費用。相比之下，管理指數型基金非常便宜和容易。沒有人需要決定購買或出售哪些基金，以及何時該購買或出售它們。管理者只需複製指數。在電腦的幫助下，它很容易管理。因此，大多數指數型基金的費用比率遠低於 0.5%，許多指數型基金的費用比率為 0.2%，或甚至更低。如果你不認為這些微小的成本很重要，那麼想想以下情況：假設有人投資 1 萬美元於一檔共同基金，投資期間 20 年，平均年報酬率為 10%。如果這檔基金的費用比率為 1.5%，那麼 20 年後這筆投資的價值為 49,725 美元。然而，如果這檔基金的費用比率為 0.5%，那麼 20 年後它將價值 60,858 美元。經過 20 年的複利，僅僅 1% 的費用差異就會產生 18% 的報酬率差距。

3. 稅務效率高

　　每當主動型基金賣出一檔有賺錢的股票，就會產生一個應稅事件，並轉嫁給投資者。對你來說，這代表著你會得到一份稅單，它會從你的投資報酬中減去應繳的稅。除非你在延後課稅或免稅帳戶裡持有這檔基金，否則長久下來，山姆大叔的錢會愈來愈多，而你的錢會愈來愈少。相比之下，整體市場指數基金的週轉率很小。由於它們只是複製全部或大部分的股票市場，因此你比較不可能被高額的稅單嚇到。

4. 無須僱用資產管理者

指數投資非常簡單，以致於真的沒有必要僱用一位資產管理者，來監控你的投資組合，除非你確實覺得有必要這麼做。典型的資產管理者每年收取 0.75% 到 3.0% 不等，來管理你的投資組合。再說一次，錢是進入別人的帳戶裡複利成長，而不是留在你的帳戶裡複利成長。

5. 高度分散投資且低風險

正如我們將在第十二章討論的，分散投資是降低投資風險的關鍵。在股市中致富的最快方式，就是持有下一個微軟（Microsoft）。失去所有錢的最快方式，就是持有下一個安隆公司（Enron）。事先分辨出它們是不可能的。不過，你不需要提前分辨出它們，來為你的投資獲得合理的報酬。如果你買進標準普爾 500 指數基金，你的投資就是非常分散風險的，而它的表現將與 500 間美國頂尖企業的股票相符。它有可能把你所有的錢都賠光嗎？有可能，但發生這種情況的可能性非常小，幾乎為零。如果 500 間美國頂尖企業的股價都暴跌到零，那你的投資組合的價值，將會是你最不需要擔心的問題。如此重大的經濟崩潰，會讓大蕭條看起來像是**富貴名流的生活方式**。

《共同基金大陷阱》（*The Great Mutual Fund Trap*）一書的作者格雷格·貝爾（Greg Baer）與蓋瑞·詹斯勒（Gary Gensler），做了一項研究，他們將主動式管理的國內基金的風險，跟威爾夏 5000 指數（涵蓋美國股市的大範圍整體股市指數）進行比較。他們發現，

在截至 2001 年 12 月 31 日為止的 10 年期間當中，主動式管理基金的標準差（衡量風險的指標）為 19.4%，相比之下，更分散風險的整體股市指數的標準差為 16.2%。

6. 誰來管理基金影響都不大

就像其他任何職業一樣，有些主動型基金經理人比其他經理人更出色。他們都不是華倫・巴菲特和彼得・林區。林區在 1978 年到 1990 年管理富達麥哲倫基金（Fidelity Magellan fund），平均年報酬率為 29%。根據標準普爾的資料顯示，在截至 2012 年 12 月 31 日為止的 10 年期間當中，所有類別中的主動式管理基金表現都低於它們的指數。此外，維持高績效表現的經理人很稀少，因此有些投資學者會將他們持續的績效表現歸因於運氣。許多昨日的超級明星經理人和基金，今天的表現都不如大盤，反之亦然。再說一次，事先分辨出他們，並且知道他們什麼時候能表現好，是問題所在。至於指數型基金，由誰管理基金不是什麼重要的問題。經理人要做的事就是追蹤適合的指數。

7. 投資風格轉移與追蹤誤差不是問題

對於主動型基金來說，基金中的一些股票，總是有可能從一種類別轉移到另一種類別。由於指數型基金旨在複製市場的某個特定領域，比如大型成長股或小型價值股，因此這些基金不可能轉移到另一種類別。

由於指數型基金簡單、低成本、易於管理，因此投資指數型基

金對幾乎每個投資者來說，是極佳的選擇。由於主動型基金的成本較高，大多數主動型基金經理人每年的表現，必須比他們各自的指數高出 2%，才能與指數型基金的表現相媲美，而這對大多數基金經理人來說，是非常困難的。很多非常聰明的人每天花費無數的時間，試圖去分析、擇時，以及擊敗市場，但很少有人能長期做到這件事。想知道誰是績效表現的明日之星，幾乎是不可能的。少數投資者會做對，但更多的投資者會做錯，而且表現會不如那些單純進行指數化投資的投資者。

在學校裡，通常需要付出許多努力才能得到 A，而付出較少的努力就會得到 B，以此類推。在投資方面，如果你花大量的時間和精力研究市場，或者花錢請人管理你的投資，那麼你成為 A 級投資者的可能性不到 20%。然而，如果你對投資一無所知，花最少的時間在你的投資上，並買進指數型基金，那你就有 100% 的機會成為 B 級投資者。在一個大多數投資者得到 D 或更差的分數的世界裡，B 是美好的。

看看別人怎麼說？

大部分世界頂尖的投資研究者、學者、作者，以及幾乎所有不打算向你推銷他們的投資產品的人都同意，低成本的被動式投資對你的大部分或全部的投資組合來說，是一種絕

佳的策略。以下是他們之中的許多人，對被動式投資與主動式投資主題的看法：

- 《有學問的投資者》（*The Informed Investor*）一書作者**法蘭克‧阿姆斯壯（Frank Armstrong）**表示：「做正確的事：在所有可得的資產類別中，選擇指數！五分之四的基金將無法達到或擊敗相應的指數。」

- 《共同基金大陷阱》一書作者格**雷格‧貝爾**與**蓋瑞‧詹斯勒**表示：「經過倖存者偏誤修正後的報酬率，主動型管理的基金，一年平均落後市場大約 3 個百分點。」

- 《投資金律》一書作者、博士、醫學博士、晨星公司特約專欄作家、《華爾街日報》經常引用他的話的**威廉‧伯恩斯坦**表示：「指數型基金注定讓你平庸？絕對不是：實際上它保證了你優異的績效表現。」

- 領航集團創辦人兼前董事長**傑克‧柏格**表示：「如果你回到 1970 年，當時只有 355 檔股票型基金。如今存活下來的只有 169 檔，所以如果不把輸家算在內，你會大幅扭曲數字。到 1999 年為止，在這 169 檔存活下來的基金中，只有 9 檔擊敗標準普爾 500 指數。有 3 檔每年多 1 到 2 個百分點、4 檔每年多 2 到 3 個百分點，只有 2 檔多更多個百分點。我想説，2% 在統計上並不顯著，但我們先把它放一邊。接著還有稅。扣除稅之後，也許只有最好的 2 檔能真正擊敗市場。

這表示這只是一個碰運氣的遊戲，而且是個糟糕的遊戲。」

● 領航集團董事長**傑克・布倫南（Jack Brennan）**表示：「對於指數型基金來說，為了有可能擊敗市場，與市場保持同步的必然性，是非常值得的權衡。」

波克夏海瑟威公司（Berkshire Hathaway）董事長、享有傳奇聲譽的投資者**華倫・巴菲特**表示：「大部分投資者（包含機構投資者與散戶）都會發現，持有普通股的最佳方式是通過收費最低的指數型基金。沿著這條路走下去的人，其淨成果（扣除費用與支出後）肯定會超過絕大多數投資專業人士。」

● 作家兼廣受歡迎的《華爾街日報》專欄「繼續前進」（Getting Going）的作者**喬納森・克雷蒙(Jonathan Clements)**表示：「我是指數型基金的超級超級超級粉絲。他們是投資者最好的朋友，也是華爾街最可怕的惡夢。」

● 美國教師退休基金會（TIAA-CREF）之 CREF 股票帳戶基金（CREF Stock Account Fund）的投資組合經理人**道格拉斯・戴爾（Douglas Dial）**表示：「指數化投資是一種了不起的技術。我以前不是一位真正的信徒。我只是個無知的人。現在我皈依了。指數化投資是一件非常複雜的事情。」

● CBS MarketWatch 專欄作家及《懶人的投資指南》（*The Lazy Person's Guide to Investing*）一書作者**保羅・法洛**

（Paul Farrell）表示：「人們過於關注哪些基金今天處於領先地位，以致於大多數人忽視了這樣一個事實：從較長的時間來看，指數型基金的表現優於絕大多數同類的主動式管理基金。」

• 《在順境與逆境中保護你的財富》（Protecting Your Wealth in Good Times and Bad）一書作者**理查·菲利**表示：「當你選擇完一檔債券指數基金、一檔整體美國股市指數基金，以及一檔整體國際指數基金時，你將擁有一個非常簡單但完整的投資組合。」

• 《為你的投資成功之路建立索引》（Index Your Way to Investment Success）一書作者**華特·R·古德（Walter R. Good）**與**羅伊·W·赫曼森（Roy W. Hermansen）**表示：「指數型基金節省了管理與行銷費用、降低了交易成本、延遲了資本利得，以及控制了風險——且在這個過程中，擊敗了絕大多數的主動式管理共同基金！」

• 美國證券交易委員會前主席、《散戶至上》（Take on the Street）一書作者**亞瑟·李維（Arthur Levitt）**表示：「基金行業的骯髒小祕密是：大多數主動式管理的基金，表現從來沒有跟它們的基準指標一樣好。」

• 普林斯頓大學（Princeton University）經濟系教授、《漫步華爾街》（A Random Walk Down Wall Street）一書作者**柏**

頓‧墨基爾（Burton Malkiel）表示：「在過去三十年裡，超過三分之二的專業投資組合經理人的表現，都優於非管理式的標準普爾 500 指數。」

- 《財富的機率》（*The Probability of Fortune*）一書作者摩西‧A‧米列夫斯基（Moshe A. Milevsky）表示：「我有點懷疑是否有人有能力持續擊敗市場。」

- 《讓你的錢發揮最大效用》（*Making the Most of Your Money*）一書作者珍‧布萊恩特‧奎因（Jane Bryant Quinn）表示：「指數化投資只為贏家所用。」

- 《無法戰勝的市場》（*The Unbeatable Market*）一書作者羅恩‧羅斯（Ron Ross）表示：「卡哈特（Carhart）對 1962 年到 1993 年期間的 1,892 檔股票型基金進行了評估，相當於 16,109 個『基金年數』。他的結論是，『研究結果並不支持，存在有經驗或見多識廣的共同基金投資組合經理人。』」

- 第一個獲得諾貝爾經濟學獎的美國人保羅‧薩繆森（Paul Samuelson）表示：「要分散股票投資組合的風險，最有效方法，就是使用低費用的指數型基金。從統計上來看，一檔大範圍的股票指數基金的表現，優於最主動式管理的股票投資組合。」

- 《咖啡館投資哲學》（*The Coffeehouse Investor*）一書

作者**比爾‧蘇西斯**（Bill Schultheis）表示：「一旦你從華爾街那種，試圖超越股市平均水準的徹底痴迷中解脫，並接受接近股市平均水準是一種相當複雜的方法這個事實，那麼建立一個成功的普通股投資組合，就會成為一種非常心滿意足的體驗。」

‧ 嘉信理財集團（The Charles Schwab Corporation）創辦人兼董事長**查爾斯‧施瓦布**（Charles Schwab）表示：「只有大約四分之一的股票型基金表現優於股市。這就是為什麼我堅信指數化投資的力量。」

‧ 《利用市場取勝》（*Winning with the market*）一書作者、《華爾街日報》前財經編輯**道格拉斯‧A‧西斯**（Douglas A. Sease）表示：「你永遠不會看到，標準普爾指數基金在《華爾街日報》的最佳表現排行榜上名列前茅。但是——這就是重點——你的基金報酬率在五年或更長的期間內，幾乎肯定會勝過大多數主動式管理基金。而你也永遠不會看到，標準普爾指數基金在《華爾街日報》表現排行榜上的底部。」

‧ 《唯一有效的投資成功之路》（*The Only Proven Road to Investment Success*）一書作者**常丹‧森古普塔**（Chandan Sengupta）表示：「在適當的考慮任何稅的結果之後，你應該盡快將你所有的股票投資轉移到指數型基金。」

‧ 諾貝爾獎得主、史丹佛商學研究所財務金融學STANCO

25 榮譽教授**威廉・F・夏普**（William F. Sharpe）表示：「我愛指數型基金。」

- 象限基金顧問公司（Dimensional Fund Advisors）共同董事長**雷克斯・辛克菲爾德**（Rex Sinquefield）表示：「唯一始終如一的優秀表現者是市場本身，而獲得這種一致的優秀表現的唯一方法，就是投資於充分分散風險的指數型基金之投資組合。」

- 《今日的成功投資者》（*The Successful Investor Today*）一書作者**賴瑞・斯韋德羅**（Larry E. Swedroe）表示：「儘管被動式管理基金的報酬率很高，但金融出版物中卻充斥著，所謂的大師和最新的熱門基金經理人的預測。我認為，有一個簡單的解釋能說明這種錯誤資訊的存在：把主動式經理人的失敗告訴投資者，並不符合華爾街機構或金融媒體的利益。」

- 《你唯一需要的投資指南》（*The Only Investment Guide You'll Ever Need*）一書作者**安德魯・托比亞斯**（Andrew Tobias）表示：「如果專業人士沒有比射飛鏢遊戲的結果好——大多數都沒有——那麼讓他們來管理你的錢值多少呢？」

- 《利用指數型共同基金取勝》（*Winning with Index Mutual Funds*）一書的作者**傑瑞・特威德**（Jerry Tweddell）

與**傑克‧皮爾斯**（Jack Pierce）表示：「你不需要花錢請專家來成功的投資於指數型基金。只要對指數型基金有非常簡單與基本的了解，你就可以持續擊敗 70% 到 80% 的專業管理的共同基金。」

- 《傻瓜投資》（*Investing for Dummies*）與《傻瓜的共同基金》（*Mutual Funds for Dummies*）等書作者**艾瑞克‧泰森**（Eric Tyson）表示：「如果你可以透過被極度低估且未被充分利用的投資基金——被稱為指數型基金——來複製市場的平均報酬率（並且擊敗大部分的專業資產管理者），那為什麼還要浪費時間去挑選與管理個股的投資組合呢？」

- 《Money 錢》雜誌的資深撰稿人與專欄作家、班傑明‧葛拉漢（Benjamin Graham）經典著作《智慧型股票投資人》（*The Intelligent Investor*）修訂版的共同作者**傑森‧茲威格**表示：「如果你買進——並持有——一檔整體股票市場指數基金，從數學上來看，你的長期表現肯定會超過絕大多數的其他投資者。葛拉漢稱讚指數型基金是散戶的最佳選擇，華倫‧巴菲特也是。」

下一次，當某個投資銷售人員告訴你，「現在是選股者的市場」，或者他們告訴你指數型基金只會獲得平庸的報酬時，你可能會想讓他看這份引用著名投資權威人士的清單。如果銷售人員反駁

你，這些人不知道投資真正的真相，那你可能會發現引用傑克・尼克遜（Jack Nicholson）在電影《軍官與魔鬼》（*A Few Good Men*）中的一句話會很有用：「你想要真相嗎？你哪能承受得起真相！」

指數型基金怎麼買？

並不是所有的指數型基金都是一樣的。賣指數型基金的基金公司有很多。毫不意外的，這些公司中有許多公司，還會向你收取可觀的銷售佣金與高額的年度管理費。不要買那些基金。重複一次：**不要購買年費用比率高、收取銷售手續費的指數型基金**。你買的是指數。你買的不是選股技巧、資產管理，或者其他任何東西，而是複製指數的基金。便宜就是好。只考慮投資年費用比率為 0.5% 或更少的無銷售手續費基金，愈便宜愈好。

一旦你縮小範圍，你就會發現有兩種基本類型的指數型基金可選擇：**指數型共同基金與指數股票型基金（也就是 ETF）**。正如我們在第四章中所說，**我們認為絕大多數的投資者，購買指數型共同基金會比購買 ETF 更好**。

你可能會猜想，身為柏格頭，我們會偏愛領航集團，因為它的成本最低。然而，還是有一些其他信譽良好的公司提供無銷售手續費、低成本的指數型基金。例如，如果你剛起步，你可能負擔不起領航集團對 IRA 的最低 1,000 美元的投資要求，或者對一般投資的最低 3,000 美元的要求。如果是這樣的話，你可以利用美國教師退休基金會（www.tiaa-cref.org）建立一個自動投資計畫。如果你同意

每個月在 IRA 或共同基金帳戶存入 50 美元，那它會免除它的最低投資費用。其他你可能會考慮的信譽良好的公司，包含富達、普信集團（T. Rowe Price）、USAA，以及嘉信理財。

答案還是……

從你到目前為止在本章所讀到的內容來看，你可能會認為我們是指數狂熱者，認為所有主動式管理的基金都只是在浪費錢。雖然我們三個人都認為，指數化投資是一種優秀的投資策略，但我們三個人也都持有主動式管理的領航基金。雖然領航集團被認為是指數型基金的開拓者，但它也提供各種主動式管理的基金，其中有些也帶來巨大的報酬。舉例來說，領航醫療保健基金（Vanguard's Health Care Fund）在成立的前 20 年（1984 年到 2004 年），它的年平均報酬率是全球所有共同基金中最高的。此外，在過去的 25 年裡，領航集團的主動式管理基金的投資組合，其年平均報酬率優於威爾夏 5000 指數（整體美國股市指數）0.9%。這個投資組合的優異表現，主要是由於結合了良好的管理與低成本。領航集團的主動式管理基金的平均費用比率，目前為 0.28%。

這是否意味著人們應該放棄被動式投資，然後選擇低成本、主動式管理的基金？當然不是！在領航醫療保健基金表現得極為出色的同時，領航美國成長基金則是一場災難，在 1990 年代的大牛市中，它的表現令人汗顏。同樣重要的是，要記住，投資醫療保健基金是在進行行業賭注。如果發生了一些未預見到的事件，導致醫療

保健類股市場的下跌，那該怎麼辦？你想把你大部分的雞蛋都放在那個籃子裡嗎？我們不這麼認為。

另一個需要記住的重要要點是：由於主動式管理基金的交易特性，所以主動式管理基金有很高的稅前報酬率，和沒那麼高的稅後報酬率，是很常見的事。因此，我們建議在延後課稅或免稅帳戶中（例如，401(k)、SEP〔簡易員工退休計畫〕、Keogh〔基奧計畫〕，或羅斯 IRA）持有主動式管理基金。

藉由將你的資金投入主動式管理、低成本的基金中，就有可能獲得更高的報酬。然而，重要的是要意識到，你正在冒更大的風險，隨之而來的可能是更大的損失。**天下沒有免費的午餐。這就是為什麼我們建議你，把你大部分或全部的投資投入指數型基金中。**

第 8 章

別在同一個籃子裡冒險：
資產配置

投資最基本的決定就是你資產的配置：你應該持有多少股票？你應該持有多少債券？你應該持有多少現金儲備？

——傑克·柏格

你最重要的投資決策可以用四個字來概括：資產配置。在這一章，我們會根據你的目標、投資時間長短、風險承受度，以及個人財務狀況，幫助你制定資產配置計畫。此外，我們還會看一些有關這個主題的全面性學術研究，這些研究都得出非常相似的結論。

唐·吉訶德（Don Quixote）的隨從桑丘·潘薩（Sancho Panza）說：「智者會為了明天而保留今天的自己，不會把他的雞蛋全放到

一個籃子裡冒險。」資產配置是將我們的投資分散到不同的資產類別（籃子）中，最小化我們的風險，同時最大化我們的報酬的過程，這就是學者所說的**效率投資組合（efficient portfolio）**。

我們該怎麼做到呢？嗯，我們先問自己兩個問題：「我們應該選擇什麼投資？」以及「我們應該分配多少比例到每項投資？」學術界投入大量時間與研究，試圖回答這兩個問題。他們提供了我們複雜的理論，讓我們可以用這些理論來選擇我們的投資，並用最有效的方式將我們的投資組合起來，使我們在最小的波動下獲得最大的報酬。

聽聽看效率市場理論

為了了解效率市場理論（Efficient Market Theory，簡稱 EMT），我們將回到 1900 年，當時有一位年輕的法國數學家路易·巴舍利耶（Louis Bachelier）在寫他的博士論文，而他的論文中包含了效率市場理論的種子。EMT 可以被描述為「一種聲稱不可能『擊敗市場』，因為當前股價已經包含且反映了所有相關資訊的投資理論。」

另一個研究股票市場的學生是阿爾佛雷德·考爾斯（Alfred Cowles），他在大約 20 年後逐漸聲名大噪。考爾斯先生是一名投資者，在美國經歷有史以來最嚴重的股市崩盤之前，他認真的遵循專業的「專家」與股市大師們的股市預測。1920 年代的牛市在 1929 年 8 月達到高點，並在 1932 年夏天觸底。考爾斯意識到，如果所謂的專家不能正確的預測股市的走勢，那其中肯定有原因。

考爾斯對 1903 年到 1929 年這段期間當中，7500 個金融服務建議所給出的股票預測，進行了嚴謹的審查，然後再將這些建議，跟他自己的實際股票表現資料庫進行比較。他的研究結果發表在 1933 年一篇名為「股市預測者有能力預測嗎？」的文章中。他的結論是四個字：不太可能。

考爾斯還沒有完成。1938 年，他成立了考爾斯經濟研究委員會（Cowles Commission for Economic Research）。這個委員會立刻開始收集自 1871 年以來，在紐約證券交易所（New York Stock Exchange）交易的所有股票資料——這在 1938 年是一項艱巨的任務，當時電腦還無人知曉。這個資料庫今天依然是個寶貴的資源。

1944 年，考爾斯發表了一份新的研究報告，研究了從 1929 年到 1943 年這段期間中，投資專業人士所做出的 6904 個市場預測。這項研究再次發現，**沒有證據表明，他們有能力成功預測股票市場的走向。**

1960 年代，芝加哥大學（University of Chicago）教授尤金・法瑪（Eugene F. Fama），對不斷成長的股價資料進行了詳細的分析。他得出的結論是，股票價格非常有效率，因此要挑選出贏家股票是極為困難的——尤其是在計入交易費用的成本之後。

1973 年，普林斯頓大學教授柏頓・墨基爾經過大量的研究之後，得到與巴舍利耶、考爾斯，以及法瑪相同的結論。墨基爾教授出版了一本好聽易記的書，名為《漫步華爾街》。這本書現在是投資方面的經典著作，會定期出版更新的修訂版。我們認為，它值得占據每一個認真的投資者書架上的一處。墨基爾教授這樣描述**隨機**

漫步（random walk）：

未來的步伐或方向無法根據過去的行動來預測。當這個專有名詞應用於股票市場時，就表示股票價格的短期變化，是無法被預測的。

另一個更生動的隨機漫步的描述是：

一個站在路中間、未來的移動方向只能靠猜測的醉漢。

很少有學者認為股市是完全有效率的。不過，他們一致認為，股票與債券的定價是非常有效率的，因此在扣除交易成本之後，大多數投資者（包含全職的專業基金經理人）的表現不會優於未受到管理的指數型基金。傑克·柏格寫道：

據我所知，沒有哪位認真的學者、專業的資產管理者、訓練有素的證券分析師，或聰明的散戶會反對 EMT 的論點：股市本身是個要求嚴苛的監工。它設置了一個很高的門檻，很少有投資者能夠跨越。

在華爾街，**效率市場**和**隨機漫步**是下流話，投資者經常被告知，華爾街高超的知識可以讓他們輕鬆的擊敗市場（需要付費）。幾乎所有學術界都不同意，但在沒有廣告資金的情況下，他們的研

究結果通常不為投資公眾所知。

現代投資組合理論

哈利・馬可維茲（Harry Markowitz）被譽為現代投資組合理論（Modern Portfolio Theory，簡稱 MPT）之父。這是一個分水嶺概念，它改變了知識淵博的投資者，構建他們的投資組合的方式。**馬可維茲意識到風險的重要性，他將風險定義為預期報酬率的標準差。他明白風險與報酬是相關的。**如果我們要建立有效率的投資組合——在最小的風險之下提供最高報酬率的投資組合——那麼了解風險與報酬的這種關係，對我們來說是至關重要的。

讓我們思考一下，投資者在兩個具有相同預期報酬率的投資之間進行選擇。A 投資穩定成長，沒有下降。B 投資的價值上下波動，而它最終獲得與 A 投資相同的報酬率。你更願意持有哪一個投資？很顯然的，你會選擇 A 投資，因為它更平穩。這個概念在財務金融領域被稱為**風險趨避（risk aversion）**。在同樣的結果之下，投資者永遠會選擇風險較小的投資。

吸引投資者購買 B 投資的唯一方法是，提供較高的預期報酬率。這對每個投資者來說都是重要的一課：損失的風險愈大，預期報酬率就愈高。或者，換句話說：「天下沒有免費的午餐。」

馬可維茲對投資者最大的貢獻之一是，他意識到混合不穩定的非相關證券，可以產生波動度較低、報酬率可能較高的投資組合。1952 年，他在《財務金融期刊》（*Journal of Finance*）上發表了他

的研究結果。38 年後，也就是 1990 年，馬可維茲教授獲得了諾貝爾經濟學獎。

靠良好配置獲得好績效

1986 年，三位研究員——蓋瑞‧布林森（Gary Brinson）、藍道夫‧胡德（Randolph Hood），以及吉爾伯特‧畢鮑爾（Gilbert Beebower）——合作研究了 91 個大型退休基金，在 1974 年到 1983 年這十年期間的績效表現。他們推斷，退休基金的報酬來源有四個：

1. 投資政策（資產配置），即股票、債券，以及現金的配置。
2. 個別證券的挑選。
3. 市場擇時。
4. 成本。

他們發現，退休基金在股票、債券，以及現金之間的配置，決定了退休計畫報酬率變異性的 93.6%。他們進一步發現，與單純買進持有標準普爾 500 指數、協利政府公司債券指數、30 天期國庫券（現金）組成的指數相比，投資組合經理人努力的主動管理他們的基金，平均而言會使基金的報酬率降低 1.10%。

不出所料，布林森、胡德、畢鮑爾的研究並沒有得到金融行業的認可，因為金融行業透過宣傳它們擁有擊敗市場的能力（利用證券選股與市場擇時），享有豐厚的利潤。**然而，現在無論是專業投資者或是非專業投資者，都比以往任何時候更加意識到資產配置的重要性。**

2003 年，領航集團使用一個包含 420 檔平衡型共同基金、40 年的資料庫，做了一項類似的研究。研究發現，基金報酬率之變異數的 77%，是由策略性資產配置政策所決定的。市場擇時與股票選股的作用相對較小。領航集團的研究人員亦發現，基準指標指數的報酬率比相對應的基金還高。最後，領航集團的研究人員發現，成本最高的基金的報酬率，落後於成本最低的基金。

當前的研究人員利用巴舍利耶、馬可維茲、考爾斯、法瑪，以及柏格的發現，跟過去 100 年來的所有其他金融創新，形成了所謂「**現代投資組合理論**」。

我們簡要的回顧投資研究歷史有兩個目的。第一，它將幫助你設計出一個有效率的（低風險與高報酬）投資組合。第二，它能給你堅持到底所需要的知識與信念。現在，開始設計我們的個人資產配置計畫吧。

1. 你的目標是什麼？

2. 你的投資時間多長？

3. 你的風險承受度如何？

4. 你的個人財務狀況如何？

1. 你的目標是什麼？

你在為你的第一間房子存錢嗎？為孩子的大學教育存錢嗎？或者為你和你配偶舒適的退休收入存錢？可能這三個都是，或是其他目標。擁有一個明確的目標很重要，這樣你才知道你要為什麼存錢，以及大約需要多少錢。

2. 你的投資時間多長？

　　股票通常不適合較短的投資長度（少於五年）。舉例來說，假設你在為孩子的大學學費進行投資，而這個投資三年後就到期。我們假設，在 2008 年 5 月牛市的高點時期，你把女兒上大學的存款投入標準普爾 500 指數基金。很不幸的，九個月後她的大學存款只價值原本價值的一半。正是這種不可預測性與波動性，使得股票不適合較短的投資長度。表格 8.1 顯示，隨著投資期間的延長，股票市場的下跌（與上漲）幅度變得愈來愈少。

　　從 1929 年到 2013 年的 85 年間，我們可以清楚的看到，如果一位投資者選擇了最糟糕的一段 1 年期間，投資於大型國內股票，那麼他將損失 43%。然而，同樣的投資在任何一段 10 年期間，只會損失 1%。現在我們可以理解，為什麼股票對於短期目標來說是糟糕的投資，但是對於長期目標來說卻是極好的投資。

3. 你的風險承受度如何？

> 制定資產配置時要做的第一件事情是，先了解風險承受能力。
>
> ——伊洛德·穆迪（Errold F. Moody）

　　了解你的風險承受度，是投資中非常重要的一面，學術界對此也進行了廣泛的研究。他們的實驗證明，大多數投資者對損失的恐懼，大於對獲利的快樂。

　　我們都知道，有些人害怕投資股市，是因為他們知道可能會賠錢。風險趨避的存款者，會把數十億美元存在定期存單與銀行儲

蓄帳戶裡，儘管收益率很低。在另一個極端面，我們都知道像川普（Donald Trump）這樣的投資者，對於投資數億美元於投機性投資毫不在意——甚至瀕臨破產之際似乎也毫不擔心。我們大多數人的風險承受度，則是介於這兩個極端之間。

為了幫你確定，你的投資組合是否適合你的風險承受度，你需要在試著回答「我會在下一個熊市時賣出嗎？」這個問題時，誠實的面對自己。下面有一些統計資料，也許可以幫助你回答這個問題。

2000 年 3 月 10 日，納斯達克綜合指數（NASDAQ Composite Index）創下 5,049 點的歷史最高收盤價。32 個月後，2002 年 10 月 9 日，該指數下跌至 1,224 點——對當時賣出的投資者來說，損失超過 75%。2006 年底，納斯達克綜合指數努力回到 2,415 點，但這依然只是其先前高點的一半。

除非你在嚴重的熊市中持有股票，否則在你決定賣出之前，很難知道你的投資會下跌到什麼程度。別欺騙自己。幾乎可以肯定的

表格 8.1　1935 年到 2013 年，不同時間長度下，大型國內股票的年化報酬率

時間長度	最差報酬率	最佳報酬率
1 年	−43%	+54%
5 年	−12%	+29%
10 年	−1%	+20%

是，在市場下跌的某個時候，你會考慮賣出。

想像一下，你正處於一個嚴重的熊市中，你眼睜睜的看著自己辛苦賺來的積蓄，在一週、一個月、一年、甚至更長時間裡不斷流失。你會感到心灰意冷。黑暗與厄運籠罩著你。你不知道你的投資還會下跌多少。你是應該現在賣出，還是希望市場停止令人反胃的下跌？

電視上的「專家」宣稱市場將進一步下跌。報章雜誌文章的作者都證實，最糟糕的情況還在後頭。你的朋友正在拋售他們的股票，他們建議你也這麼做。當你賺錢時很開心的家人，開始對你的投資計畫失去信心。他們還力勸你在為時已晚之前賣出。這就是糟糕的熊市的樣子。問問你自己：「我會怎麼做？我會失去信心然後賣出嗎？或者我會有足夠的紀律能堅持到底嗎？」

在這種情況下，你的情緒可能是你最大的敵人。資產配置計畫的主要優勢之一是，它帶來了紀律，能幫助你抵擋誘惑去賣出表現不佳的資產類別的基金，並抵擋誘惑去追逐當前的「熱門」基金。

一方面，如果你認為你會在市場下跌時因為恐懼而賣出，那麼你的投資組合就不適合你。另一方面，如果你能誠實的說，「不，我不會賣，因為我知道美國的熊市總會上漲得比以前還高」，那你的投資組合可能就適合你的風險承受度。

睡眠測試是個好方法，能幫助你確定你的資產配置是否真的適合你。**在制定資產配置計畫時，投資者應該問問自己：「在這個特定的資產配置下，我能睡得安穩而不擔心我的投資嗎？」**答案應當是肯定的，因為沒有一項投資值得擔心和失眠。對你來說，重要的

是要了解股票與債券的上漲——還有下跌，而且你需要習慣這個事實。這些上漲與下跌只是正常的市場行為，也應該是可預料到的。有經驗的投資者都了解這種波動，也能接受不可避免的下跌。我們知道，只要簡單的改變我們在股票與債券之間的配置，就可以降低投資組合的波動性，直到我們能感到舒適的**睡眠程度**。

表格 8.2 列出，在各種股票／債券組合之下，投資者在 1926 年到 2012 年期間，所遭遇到的最大年度損失與平均年報酬率。表格中公布的年報酬率，並沒有揭示投資者在長期熊市中，實際遭受的巨大複利損失。道瓊指數（Dow）在 1929 年下跌 17%、1930 年下跌 34%、1931 年又下跌 53%。很少有投資者能夠忍受年復一年的巨大損失（不知道什麼時候會結束）。這就是為什麼我們認為，幾乎每個投資組合都應該包含債券配置的主要原因。

如果你曾在 2000 年到 2002 年的 3 年熊市期間、或 2007 年到 2009 年的熊市期間投資股票，那你肯定對自己的風險承受度有很好的認識。如果你那時賣出虧損的基金，或者你失眠了，那麼你的投資組合幾乎可以肯定，應當持有更多的債券。如果你那時保持平靜，那你也許擁有一個合適的投資組合。事實上，如果你的目標是在五年之後，你甚至可以增加你在股票上的配置。

如果你是投資新手，你應該明白，從理論上看到你的投資組合下降是一回事。然而，看著你辛苦賺來的積蓄在長期熊市中慢慢消失，又是另一回事。如果你是一個還沒有經歷過熊市的投資者，我們建議你，在你認為你需要的債券配置上，多增加 10% 到 20%，以保證安全。這將是防止你擔心的保險，也可能有助於防止你在錯

誤的時機賣出。

4. 你的個人財務狀況如何？

你的個人財務狀況會直接影響到你選擇的證券類型與數量，以及它們在你的資產配置計畫中的配置。例如，擁有退休金和未來社會安全福利收入的投資者，顯然不需要像沒有這些資產的人一樣，積累大量的退休投資組合。另外，擁有可觀的淨資產或大量投資組合的人，不需要投資於高風險投資，以尋求更高的報酬率。

我們認識一位非常成功的高階主管，他在退休後，把他所有的投資都投入高品質、分散風險的地方政府債券。來自債券的收入，對於維持他的家庭生活方式綽綽有餘。這位高階主管想把他的時間

表格 8.2　不同股票／債券配置下的最大年度損失（1926 年～ 2012 年）

配置	最大年度損失	平均報酬率
100% 股票	−43.1%	10.0%
80% 股票／ 20% 債券	−34.9%	9.4%
60% 股票／ 40% 債券	−26.6%	8.7%
40% 股票／ 60% 債券	−18.4%	7.8%
20% 股票／ 80% 債券	−10.1%	6.7%
100% 債券	−8.1%	5.5%

花在旅行和高爾夫球場上——而不是管理一個複雜、擁有各種證券的投資組合。他的簡易投資組合可能不常見，但我們認為這也許是一個非常適合他的投資組合。然而，我們大多數人都希望獲得比儲蓄、定期存單，以及債券更高的報酬率。這就是為什麼我們使用股票來提供成長和額外的收入，以滿足我們的目標。

制定個人資產配置計畫

我們已經討論過效率市場理論與現代投資組合理論。我們也考慮過設計一個效率投資組合所需的四個要素：你的目標、你的投資時間長短、你的風險承受度，以及你的個人財務狀況。現在，我們會將這些要素整合在一起，設計屬於你的個人資產配置計畫。

1. 選擇你的投資

在建構投資組合方面，投資於股票、債券，以及現金已經被證明是成功的證券組合。有時候，你會聽到有些投資者從其他更奇特的證券（例如，有限合夥、避險基金、木材、金條、低價股、單位信託、選擇權、商品期貨等）中獲得豐厚的報酬率。我們的建議是忘掉它們。這些投資大部分都非常複雜，且都賣給對其中所涉及的風險知之甚少的投資者。相反的，我們建議你聽從作家兼專欄作家珍·布萊恩特·奎因的建議：**「永遠不要買那些你無法從報紙上看到價格的東西——也不要買那些複雜到無法向 12 歲的小孩解釋的東西。」**

還記得布林森、胡德、畢鮑爾的研究發現——投資組合的風險與報酬的主要決定因素（93.6%）是我們在股票、債券和現金之間的配置——嗎？因此，我們會把重點放在這三個主要資產類別上，並使用以下三個指導方針，在股票、債券，以及現金之間進行配置：

1. 傑克‧柏格給的粗略的指南是，債券應該等於我們的年齡。

2. 表格 8.2 列出了我們可能預期的各種股票／債券組合的下跌。

3. 領航集團的線上調查問卷與附錄四所建議的資產配置。

利用這三種工具和你自己的經驗，你應該能夠決定什麼樣的股票／債券／現金配置，適合你的個人長期資產配置計畫。**這是你將要做的、最重要的投資組合決策。**

不用擔心精確的比例。一種資產類別增加或減少 10%，不會對你的投資組合表現產生顯著的影響。投資是一門軟科學。它不是工程，工程的過去表現會準確的自行重複。**投資唯一可以肯定的事情是，過去的表現不會重演。**

我們假設你的目標是為退休存錢。在仔細考慮過我們在這裡討論的所有因素之後，你和你的配偶，同意了一個似乎適合你們的股票與債券的投資組合。恭喜！你剛做出你最重要的投資組合決策。

2. 細分你的股票配置

最大程度的分散風險，也就是我們的股票配置包含不同的子類別，是很重要的。因為不同類型的股票，在不同的時間會有不同的

表現。沒有一個投資者希望自己持有的投資組合,所擁有的所有股權投資都在一個表現相對差的資產類別上。因此,我們希望在合理可行的範圍內,盡可能多投資於不同類型的股票。

國內股票

晨星的投資風格箱(Style Box),即表格 8.3,是個有用的工具,它會告訴你,你投資組合的股票持有,在不同的風格與規模大小之間的分配是如何。你可以在 www.morningstar.com 網站上,免費使用投資風格箱來分析你的投資組合。你可以在「工具/x光」(Tools/X-Ray)的欄位下面找到它。我們會使用投資風格箱,來呈現一檔基金——領航整體股票市場指數基金(VTSMX)——中的股票風格與資本規模。我們選擇這檔基金,是因為它非常接近整個美國股市、以每一檔股票的市值為基礎,也因為許多投資者選擇這檔基金,做為他們的整體國內股票的配置。

晨星的投資風格箱,對採用多檔股票型基金的投資者來說特別有用,如此一來,投資組合中所有基金的總配置,就不會無意間超配(overweight)或低配(underweight)於任何特定風格(價值、核心、成長)或市值(大型、中型、小型)。

如果你仔細看表格 8.3,你會注意到,大型股主導著美國股市。許多投資者認為,超配價值股與小型股,可能會降低波動性並提高長期報酬率。這可以透過在整體市場指數基金中,增加一個價值股和/或一個小型股基金來實現。

近年來,我們已經看到特定對象基金的激增,這種基金也被稱

為**產業基金**。其中有許多特定對象基金是由共同基金公司所推出，目的是利用當時流行的投資熱潮。特定對象基金包含黃金、科技、健康、能源、公用事業等。特定對象基金通常波動較大，因為它們集中於特定行業中相對少數的股票，而這些股票經常會受到青睞，也經常失寵。

科技基金就是一個很好的例子，能說明超配的產業基金所帶來的危險。科技基金在 1990 年代末期引領牛市，許多基金都自誇年報酬率超過 100%。這吸引了數百萬的投資者，在他們的投資組合中配置過多的科技股與股票型基金。不幸的是，在隨後的 2000 年至 2002 年的熊市中，當許多科技股暴跌 70% 以上或破產時，這些投資者都遭受了嚴重的損失。股票交易者經常說：「牛市賺錢，熊市賺錢，但是豬會被宰殺。」

如果你決定增加一檔或多檔產業基金，我們**建議你在產業基金的總配置，不要超過你投資組合中股票部分的 10%**。傑克·柏格曾這樣說：「你可以一輩子都不持有一檔產業基金，你也許永遠不會錯過什麼。」

不動產投資信託（REITs）是一種特殊類型的股票。REIT 基金的表現通常與其他股票型基金不同。這種非相關性的特徵，可以使它們成為整個投資組合中有價值的補充。我們建議 REIT 基金不超過你股票配置的 10%。

國際股票

美國股市約占全球股票價值的一半，國外股票則占全球股票價

表格 8.3　領航整體股票市場指數基金的細項（2014 年 2 月）

價值	核心	成長	
24%	24%	25%	大型
6%	6%	6%	中型
3%	3%	3%	小型

值的另一半。國外股票可以帶來分散風險的效果，也可能帶來更高的報酬，但是它們也會帶來更高的風險，包含政治的不穩定、監管較弱、交易成本較高，以及會計實務的不同。特別重要的是，國外股票投資實際上包含兩個投資——一個是股票投資，另一個是貨幣投資。這兩個因素為國內投資組合提供了額外的多樣化。

　　日本股市歷史或許提供了最好的證據，證明國際股票之間的多樣化是值得的。在 1989 年年底，日本股市的市值是全球最大的。日經 225 指數（Nikkei 225 Index）到達 39,916 點的歷史新高。22 年後，日經 225 指數跌至 8,500 點以下。在本文撰寫時，日經 225 指數依然遠低於其 1989 年的高點（編按：2021 年 2 月 15 日日經 225 指數突破 30,000 點，但仍舊無法重回巔峰）。悲哀的是，日本的投資者未能投資日本以外的國際股票。誰能說同樣的事情不會發生在美國的股票投資者身上呢？財經作家賴瑞·斯韋德羅提出一個很好的建議：「永遠不要把極有可能的事當作肯定的事，也不要把極不可能的事當作不可能的事。」

年份	國內	國際	最佳表現者
1998	28.6%	20%	國內
1999	21%	27%	國際
2000	−9.1%	−14.2%	國內
2001	−11.9%	−21.4%	國內
2002	−22.1%	−15.9%	國際
2003	28.7%	38.6%	國際
2004	10.9%	20.3%	國際
2005	4.9%	13.5%	國際
2006	15.8%	26.3%	國際
2007	5.5%	11.2%	國際
2008	−37.0%	−43.4%	國內
2009	26.5%	31.8%	國際
2010	15.0%	7.7%	國內
2011	2.1%	−12.1%	國內
2012	16.0%	17.3%	國際
2013	32.4%	22.8%	國內

表格 8.4 列出了 1998 年到 2013 年，標準普爾 500 國內股票指數和摩根士丹利資本國際 EAFE（歐洲、澳大拉西亞，以及遠東）股票指數（Morgan Stanley Capital International EAFE Stock Index）的報酬率。

我們可以看到，國內股票與國際股票在不同時間的表現有所不同。在很長一段期間內，它們的報酬率非常相似。那我們該怎麼辦呢？傑克‧柏格在《共同基金必勝法則》中寫道：「海外投資——持有其他國家的公司——對於一個充分分散風險的投資組合來說不是必要的，甚至也不是必需的。對於持反對意見——且有合理的理由投資國際股票——的投資者，我們建議限制國際投資，最高為全球股票投資組合的 20%。」

我們相信，投資者將從他們股票配置的 20% 至 40% 的國際股票配置中受益。

3. 細分你的債券配置

在第三章中，我們詳細討論過債券。現在，我們會為你的債券配置建議一些具體的債券型基金。

債券型基金

一檔低成本、短期或中期的優質債券型基金，應當足以滿足小額投資者的需求。債券型基金的存續期間，應該等於或小於達成你的目標所需的預期投資時間。將你的存續期間維持在小於你的投資時間，能減少基金負報酬的機會。

我們也建議投資於一檔大範圍、分散風險的債券型基金，比如領航的整體債券市場指數基金。這是一檔中期債券基金，其目標是貼近巴克萊美國整體浮動調整指數（Barclay's U.S. Aggregate Float Adjusted Index）——它常用來代表整體美國投資級債券市場——的報酬率。這檔債券型基金持有大約 6000 支個別債券，平均存續期間大約為五年。它的費用比率很低，只有 0.20%（海軍上將股〔Admiral shares〕為 0.10%）。這檔基金自 1986 年成立以來，最大的年度虧損是在 1994 年（−2.7%）。

投資時間較短的投資者，或者擔心波動的投資者，應該選擇短期的債券型基金。波動度會較低，但預期報酬率也會較低。債券中沒有免費的午餐，這點甚至更勝股票。這是因為世界各地數千名經驗豐富、訓練有素的專業債券經理人，一直在盯著他們的螢幕，以便從他們察覺到的債券的錯誤定價中獲得好處。這些債券專業人士透過即時的買進或賣出，幾乎能立刻將債券價格拉回他們認為的合理價值。

高收益債券

高收益債券（也被稱為**垃圾債券**）對許多投資者來說很有吸引力，因為它們的收益率較高，有時候報酬率比那些更無趣的債券更高。我們沒有將它們納入我們的投資組合，有以下幾個原因：

1. **債券主要是為了安全**。股票主要是為了更高的報酬率（與風險）。垃圾債券基金的表現介於傳統的高品質債券與股票之間。這往往會攪亂投資組合中債券與股票之間的重要區別，

進而使風險的控制更加困難。

2. **應繳稅的高收益債券是所有證券中稅務效率最低的**。把高收益債券基金放入退休帳戶（它們本應放置的地方），其他稅務效率低的基金的空間就更小了。

3. **高收益債券基金的報酬率（與風險）通常比其他債券型基金更高**。但是，我們認為，對於願意放棄傳統優質債券之安全性的投資者來說，投資股票比投資高收益債券更有效率（每單位風險的報酬率更高）。

4. **高收益債券基金與股票的相關性更高**。因此，與傳統債券型基金相比，它們分散風險的優勢較小。在 2008 年的熊市中，領航集團的高收益債券基金下跌了 21.3%。

基於這些原因，我們的投資組合指導方針沒有納入高收益債券基金。

抗通膨債券

隨著你的投資組合規模的增加，是時候考慮加入一種不同類型的債券——抗通膨債券（TIPS）——了。TIPS 提供了分散風險與防止出乎意料之通膨的保護。領航集團提供兩檔 TIPS 基金——一檔中期基金（VIPSX）與一檔短期基金（VTAPX）。如果你決定將領航集團的 TIPS 基金納入你的投資組合，你可以在預期風險與報酬率較高的 VIPSX（最低 3000 美元），以及預期風險與報酬率**較低**的 VTAPX（最低 10,000 美元）之間做選擇。天下沒有免費的午

餐。

表格 8.5 列出領航集團的整體債券市場指數基金（VBMFX）與抗通膨債券基金（VIPSX）的年度報酬率。

2001 年、2002 年，以及 2008 年是股市的熊市年份。標準普爾 500 指數在 2001 年下跌 12.2%、2002 年下跌 22.15%、2008 年下跌 37%。債券有助於投資者在這些艱難的年份中，平穩的度過下跌的過程。

表格 8.5　VBMFX 與 VIPSX 的年度報酬率比較

年份	VBMFX	VIPSX
2001	8.43%	7.61%
2002	8.26%	16.61%
2003	3.97%	8.0%
2004	4.24%	8.27%
2005	2.40%	2.59%
2006	4.27%	0.43%
2007	6.92%	11.49%
2008	5.05%	−2.85%
2009	5.93%	10.80%
2010	6.42%	6.17%
2011	7.56%	13.24%
2012	4.05%	6.78%
2013	−2.26%	−8.92%

2001 年、2002 年，以及 2008 年是股市的熊市年份。債券有助於投資者在這些艱難的年度中，平穩的度過下跌過程。

八種簡單的投資組合

要推薦具體的投資組合是很難的事,因為每一位投資者都是獨一無二的。正如我們在前面學到的,我們每個人都有不一樣的目標、投資時間長短、風險承受度,以及個人財務狀況。你也可能被限制只能投資於你的退休計畫所提供的基金。

根據你所處的人生階段,我們推薦八個簡單的投資組合。其中四個投資組合是使用資產類別(不是特定的基金)。這幾個投資組合對於不是領航集團的投資者來說,會很有幫助。剩下的四個投資組合,是為了使用領航基金的投資者準備的。我們假設投資者在其他地方,擁有相當於 3 個到 12 個月收入的應急現金儲蓄。當具稅務優惠的帳戶已經滿了的時候,高收入納稅人應該考慮免稅(地方政府)債券。

年輕投資者的資產配置

國內大型股	55%
國內中／小型股	25%
中期債券	20%

使用領航基金的年輕投資者

整體股票市場指數基金	80%
整體債券市場指數基金	20%

中年投資者的資產配置

大型國內股票基金	30%
小型／中型股基金	15%
國際股市基金	10%
REITs	5%
中期債券基金	20%
抗通膨債券	20%

使用領航基金的中年投資者

整體股票市場指數基金	45%
整體國際股市	10%
REIT	5%
整體債券市場指數基金	20%
抗通膨債券	20%

提早退休的投資者

分散風險的國內股票	30%
分散風險的國際股票	10%
中期債券	30%
抗通膨債券	30%

使用領航基金的提早退休投資者

整體股票市場指數基金	30%
整體國際股市指數基金	10%
整體債券市場指數基金	30%
抗通膨債券	30%

延後退休的投資者

分散風險的國內股票	20%
短期或中期債券	40%
抗通膨債券	40%

使用領航基金的延遲退休投資者

整體股票市場指數基金	20%
短期或整體債券市場	40%
抗通膨債券	40%

看看其他人怎麼說？

- 《共同基金必勝法則》一書作者**傑克‧柏格**表示：「資產配置極為重要；但成本也極為重要—相比之下，其他因素都顯得微不足道。」

- CFP、合格投資受託人（AIF）、《有學問的投資者》一書作者法蘭克‧阿姆斯壯表示：「資產配置或投資政策的影響，超過了其他（投資）決策。」

- 博士、醫學博士、《智慧型資產配置》（*The Intelligent Asset Allocator*）與《投資金律》等書作者**威廉‧伯恩斯坦**表示：「如果你真的想精通資產配置，你就得登出網路、關

掉你的電腦，然後去書店或圖書館，花幾十個小時讀一些書。」

• 著名的《華爾街日報》專欄作家、三本財經書籍（《資助你的未來》〔Funding Your Future〕、《你必須避免的二十五個迷思》〔Twenty Five Myths You've Got to Avoid〕、《你已經輸了，現在該怎麼辦？》〔You've Lost it, Now What?〕）的作者**喬納森‧克雷蒙**表示：「忘掉華爾街那些稀奇古怪的垃圾吧。相反的，堅持投資股票、債券，以及貨幣市場基金。」

• CFA、CFP、《資產配置》（Asset Allocation）一書作者**羅傑‧C‧吉布森**（Roger C. Gibson）表示：「資產配置與分散風險是長期投資成功的基石。」

• 前財政部次長**蓋瑞‧詹斯勒**與金融機構助理秘書**格瑞葛利‧貝爾**（Gregory Baer）表示：「坐下來草擬一份資產配置計畫。如果你不知道，你的總淨值分配多少給每一種資產類別，以及為什麼，那麼你正在犯投資中最嚴重的錯誤。」

• **AAIII 共同基金指南**（AAIII Guide to Mutual Funds）表示：「股票市場會波動，但你不能確定它什麼時候會暴跌或暴漲。如果你已經適當的配置你的資產，並擁有足夠的應急資金，那你就不需要擔心。」

• 《主動資產配置》（Active Asset Allocation）一書作者

華特·R·古德（CFA）與羅伊·W·赫曼森（CFA）表示（這句話摘自他們另一本書《為你的投資成功之路建立索引》）：「制定一個長期投資計畫，是你可能做出的最重要的投資決策。」

- 普林斯頓大學教授、經濟顧問委員會（Council of Economic Advisers）前成員、領航集團前董事、《漫步華爾街》一書作者**柏頓·墨基爾**表示：「你可能會做的最重要的決定，是關於你人生中不同階段的資產類別（股票、債券、房地產、貨幣市場證券等）的平衡。」

- 《超越市場》（*Outperforming the Market*）一書作者**約翰·梅里爾（John Merrill）**表示：「你投資組合中的資產類別組合，對於績效表現的決定，遠比個別證券或共同基金的挑選重要多了。」

- 《讓你的錢發揮最大效用》一書作者**珍·布萊恩特·奎因**表示：「人們不太關心資產配置，但這才是決定你投資成功的關鍵決策，而不是你在選擇股票或共同基金方面有多聰明（或多愚蠢）。」

- 《咖啡館投資哲學》一書作者**比爾·蘇西斯**表示：「分散風險最重要的因素是堅持你的資產配置策略，因為當你堅持你的策略，並在年底再平衡你的資產時，買進與賣出的決策，就不再是隨心所欲的。」

- 以其名字命名的折扣經紀商創辦人、《查爾斯‧施瓦布的財務獨立指南》（*Charles Schwab's Guide to Financial Independence*）一書作者**查爾斯‧施瓦布**表示：「仔細選擇你的資產配置模式。資產配置是決定你整體報酬的最大因素。」

第 9 章

成本每降 1%，報酬多 1%

達成前四分之一績效表現的最短途徑是，處於費用最低的後四分之一。

——傑克·柏格

我們都習慣相信，我們為某件事付出愈多，就得到愈多。很抱歉，當你購買共同基金時，就不是這麼一回事了。我們在佣金、費用等方面支付的每一美元，都是從投資中少得到的一美元。因此，**重要的是我們必須盡可能保持較低的投資成本。**

大多數投資者都不太清楚與投資相關的各種成本，包含已揭露和未揭露的成本。根據估計，美國股市（不只是共同基金）每年的

總成本約為 3,000 億美元。我們所談的是顧問費用、經紀人佣金、客戶費用、法律費用、行銷費用、銷售手續費、證券處理費用，以及交易成本。3,000 億美元中不包含稅的成本。我們會在第十章與第十一章討論稅。

公開說明書所涵蓋的費用

了解每一檔共同基金的公開說明書中，列出的各種共同基金費用與支出，對我們來說是很重要的。稍後，我們會調查共同基金的交易成本，這些成本鮮為人知，也很少被公布出來。TheStreet.com 的資深編輯史蒂芬・舒爾（Stephen Schurr）寫道：「死於千項筆費用的績效狀況不會出現在基金季報表上」基於這個原因，我們將在這裡逐一介紹，這樣你就會知道應該查看什麼、最小化什麼，以及避免什麼。

1. 購買時的銷售手續費

許多投資者在購買他們的基金股份時，需支付前收型銷售佣金（手續費）。大額投資者的前收型手續費可能會減少。舉例來說，如果你在 13 個月內投資超過 10 萬美元，許多共同基金公司會減少 1% 的前收型手續費。你投資愈多，減少的就愈多（稱為基金銷售費用減收〔break-points〕）。對於投資金額非常大的投資者來說，這個手續費可能會完全被免除。

前收型手續費的顯著缺點是，手續費降低了實際投資的金額。

例如，如果有一位投資者開一張 1 萬美元的支票，去購買共同基金，而這檔基金有 5% 的前收型銷售手續費，那就只有 9,500 美元可用來投資。之後，你看報紙，報紙上列出你投資 1 萬美元的基金有 10% 的報酬率。很好，你對自己說：「我去年賺了 1,000 美元。」很抱歉，實際上你只賺了 950 美元（9,500×10%）。下次你看到前收型手續費共同基金的報酬率列表時，知道你正在看的報酬幾乎總是被誇大，是很有幫助的，因為它們沒有考慮到前收型手續費。

2. 遞延銷售手續費

遞延銷售手續費通常被稱為**後收型手續費**（back-end loads）。最常見的後收型手續費是**條件性遞延銷售手續費**（contingent deferred sales load，簡稱 CDSL）。投資者所支付的手續費總額，將取決於投資者持有他們的基金股份的時間有多長。如果投資者持有其基金股份的時間夠長，CDSL 費用通常會降至零。與前收型銷售手續費不同，支付後收型銷售手續費的投資者，能立刻投資他們支票的全部金額。最後，具有條件性遞延銷售手續費的基金或級別，通常也會每年收取 12b-1 費用（12b-1 fee）。

這是 5% 的遞延銷售手續費的運作方式。如果我們假設投資者持有共同基金股份不到一年，那麼手續費將為 5%。如果投資者持有股份至少一年，但低於兩年，那麼手續費會減少到 4%——每一年以此類推，直到手續費最終消失。人們普遍認為，一直等到解約費用消失，佣金就會被消除。不是這樣的！佣金已經透過這類基金

增加的 12b-1 費用支付了。

遞延銷售手續費通常是根據原始購買價值，或贖回時基金股份的價值來估算的——以較低者計算。不過，有些公司只用贖回價值來估算它們的後收型手續費，而贖回價值往往高於投資的金額。要確定你正在考慮投資的基金的贖回費用是如何估算，唯一的方法，就是仔細閱讀公開說明書。

我們建議共同基金投資者避開收取手續費的基金。如果需要理財建議，請利用只收取顧問費用（fee-only）的理財規劃師——而不是有利益衝突的共同基金銷售員。

3. 無銷售手續費的共同基金

無銷售手續費的基金不收取佣金或銷售手續費。然而，所有的基金（收取銷售手續費與無銷售手續費）都有支出。為了滿足這些支出，基金會收取一定的費用。以下是共同基金可能收取的費用的簡要說明。

4. 買進費用

有時候基金公司會向新股東收取買進費用，用來幫忙支付與基金購買相關的成本。其理由是，每個購買股份的股東，都應該支付他們的購買所涉及的成本。根據一項研究估計，購買成本超過平均購買股份價值的 1%。為了長期股東的利益，買進費用會直接付給基金。

5. 轉換費用

當股東在同一個基金集團內,從一檔基金轉換到另一檔基金時,有些基金會收取一筆費用。轉換費用有時候會被用來限制昂貴的基金交易、阻止市場擇時,以及降低長期投資者的基金費用。

6. 帳戶費用

帳戶費用是有些基金為維護投資者的帳戶,而單獨向他們收取的費用。例如,如果有一位股東的資金低於規定的最低金額,那他可能會被收取低餘額帳戶費用,用來幫忙支付維持帳戶的成本。

7. 贖回費用

贖回費用是股東贖回(賣出)他們的股份時,基金向股東收取的費用。贖回費用有助於阻止那些,會對基金的「買入持有」投資者造成損失的市場擇時者。贖回費用與買進費用都是直接付給基金,不是付給經紀人。**合理的贖回費用、買進費用,以及轉換費用有利於長期股東,而不利於短期交易者。**

8. 經理費

經理費是指從基金資產中,支付給基金的投資顧問或投資組合管理關聯公司的費用。經理費不包含買進費用、轉換費用、低餘額費用,或贖回費用。

9. 12b-1 費用

12b-1 費用是用來自基金資產的資金所支付的費用，用於支付分銷費用，有時也包含股東的服務費用。這個費用的名稱來自授權這項支付的 SEC 規則。12b-1 費用一直備受爭議，主要是因為該費用隱藏了銷售人員的遞延銷售手續費。SEC 允許 12b-1 費用低於 0.25% 的基金，稱自己為無銷售手續費基金。

10. 其他費用

這類費用包括，不含在經理費或 12b-1 費用裡的年度營運費用。例如，包含保管費用、法律費用、會計費用、移轉代理費用，以及其他行政費用。

最後列出的三種費用（經理費、12b-1 費用、其他費用），一起構成了基金的總年度基金營運費用，並以基金平均淨資產的百分比表示。每一檔共同基金的**費用比率**，都可以從共同基金公司、從晨星查到，有時也能在報紙和其他共同基金績效表現資料來源中找到。基金的費用比率，必須在每一檔共同基金的公開說明書中揭露。

11. 閱讀基金公開說明書

很少有基金會收取我們討論過的所有費用。不過，想知道你會支付上述哪些費用與支出，唯一的方法就是閱讀基金的公開說明書。SEC 要求在公開說明書的前幾頁，列出費用與支出的資訊。

公開說明書未包含的費用

現在，我們來看看，在公開說明書中很少會看到的共同基金所有權之成本。

1. 隱藏的交易成本

共同基金每一次買進或賣出證券，都會產生成本。由基金**週轉**引起的交易成本，包含經紀人佣金、買賣價差，以及市場衝擊成本。這些成本合在一起，很容易超過公開說明書中揭露的費用比率與其他成本。

2. 經紀人佣金

研究人員傑森·卡爾切斯基（Jason Karceski）、邁爾斯·利文斯頓（Miles Livingston），以及愛德華·歐尼爾（Edward O'Neal）在一篇標題為〈美國股票型共同基金的投資組合交易成本〉（Portfolio Transaction Costs at U.S. Equity Mutual Funds）的研究中發現，共同基金經理人的平均經紀人佣金成本為基金資產的 0.38%。

3. 軟錢協議

有些共同基金公司跟他們的經紀人會有**軟錢協議**。在這種情況下，經紀人除了收到以最佳價格買賣證券的佣金之外，還會因為提供基金經理人額外的利益而收到佣金。調查人員發現，這些軟錢佣

金有時候會被用來隱藏員工的工資、旅行、娛樂，以及餐飲等成本，這些成本應該被正確的計入共同基金的費用比率。

4. 價差成本

除了經紀人的佣金之外，每一次買進與賣出證券都會有一個隱藏的**價差**，也就是造市商（自營商與專業經紀人）的買價與賣價之間的差距。根據 2004 年為 Zero Alpha Group（ZAG）準備的一項研究發現，平均每年買價與賣價之間的價差為 0.34%（指數型基金為 0.06%）。

5. 市場衝擊成本

基金經理人通常會大量買進與賣出證券。這常會迫使基金經理人買進比現行價格更高的股票（或債券）。結果，經理人和他或她的經紀人為了吸引夠多的賣家，不得不將他們的報價提高至高於現行價格。在賣出大量股票（或債券）時，情況正好相反。在賣出的情況下，共同基金經理人常會被迫以較低的價格賣出，以吸引夠多的買家。

研究公司 Barra 曾對市場衝擊成本進行一項研究，發現一檔資產為 5 億美元、週轉率為 80% 至 100% 的股票型基金，每年可能因為市場衝擊成本而損失 3% 到 5%。克里弗德‧道（Clifford Dow）的另一項研究則發現，共同基金交易的市場衝擊成本，可能介於交易之證券價值的 0.5% 到 20% 之間。

週轉率是指基金經理人在一年內買進與賣出活動的量。100%的週轉率表示，經理人每 12 個月買進與賣出基金投資組合中的平均庫存。週轉率是昂貴的，因為它包含經紀人佣金成本、價差、市場衝擊成本，以及增加的管理成本，而且它通常也會增加稅。**根據一些研究發現，週轉率低（成本較低）的基金比週轉率高（成本較高）的同類基金，有更高的平均報酬率。**基金週轉率可以在基金公開說明書中找到，或者透過詢問基金銷售代表來取得。晨星公司也是能找到某一檔共同基金的週轉率的好來源。

6. 包管費用

　　經紀商收取的包管費用，是我們應該提到的另一項費用。包管費用是賣給想要擁有自己的私人資產管理者的投資者。包管費用（有時是 2% 或更高）被加到所選的共同基金的基礎費用中。我們認為，付給專業經理人兩次費用幾乎是個錯誤，這正是包管帳戶（wrap account）所發生的情況。請避免包管。

所以，總共是多少？

　　正如你所看到，美國股票基金投資者的成本非常多，而且很多都是隱藏的。如果想了解美國股票共同基金平均的每年總成本，請查閱傑克‧柏格與柏格研究中心（Bogle Research Center）提供的數據：

美國股票市場基金的年度總成本

股票型基金平均	占平均資產百分比
顧問費用	1.1
其他營運費用	0.5
總費用比率	1.6
交易成本	0.7
機會成本	0.4
銷售手續費	0.6
總年度成本	3.3

根據芝加哥投資公司伊博森（Ibbotson Associates）的資料顯示，從 1926 年到 2004 年，美國股票的年複合報酬率為 10.5%。如果我們減去共同基金平均的年度總成本（3.3%），我們發現平均股東的年複合報酬率為 7.2%。換句話說，平均而言，共同基金每年拿走我們投資報酬率的將近三分之一。情況可能更糟！如果成本保持不變，而未來的報酬率更低（如同許多預測者所認為的），那麼投資成本（占總報酬的百分比）將更具破壞性。

為了了解成本的毀滅性影響，我們會以一位名為泰德（Tad）的年輕工人為例，他今年 25 歲，開始了他的第一份工作，沒有任何儲蓄，但他決定每年投資 3,500 美元進羅斯 IRA，直到 65 歲退休時（40 年）。

使用彭博退休規劃計算機（www.bloomberg.com/invest/calculators/

returns.html），不考慮通貨膨脹調整，我們發現，如果泰德能獲得 10.5% 的長期平均股票報酬率，他將能積累 1,961,795 美元。聽起來超棒的！不過，如果考慮共同基金的成本之後，泰德的平均報酬率為 7.2%，那他只會積累到 788,745 美元——**不到一半！**

當然，泰德不會在退休後停止投資。假設泰德用他的 1,961,795 美元的投資組合，**繼續**賺取 10.5% 的市場平均報酬率，那他將能獲得 205,988 美元的平均年報酬。然而，如果泰德只用 788,745 美元的投資組合，賺取 7.2% 的報酬率，那麼他獲得的平均年報酬將為 56,790 美元——**不到三分之一！**

成本重要嗎？當然重要！正如我們在本書其他部分所述，我們認為未來 10.5% 的報酬率，並不是謹慎的計畫。但是，無論未來股市的報酬如何，低費用肯定比高費用更好。

利用低成本的優勢投資

了解保持低成本的巨大優勢後，我們需要好好利用這個理解。如果可能的話，我們會使用低成本、低週轉率的指數型基金。ETF 與低成本、低週轉率的管理式基金也可以考慮。根據領航集團與理柏公司（Lipper, Inc.）的資料顯示，2012 年領航基金的平均費用比率為 0.19%，**是平均基金 1.11% 的費用比率的六分之一。**

用低成本當作預測因素

我們已經看到低成本如何提高報酬。因此，毫不意外的，低

成本也是預測共同基金未來表現的最可靠的指標。不幸的是，沒有萬無一失的系統，能讓我們提前挑選出獲勝的共同基金。如果有的話，我們會利用這個神奇的系統，給自己一個悠閒又富有的生活。投資關乎機率——而採用低成本的共同基金的機率是高的，我們的表現將會優於大多數其他的投資者。

金融研究公司（Financial Research Corporation）為業內人士進行研究。它們最重要的研究之一是，找出 11 個共同基金未來表現的共同預測指標中，哪一個真正有效。它們研究的預測指標為晨星評級、過去的表現、費用、週轉率、經理人任期、淨銷售額、資產規模、α（alpha）、β（beta）、標準差（SD），以及夏普值（Sharpe ratio）。它們的研究結論是：**費用比率是預測共同基金未來績效表現的唯一可靠指標。**

在另一項研究中，標準普爾研究了九種不同類型的晨星投資風格箱中，所有分散風險的美國股票基金。這個發表在 2003 年 9 月的《吉普林》（*Kiplinger*）雜誌上的研究，把每一個投資風格箱裡的基金分為兩組：成本高於平均水準的基金與成本低於平均水準的基金。研究結果如何？在九個類別中，有八個類別的低成本基金，在 1 年、3 年、5 年，以及 10 年的期間，表現勝過高成本基金。它們在債券型基金上也發現了類似的情況。

結論

在這一章，我們學到選擇共同基金時低成本的重要性。因此，

我們會避開所有收取銷售手續費的基金，我們也會偏好低成本的指數型基金。我們一定會閱讀公開說明書，以查明我們正在考慮的任何基金的已公布成本。我們一定會了解基金的週轉率，這樣才會對基金的隱藏交易成本有概念——週轉率愈高，成本可能就愈高。我們不會使用包管帳戶。我們會記得，**低成本是挑選表現高於平均水準的基金的最佳預測指標**。最重要的是，我們會記住——**成本很重要**。

看看其他人怎麼說？

• 美國散戶投資人協會（American Association of Individual Investors）的最佳共同基金指南（Guide to the Top Mutual Funds）：「當我們考慮銷售手續費之後，平均而言，收取銷售手續費的基金表現，始終低於無銷售手續費的基金。」

• 《有學問的投資者》一書作者**法蘭克・阿姆斯壯**表示：「包管費帳戶對自我價值感來說也許很好，但從經濟學角度來說卻很糟糕。」

• 《共同基金大陷阱》一書作者格**雷格・貝爾**與**蓋瑞・詹斯勒**表示：「許多投資成本實際上是看不見的——你永遠不必為了費用和佣金開支票給任何人。」

• 博士、醫學博士、《智慧型資產配置》與《投資金律》

等書作者**威廉‧伯恩斯坦**表示：「毫無疑問的，你正在與金融業展開一場殘酷的零和競賽。它們收取的每一分錢的佣金、費用，以及交易成本，對你來說都是不可挽回的損失。」

‧ 領航集團前執行長、《投資直言》（*Straight Talk on Investing*）一書作者**約翰‧布倫南（John Brennan）**表示：「你該關心費用，因為它們降低了你的報酬。就這麼簡單。」

‧ 《在順境與逆境中保護你的財富》一書作者**理查‧菲利**表示：「讓我們面對現實吧：大部分的投資公司做生意是為了從你身上賺錢，而不是為了幫助你。你在佣金和費用支出上省下的每一美元，都會直接影響到你的獲利。」

‧ 美國證券交易委員會前主席、美國證券交易所（American Stock Exchange）前主席**亞瑟‧李維**表示：「最致命的罪過是擁有一些高成本的共同基金。看似很低的費用（以千分之一表示），很容易讓投資者在一生中損失數萬美元。」

‧ 《漫步華爾街》一書作者**柏頓‧墨基爾**教授表示：「我向你保證，許多金融服務公司會盡其所能隱瞞你實際支付的總成本。你額外支付的每一美元費用，都是從你的投資資金中取走的。唯一跟未來共同基金表現有關聯的可靠因素，就是基金收取的費用比率。」

‧ 《利用指數型共同基金取勝》一書作者**傑瑞‧特威德**

與**傑克・皮爾斯**表示：「不要以為你付出的愈多，你得到的就愈多。與其他任何行業不同的是，這點在華爾街是相反的：你為服務支付的錢愈多，你的報酬率可能就愈低。」

第 10 章

節稅（I）：
投資標的的稅收制度

稅務對基金報酬的深遠影響，是長期以來一直被忽視的主題。

——傑克·柏格

　　在第九章中，我們學習了成本的重要性，以及它們如何降低共同基金的報酬。在本章，我們將討論其中最大的成本——稅。當我們了解共同基金是如何被課稅的，我們就可以設計出方法，大幅減少稅務對我們的報酬的拖累。約翰·坦伯頓爵士（Sir John Templeton）理所當然的指出：「對所有長期投資者來說，他們只有一個目標——最大化稅後總報酬。」

稅的毀滅性影響

人們做了許多研究，以確定聯邦稅如何降低共同基金股東的報酬。其中一項歷時最長的研究，是由嘉信理財委託進行的，研究期間為 1963 年至 1992 年，共 30 年。這項研究發現，課稅級距高的納稅人，在這段期間的一開始投資 1.00 美元於美國股票，如果投資於延後課稅帳戶，那麼在這段期間結束時，他將擁有 21.89 美元。與此同時，如果投資於應稅帳戶，那麼同樣的 1.00 美元只會成長到 9.87 美元——**不到前者的一半**。這些數字清楚的表明，稅加上複利的影響，會對稅後表現產生極大的差異。

傑克·柏格做了一項研究期間為 15 年的研究，這段期間截止至 2009 年 3 月 30 日。他發現，股票型共同基金的稅前平均報酬率為 5.4%，稅後為 3.7%——每年稅的拖累為 1.7%。在同一段期間當中，更具稅務效率的領航標準普爾 500 指數基金（Vanguard S&P 500 Index Fund）的稅前報酬率為 6.7%，稅後報酬率為 6.1%。

Gerstein Fisher Research 在一項更新的 15 年期的研究（研究期間截止至 2013 年 6 月 28 日）中，研究了共同基金投資者受到的稅的拖累。它們的結論是，主動型基金每年稅的拖累介於 0.70% 到 1.20% 之間，被動型基金每年稅的拖累為 0.51%。幸運的是，它跟費用比率一樣，最小化稅務是我們可以控制的另一項成本——如果我們花時間去學習如何控制。這就是本章與下一章的全部內容。

共同基金的稅

如果我們想要將共同基金的稅降到最低，我們就有必要了解，共同基金與共同基金股東是如何被課聯邦層級的稅。為了盡量讓討論簡單，我們會忽略不同州的所得稅率與規定。

共同基金的兩種收入來源——股利與資本利得——均須繳稅。根據股利類型與資本利得的類型，每一種被課的稅都不同。了解其中的差異，對我們來說很重要。

1. 股票股利

股票股利可以是基金報酬的主要來源。自 1926 年（第一次可取得可靠的數據時）以來，股利大約占總報酬的 35%。在 2013 年的第三季，標準普爾 500 指數中，有 84% 的股票都在分配股利。

在 2003 年的《就業與寬減協調法案》（Jobs and Relief Reconciliation Act）之前，股票股利是按照投資者的邊際（最高）所得稅稅率課稅。然而，2003 年的《協調法案》減輕了大多數股票股利接受者的稅。這項法案降低了對「合格」股利的稅，也就是大部分美國大型公司分配的股利。2014 年，合格股利的最高稅率為：

- 課稅級距為 10% 或 15% 者，股利稅率為 0%。
- 課稅級距高於 15% 但低於 39.6% 者，股利稅率為 15%。
- 課稅級距為 39.6% 者，股利稅率為 20%。

相較於收益率按照普通所得稅稅率課稅的債券，較低的合格股利稅率提高了股票的稅務效率。基於這個原因，以及股票受益於較

低的資本利得稅率，**我們通常會建議將股票放在應稅帳戶中，然後將債券放在稅務優惠帳戶中。**

有稅務意識、使用應稅帳戶的投資者，應該詢問他們的共同基金公司，以確定他們打算購買的股票型共同基金，是否主要投資於支付「合格」股利的股票。美國公司的股利大多符合條件。例如，2013 年，領航整體股票市場指數基金的股利中，有 95% 股利符合較低的稅率。整體國際股票指數基金的股利中，只有 68% 符合資格，但國際股票基金有資格獲得國外稅額扣抵（Foreign Tax Credit）做為抵消。這兩個整體市場指數基金都非常具有稅務效率，因此是應稅帳戶絕佳的候選基金。

2. 債券股息

債券型共同基金股息實際上是債券收益，但在分配給股東時被稱為股息。債券股息不符合美國國稅局較低稅率的要求。因此，應稅帳戶中應稅債券基金的股息，會按照投資者的邊際所得稅稅率被課稅——最高可達 39.6%。有稅務常識的投資者會怎麼做呢？他們會盡可能將應稅債券放在他們的避稅帳戶中。

3. 資本利得

既然我們已經對股票與債券股利有了大致的了解，那我們就來討論**資本利得**吧。當股票或債券被賣出以換取獲利時，就會產生資本利得。這個獲利是股票或債券股份的購買成本，與它們贖回（賣出）時的價格之間的差額。如果股票或債券股份以低於購買成本的

價格賣出，那麼這個差額就是資本損失。

4. 已實現資本利得與資本損失

　　幾乎每賣出一張證券，共同基金經理人都會產生**已實現**資本利得或資本損失。在基金的財政年度結束時，基金經理人會把賣出基金投資組合中的證券，所產生的所有獲利和所有虧損相加起來。如果結果是淨利潤，資本利得就會被分配給基金股東，並公布在美國國稅局表格 1099-DIV 上。如果結果是淨損失，基金經理人就會將超額損失遞轉後期，以抵消未來幾年的資本利得。

5. 未實現資本利得與資本損失

　　未實現資本利得是指，基金經理人尚未賣出的基金中證券的獲利價值。如果當前的市場價值高於經理人支付的價格，未售出的證券，就會被說是擁有未實現資本利得。如果當前的市場價值低於經理人支付的價格，未售出的證券就會擁有未實現資本損失。這些未實現的利得與損失會被合併在一起，而未實現的淨利得或損失，可以在基金的公開說明書與財務報表中找到。

6. 未實現利得與損失所涉及的稅

　　投資者在為他們的應稅帳戶購買基金之前，應該確定基金的未實現利得或損失的金額，因為未實現利得可能變成已實現利得——特別是週轉率高的基金。這裡有一個特別可怕的例子，是傑森・茲威格在 1999 年 7 月的《Money 錢》雜誌上，發表的一篇標題為「共

同基金稅務炸彈」（Mutual Fund Tax Bombs）的文章中提到的：

1998 年 11 月 11 日，舊金山有一名醫生，投資了 5 萬美元於一檔名為 BT 投資太平洋海盆股權（BT Investment Pacific Basin Equity）的共同基金。到了 1 月，就在他買進 BT 基金的七週後——他的投資經歷讓他大吃一驚。在他最初的 5 萬美元投資中，BT 太平洋海盆支付了 22,211.84 美元的應稅資本利得。支付的每一分錢都是短期的利得，依照 X 醫生 39.6% 的普通所得稅稅率被課稅。他突然欠了將近 9,000 美元的聯邦稅。身為一名加州居民，他還需要繳納 1,000 美元的州所得稅。

傑森的文章引用了一個少有的案例，但它說明了資本利得分配可能會導致大量、意想不到的所得稅負債。

未實現利得不應該被用來排除所有基金。稅務管理基金通常有大量的未實現資本利得，但它們仍然具有非常高的稅務效率。基金經理人透過延後出售有獲利的基金（積累未實現利得），或出售抵消虧損的基金，來實現這種稅務效率。

7. 短期與長期資本利得

短期資本利得是指，出售持有 12 個月、或**更短時間**的證券或共同基金股份所得到的獲利。長期資本利得是指，出售持有一年以上的證券或共同基金股份所得到的獲利。

短期與長期資本利得的稅率是不一樣的。對於有稅務常識的投

資者來說，了解兩者的區別是非常重要的。短期資本利得跟一般收入一樣，按照股東的最高邊際所得稅率課稅，而長期資本利得的最高稅率為 15%——約為一半。

大幅降低共同基金稅務的最簡單、最有效的方法之一是，持有共同基金超過 12 個月。在應稅帳戶中，買入持有是一種非常有效的策略。

8. 週轉率與稅

你可以從前面的討論中看到，在賣出證券之前，基金內有獲利的證券不會有資本利得稅。因此，有稅務常識的投資者會尋找週轉率低的基金。這會產生兩個主要的稅務優勢：

1. 週轉率較低表示該基金的證券被持有的時間較長，進而產生**較少**的需課稅的已實現資本利得。
2. 被出售的基金將享有**較低**的長期資本利得稅。

為了最大化應稅帳戶的稅務效率，你應採取以下措施：

- **偏好股息低的基金。**
- **偏好有「合格」股息的基金。**
- **偏好週轉率低的基金。**
- **偏好具稅務效率的指數型基金和稅務管理基金。**

在應稅帳戶中投資

有稅務常識的投資者會先利用避稅的退休計畫，我們將在下一章討論。但不幸的是，許多投資者沒有資格申請美國國稅局批准的退休計畫，或者，如果他們有資格，最高提撥限制可能會要求將額外的儲蓄存入應稅帳戶。

如同前面提到的，在應稅帳戶中採用共同基金時，採用具稅務效率的共同基金或 ETF 是非常重要的。稅務效率是相對的。概念是把最不具稅務效率的基金，放在你的稅務優惠帳戶中，然後把最具稅務效率的基金，放在你的應稅帳戶中。表格 10.1 對各種資產類別基金大致的稅務效率進行了排序。

共同基金公司現在被要求在公開說明書中公布「稅前」與「稅後」報酬。因此，共同基金投資者應該仔細考慮，他們打算在應稅帳戶中持有的每一檔基金的稅務效率。確定基金的稅務效率評級的一個好來源是 www.morningstar.com。晨星公司提供了「稅務成本比率」（Tax-Cost Ratio），這是投資者在最高的聯邦所得稅級距中，因稅務而導致基金報酬率實際減少的百分點。如果可以取得資料的話，晨星公司會公布 3 年、5 年、10 年，以及 15 年的稅務成本比率。我們建議使用時間最長的稅務成本比率，這樣牛市與熊市週期就都包含在內了。共同基金的稅務效率在牛市中通常較低，在熊市中通常較高，如果衡量期間較短，可能會產生誤導性的假設。

在應稅帳戶中採用只長期持有的資產。 從成本與稅的立場來

表格 10.1　主要資產類別的相對稅務效率排序

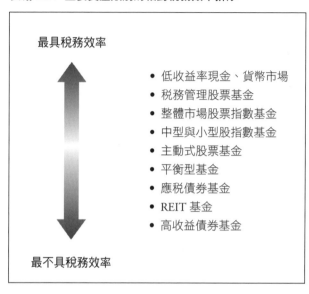

最具稅務效率

- 低收益率現金、貨幣市場
- 稅務管理股票基金
- 整體市場股票指數基金
- 中型與小型股指數基金
- 主動式股票基金
- 平衡型基金
- 應稅債券基金
- REIT 基金
- 高收益債券基金

最不具稅務效率

看，避免在應稅帳戶中賣出或轉換有獲利的共同基金，是非常重要
的。這是因為，賣出有獲利的應稅基金的每一股股份，都要承擔交
易成本和資本利得稅。在繳納資本利得稅之後，你用來再投資另一
檔基金的資金就會少很多。要挑選到一檔非常好的替代基金，能以
較少的投資獲得更優異的報酬，是很難的事。

　　在應稅帳戶中採用指數型基金或稅務管理基金。在應稅帳戶中
採用管理式基金的問題是，投資者無法確定之前的良好表現是否會
重現。我們再次以富達麥哲倫基金為例。

　　麥哲倫基金曾經是全球最大、表現最好的基金，多年來一直擊
敗其基準指標標準普爾500指數。對麥哲倫的股東來說，不幸的是，
儘管擁有經過一系列精心挑選的經理人，但它最近的表現卻令人失

望。截至 2013 年 12 月 31 日止，麥哲倫基金的十年稅後年化報酬率為 4.0%，在其同類型基金中排名倒數 2%。相較之下，領航標準普爾 500 指數基金的稅後報酬率為 7.29%，在其同類型基金中排名前 22%。

麥哲倫的應稅投資者**別無選擇**。他們必須繼續支付高額年收入和資本利得稅，因為他們持有稅務效率低和表現不佳的基金——或者，如果他們決定轉換到另一檔基金，就必須為所有的過去獲利支付資本利得稅。

共同基金經理人平均只在他／她的職位上待五年左右。這意味著，如果我們根據基金經理人的表現來挑選管理式基金，那麼長期而言，我們幾乎肯定會找到掌舵我們基金的新的管理者，但無法保證績效表現會持續下去。**我們建議，解決應稅帳戶中這項問題的最佳方案，就是使用低成本、低週轉率、具稅務效率的指數型基金，這些基金不需依靠選股經理人的技能（或運氣）。**它們具稅務效率且成本低，能反映它們的基準指標指數，還可以無限期的持有。

稅務管理基金如何節稅？

大多數共同基金的績效表現數據都是稅前的，幾乎所有共同基金經理人都依據稅前報酬給與薪酬。基金經理人買賣證券所產生的稅，會轉嫁給基金的股東。因此，共同基金經理人在追求更高報酬的過程中，幾乎沒有理由將股東的稅降至最低。

1980 年代與 1990 年代的股票牛市期間，為投資組合經理人持有的許多股票帶來大量的資本利得。許多經理人像交易者一樣買進

與賣出股票，而不是將股票當作長期投資。

　　其中許多基金經理人的週轉率已經超過 200%，這就表示，平均而言，他們只持有每支股票 6 個月。每當基金經理人賣出一檔有獲利的基金時，資本利得就會傳遞給股東。不久之後，共同基金的股東就意識到（大約在 4 月 15 日），他們大部分的資本利得被稅嚴重侵蝕了。結果是，股東要求使用能夠降低他們的稅、且帶來更高的稅後報酬的共同基金管理方式。因此進入了稅務管理基金時期。

- **稅務管理基金**藉由使用多種減稅技巧，來降低或消除股東的稅：
- **低週轉率**。許多稅務管理基金使用以指數為導向的方法，利用指數固有的低成本（報酬較高）與低週轉率（資本利得較少）優勢。
- **使用 HIFO（高入先出；highest-in, first-out）會計**。對稅收敏感的基金經理人會先賣出成本最高的股票，將傳遞給股東的資本利得保持在最低水準。
- **稅務虧賣（Tax-loss harvesting）**。這是一種基金經理人賣出虧損股票來累積稅務損失的策略，之後可以用來抵消贏家股票產生的資本利得。
- **選擇低股利分配股票**。股利會先被用來支付基金費用，然後餘額再被轉移給股東，產生繳稅時須繳納的稅。選擇股利很少或沒有股利的股票，可以使股東每年的稅最小化。
- **為長期資本利得持有證券**。出售持有 12 個月，或更短時間

的證券所獲得的短期資本利得，被課的稅約為長期資本利得的兩倍。對稅務敏感的基金經理人，會設法持有證券超過一年。

- **使用贖回費用**。稅務管理基金經常會要求支付贖回費用，用來阻止股東賣出有獲利的股份，進而產生資本利得與不必要的交易成本。

你可以使用的節稅策略

投資者無法控制他們的股票和債券市場基金的報酬。然而，投資者可以控制成本——包含稅。大多數投資者只會舉手示意，說：「我不了解稅——稅太複雜了。」我們相信，只要花時間了解一些基本規則，大多數的共同基金投資者就能顯著提高他們的稅後報酬——這才是真正重要的事。當你管理自己的私人投資組合時，你可以跟注重稅務的共同基金經理人一樣，使用他們所使用的減稅技巧。

- **維持低的週轉率**。我們知道，買進與賣出應稅帳戶中的基金會產生資本利得稅。因此，我們會試圖買進可以「永久」持有的基金。

- **在應稅帳戶中使用最具稅務效率的基金**。我們會設法在應稅帳戶中使用最具稅務效率的基金。這些基金通常是低週轉率的指數型基金和／或稅務管理基金。

- **避免短期的資本利得**。我們知道，短期資本利得的稅率大約是長期資本利得的兩倍。因此，我們會儘量持有有獲利的股

票超過 12 個月，再出售。

- **在分配日之後買進基金股份**。共同基金至少每年支付一次應稅的分配。如果我們在分配日前不久買進基金，就必須為這筆分配繳稅。如果我們等到分配日之後，購買的價值依然相同（假設沒有市場變化），但我們能避免分配所產生的稅。

- **在分配日之前賣出基金股份**。在分配日之前賣出也許會有一點好處。

- **在新年之後賣出有獲利的股份**。如果股份在 12 月賣出，將會與當年的報酬一起繳稅。只要等到明年 1 月再賣出，稅就會在一年後才需要申報。提前繳稅通常是沒有意義的。

- **收割稅務虧損**。這是一種賣出應稅帳戶中的虧損證券，藉由獲得稅務損失，來減少當前和未來所得稅的作法。

稅務虧賣

第一象限（First Quadrant, LP）做了一項研究，模擬了 500 種資產在 25 年當中的報酬，以檢測稅務虧賣的好處。它們發現，與被動情況相比，稅務虧賣具有巨大優勢。它們發現，與典型市場條件下的純買入持有策略相比，透過承擔損失，中位數的投資組合將增加約 27%。即使在清算之後，這項優勢仍高達 14%。

為了了解稅務虧賣是如何運作的，我們假設現在是 12 月。在這一年當中，你曾賣出或轉換一檔你的應稅基金，獲得 2,000 美元的獲利。你還有另一檔損失 6,000 美元的基金。下面是你應該做的：

1. 在年底之前，賣出虧損 6,000 美元的基金。

2. 用 2,000 元課稅損失，抵銷獲利基金的 2,000 元資本利得。這麼一來會留下 4,000 美元的課稅損失餘額。

3. 用 3,000 美元的餘額（允許的最高金額）來減少你目前所得稅申報表的首頁所申報的收入。接著，你會剩下 1,000 美元的課稅損失餘額。

4. 這 1,000 美元的餘額將做為「資本損失結轉」（capital loss carryover）到下一年的申報表。

如果你決定重新買回虧損的基金，你必須等待 31 天，才能避免你的課稅損失被駁回──被稱為**沖洗買賣（wash sale）**。在這 31 天的過渡期間當中，你可以把來自賣出虧損基金的所得，放進貨幣市場基金。有些投資者會擔心要離開市場 31 天。在這種情況下，可以在 31 天的等待期間購買類似（但不完全相同）的基金。你可以在柏格頭論壇維基（Bogleheads Forum Wiki）上找到更多關於稅務虧賣的詳細資訊。

你應稅帳戶中的債券

債券看起來很複雜，經常包含限制性條款和隱藏費用。就跟許多事情一樣，我們知道的愈多，就愈意識到自己不知道。這就是為什麼我們認為，**在有經驗的債券型基金經理人的監管下持有債券型基金，而不是直接購買債券，對大多數投資者更好。例外情況可能是直接從美國財政部購買的公債。**

考慮地方政府債券基金

　　地方政府債券基金（通常稱為 muni 或免稅債券基金）至少會投資 80% 的資產於聯邦免稅債券。單一州的地方政府債券基金會持有一個州的債券，以便為其居民提供同時免課聯邦與州稅的收入。地方政府債券與債券基金，對收入較高的納稅人非常有利，因為他們的延後課稅帳戶中沒有存放應稅債券的空間。地方政府債券與債券基金的收益率，通常低於類似的應稅債券。因此，你需要計算你正考慮要買的免稅債券基金的可類比收益率，然後拿來跟等值的應稅債券基金的收益率進行比較。你應該這樣做：

　　我們假設你的聯邦所得稅級距為 28%，正在考慮一檔 5.75% 的免稅債券基金。為了了解這 5.75% 的收益率，與類似的應稅基金的稅後收益率相比之下如何，你只需將收益率（5.75%）除以 0.72（1 減去 0.28）。結果為 7.99%。如果**等值**的應稅債券基金的收益率超過 7.99%，那就更值得買入；如果低於 7.99%，那免稅基金可能是更好的選擇。

　　這個簡單的計算不包括州所得稅的影響，這也應該被考慮在內。由於各州有不同的稅率和計算方法，因此計算變得很複雜。對我們來說，很幸運的，Morningstar.com 提供了一個免費的稅前收益率計算機，讓你在計算應稅與免稅債券及債券基金收益率的比較時，可以輸入你的州所得稅稅率。請使用晨星公司首頁上的「工具」（Tools）連結。

美國儲蓄債券

如果你必須把債券放進你的應稅帳戶中，美國儲蓄債券（I 債券與 EE 債券）是另一種你應該考慮的具稅務智慧的投資。它們可以延後課稅長達 30 年，而且免課州與地方稅。美國儲蓄債券在第三章中有詳細介紹。

在這一章，我們已經學到了影響共同基金投資者的各種稅，我們也討論了一些策略與投資，幫助我們把應稅投資的稅降到最低。現在，讓我們進入下一章，我們將在下一章探索可以利用避稅帳戶的其他稅務策略。

第 11 章

節稅（II）：
結合節稅帳戶

在投資者支付的所有費用中，稅可能是總報酬中占比最大的一部分。

——領航集團

使用避稅帳戶

我們認為，對大多數投資者來說，將稅降至最低的最佳方式是，利用美國國稅局為了鼓勵人們為退休儲蓄，而制定的稅務優惠退休計畫（401(k)、403(b)、IRA 等）。我們知道，如果我們不為自己儲蓄，我們的政府或我們的家庭將被迫承擔這些負擔。現在有

數十種可供工作者與其配偶使用的減稅退休計畫。但不幸的是，這些計畫一直在變，而且所有計畫都複雜得荒謬。舉例來說，美國國稅局出版物 590（Internal Revenue Service Publication 590）包含了用來準備報稅申報單的 IRA 操作指南。要提供許多退休計畫的完整細節是不可能的。不過，我們會大致上研究一下最受歡迎的計畫的各項條款，以便為我們的特定情況選擇最佳的計畫。

1. 401(k) 計畫

401(k) 計畫是一種遞延補償計畫，員工可以選擇在稅前（合格的）基礎上，將其工資的一部分提撥到計畫中。提撥限制為 17,500 美元。50 歲及 50 歲以上的員工可以額外「追加」5,500 美元的提撥，意思是他們的提撥限制為 23,000 美元。一般來說，員工參與的所有遞延補償計畫必須一併考慮，以便確定是否超過提撥限制。**雇主**對遞延補償計畫的提撥，不會公布在員工的 W-2 表格上，也**不會做為收入公布在員工的所得稅申報表上**。然而，它們被包含在工資，要繳社會安全、聯邦醫療保險，以及聯邦失業稅。

401(k) 計畫的好處

公司的 401(k) 計畫，是最大的個人管理儲蓄計畫。不同公司有不同的 401(k) 計畫，且往往相差很大；然而，幾乎所有公司的計畫都有提供以下優勢：

- 你可以有其他的退休計畫。
- 自動扣繳。

- 提撥金額有彈性。

- 員工永遠 100% 擁有他們的提撥。

- 大多數計畫提供雇主的相對提撥。

- 員工可以對 401(k) 計畫提撥比 IRA 計畫更多的錢。

- 投資選擇（通常是共同基金）。

- 通常可以使用紓困提領。

- 如果你換工作，你可以把你的 401(k) 轉到 IRA 或新雇主的 401(k) 計畫中（它是**可轉移的**）。

- 能防止債權人的索取。

401(k) 計畫的缺點

- 行政與投資成本高。

- 有些雇主沒有提供相對提撥。

- 許多人的投資選擇很糟。

- 資訊與建議通常都不夠。

- 資本利得會轉換為一般收入。

- 你的錢的使用是受限制的。

許多 401(k) 計畫其中一個大問題就是成本太高。許多員工（與他們的雇主）都不知道與他們的計畫有關的真實成本。大多數費用從未出現在計畫參與者的報表上。

費用與支出一般分為以下四類：

1. **計畫的行政費用**是用於計畫之紀錄保存、會計、法律，以及

受託人服務的費用。這些費用也包含電話語音回應系統、訪問客戶服務代表、教育研討會、退休計畫軟體、網站更新等費用。

2. **投資費用**是 401(k) 計畫的費用與支出的最大組成部分。它們與管理計畫的資產有關。投資費用按照投資資產的百分比計算。你以間接費用形式,從你的帳戶支付這些費用,因為這些費用會直接從你的投資報酬中扣除。

3. **個人服務費**是指有時候對個人服務收取的費用,沒有包含在計畫的行政與投資成本內。例如,從計畫中取得貸款的參與者,可能會被收取個人服務費。

4. **銷售佣金**可能代表著一筆經常沒有被揭露的可觀成本。

綜合來看,很明顯的,即使是很小的 401(k) 計畫,管理起來也是昂貴的。你可以想像,是雇主決定誰來支付這些費用——公司、員工、或者兩者。通常,是那些不知情的員工在為減少的報酬買單,他們如果投資於 IRA 或其他具稅務效率的投資,會更好。

找到隱藏費用與支出

如果你的計畫允許你管理你帳戶裡的投資資產,那麼計畫管理人員應該提供你一份公開說明書,上面會列出所有基金的行政支出,包括銷售手續費。你的計畫管理人員應該向你提供,其他會被收取的任何交易費用與支出的說明。

會計報表通常每年至少提供一次。如果沒有提供年度報表,就去索取吧。未能或延遲收到會計報表是個警告訊號,你的公司計畫

可能處於危險之中。

你的 401(k) 計畫說明摘要（Summary Plan Description，簡稱 SPD）會告訴你，該計畫提供什麼，以及它如何運作。它可能會告訴你，行政費用是由你的計畫（你）或是由你的雇主支付。如果是由你的雇主支付，那這是雇主關心他的員工的好跡象。當每個計畫參與者第一次參加 401(k) 計畫時，都應該向他們提供一份 SPD。

每一個 401(k) 計畫都要提交一系列 5500 表格（Form 5500）的年度報告。這份正式文件包含關於計畫的資產、負債、收入，以及支出的資訊。它也列出了計畫所支付的行政費用與其他支出的總額。但是，5500 表格不會列出從投資結果中扣除的支出，或是你個人帳戶支付的費用與支出。你的雇主支付的費用也不會列出。你有權向計畫管理人員索取一份（可能要收費）。

401(k) 計畫的投資選擇，被限制在可提供的範圍內。常見的投資包含股票與債券型共同基金、貨幣市場基金、保證投資契約（guaranteed investment contracts，簡稱 GICs）、你公司的股票、銀行帳戶，以及定期存單。由於 2006 年《退休金保護法》（The Pension Protection Act）的通過，愈來愈多擁有傳統 401(k) 和 403(b) 計畫的機構，現在也開始提供羅斯 401(k) 與羅斯 403(b) 計畫。但不幸的是，許多 401(k) 計畫並沒有提供低成本共同基金的好選擇，讓你可以用它來建立一個分散風險的資產配置計畫。如果從成本和我們在本書中討論的標準來看，你的 401(k) 沒有達到標準，我們建議你採取以下幾點作法：

1. 投資你的 401(k) 達公司的相對提撥。公司的相對提撥是免

費的錢，你不能放棄。

2. 如果符合條件，在 IRA 中投入最高金額。

3. 提撥最高金額到 401(k) 計畫中。

4. 額外的資金應該投資於具稅務效率的共同基金。

2. 403(b) 計畫

401(k)計畫是為營利實體而設計的，403(b)與401(k)計畫不同，是為非營利實體而設計的，像是學校、大學、教堂，以及某些慈善組織。據追蹤 403(b) 行業的 Spectrem Group 稱，投資於 403(b) 計畫的 5,780 億美元中，約有 80% 投資於年金。剩下的大部分投資於獨立的共同基金。403(b) 計畫是為公立學校員工提供的唯一的工資延遲計畫。401(k) 與 403(b) 計畫的相似之處在於，它們都允許員工延後繳納部分工資的稅。兩者都允許雇主的相對提撥，而且最高限制通常相同。

403(b) 計畫的主要缺點是它們的投資選擇。大多數公司只提供經紀商與保險公司銷售的高成本年金。當 403(b) 或其他延後課稅計畫已經提供相同的延後課稅優勢時，支付額外的年金延後課稅成本是沒有意義的（除了年金公司以外）。

少數 403(b) 計畫會提供來自保險公司、經紀商、共同基金公司的多種選擇。這使 403(b) 參與者任由佣金銷售人員擺布，他們往往有嚴重的利益衝突。永遠不要忘記，從你的報酬中扣除的費用與支出愈多，在你的退休帳戶中最後得到的就愈少。

如果你是 403(b) 計畫的參與者，那麼花時間去了解你的投資對

你來說很重要，這樣當你知道你目前的選擇不太令人滿意時，你才能做出改變。有關 403(b) 計畫的其他資訊好來源是 www.403bwise.com/index.html。如果你發現你的選擇有限且／或成本較高，你的計畫很可能有一個逃生出口，能讓你把你的錢轉移到外部的低成本 403(b) 計畫提供商，像是富達、普信集團、或領航集團。這類轉換被稱為 90–24 轉移（90-24 transfer）。

3. 個人退休帳戶（Individual Retirement Account，簡稱 IRA）

傳統的 IRA 是個人儲蓄計畫，會在你為退休儲蓄的同時，提供你稅務優惠。傳統 IRA 的提撥是可扣抵稅的——全部或者部分。在你的 IRA 裡賺到的金額，在被分配之前是不課稅的。部分可扣抵稅的提撥，在分配之前也不會被課稅。傳統的 IRA 可以在許多不同類型的金融機構建立，包含共同基金公司、銀行、保險公司，以及經紀商。

你能提撥多少是有限制的。個人對傳統 IRA 與羅斯 IRA 的最高提撥限制為 5,500 美元。年滿 50 歲或 50 歲以上者的追加提撥為 6,500 美元。提撥限額是與通貨膨脹掛勾的。如果你提交夫妻合併申報表，並滿足某些要求（請參見美國國稅局出版物 590），那麼夫婦的共同提撥可能會是單一個人限制的兩倍。在工作中受到退休計畫保障的工作者，扣除額可能會減少或取消，收入較高的工作者，扣除額也會減少或取消。關於當前的收入限制，請參見美國國稅局出版物 590。

從 IRA 提領

所有的 IRA 提領（除了羅斯）都會依照投資者的邊際所得稅稅率課稅。如果分配是在 IRA 保存者達 59.5 歲之前發生的，那麼從傳統 IRA 中提領錢，會被處以 10% 的罰款。法律提供了幾項 10% 罰款的例外：

- 你有未報銷的醫療支出，占比超過你的調整後總收入的 7.5%。
- 分配沒有超過你的醫療保險費用。
- 你是殘疾人士。
- 你是已故 IRA 擁有者的受益人。
- 你以年金支付的形式收到分配。
- 分配不超過你的合格高等教育支出。
- 你用這些分配來購買、建造、或重建第一間房子（已婚夫妻最高 2 萬美元）。

不可抵稅的傳統 IRA

美國國稅局允許提撥到所謂的**不可抵稅的傳統 IRA**。但不幸的是，不可抵稅的 IRA（羅斯 IRA 除外）除了不可抵稅以外，還有兩個顯著的缺點。它們將資本利得轉化為稅率較高的一般收入，且會要求提交美國國稅局表格 8606（Form 8606），以追蹤你的提撥和課稅基礎。每次提款時，你會使用你的紀錄與表格 8606，來確定你的提款有多少百分比應繳稅（獲利的部分）和多少百分比不用繳稅（你以前的提撥）。如果你後來決定轉換到羅斯 IRA 或合併

IRA，那麼稅的影響可能是一場惡夢。

1996 年簽署成為法律的《增稅預防與調解法案》（Tax Increase Prevention and Reconciliation Act）取消了從傳統 IRA（TIRA）轉存到羅斯 IRA 的修改後的總收入限制。由於這項法律上的改變，沒有資格提撥到羅斯 IRA 的高收入人士，現在可以直接從事所謂的**後門羅斯（back-door Roth）**。以下是它的運作方式。如果投資者沒有現有的 TIRA，因為收入限制，他們沒有資格提撥到 TIRA，他們會提撥到不可抵稅的 IRA，然後立刻將提撥轉換到羅斯 IRA，有效的繞開直接提撥到羅斯 IRA 的收入限制問題。現在你知道，為什麼被稱為「後門羅斯」了吧。

羅斯 IRA

羅斯 IRA 跟傳統 IRA 一樣，也是個人儲蓄計畫，但運作方式與之相反。例如，提撥到羅斯 IRA 的錢是不可扣抵稅的，但提撥到傳統 IRA 的錢有可能可以抵稅，也有可能不能抵稅。仍留在這兩種 IRA——傳統與羅斯——的證券都是不課稅的。然而，當錢被提領時，傳統 IRA 的提領將會被全額課稅，不可抵稅的 IRA 提領將會被部分課稅，而羅斯 IRA 的提領將完全不會被課稅。

羅斯 IRA 與傳統 IRA 的差異

羅斯 IRA 與傳統 IRA 有何不同？表格 11.1 列出了這兩種 IRA 之間的一些主要差異。

哪一個更好，傳統 IRA 還是羅斯 IRA ？這可能是一個很難回

答的問題，因為有許多因素要考慮。以下是你可能選擇其中一個而不選另一個的一些原因。

偏好傳統（可扣抵稅的）IRA 的因素

- 你的收入太高了，不適合羅斯。
- 你預期你退休後的收入會比現在少。
- 你預期你未來的稅率會更低。
- 你現在需要所得稅扣除額。
- 傳統 IRA 也許能提供更好的保護來阻擋債權人。

偏好羅斯 IRA 的因素

- 你預期你未來的稅率會更高。
- 羅斯 IRA 的存款更有價值。原因是羅斯 IRA 包含稅後美元，比普通 IRA 的稅前美元更有價值。
- 你想要動用你的資金。羅斯 IRA 對提早提領提撥的錢沒有任何懲罰。
- 提領不是應申報收入；因此，它們不會影響社會安全福利金的支付，或增加調整後的總收入。
- 在 70.5 歲時沒有最低提款要求（required minimum distribution，簡稱 RMD）。這使得繼承人的額外收入得以持續成長。
- 符合資格的提撥可以在任何年齡進行，不像傳統 IRA 必須在 70.5 歲時停止提撥。
- 繼承人無需為收入繳納所得稅，就像他們使用傳統 IRA 一樣。

表格 11.1　傳統 IRA 與羅斯 IRA 的比較

問題	傳統 IRA	羅斯 IRA
何時可以建立帳戶與提撥，有年齡上的限制嗎？	有。在年底之前你的年齡不能滿 70.5 歲。	沒有。你可以在任何年齡進行。
提撥的金額，有金額限制上的嗎？	有。你最多可以提撥 5,500 美元或應稅薪酬，以較低者為準。如果你是 50 歲或 50 歲以上，最多可提撥 6,500 美元。	有，如果你 50 歲或 50 歲以上，你最多可提撥 6,500 美元，但金額可能會更少，這取決於你的收入、報稅身分份，以及你是否提撥到另一個 IRA。
有提撥扣除額嗎？	有。這取決於你的收入、報稅身分、是否在工作時受到其他退休計畫保障，以及你是否獲得社會安全福利金。	沒有。羅斯 IRA 沒有提撥扣除額。
需要填寫表格嗎？	除非你有進行不可抵稅的提撥。如果有的話，你必須填寫 8606 表格。	不用。如果你提撥到羅斯 IRA，你不用填寫表格。
我必須在某個年齡開始進行分配（提撥）嗎？	是。你必須在你達到 70.5 歲的下一年的 4 月 1 日之前，進行要求的最低分配。	否。如果你是羅斯 IRA 的擁有者，無論你的年紀多大，你都不需要進行分配。
分配如何被課稅？	傳統 IRA 的分配會被視為一般收入課稅。不可抵稅的 IRA 的分配只會被部分課稅。	只要你符合一定的標準，羅斯 IRA 的分配就不用被課稅。請參見美國國稅局出版物 590。
只因為我收到分配，我就必須提交表格嗎？	除非你曾經對傳統 IRA 進行過不可抵稅的提撥。如果有的話，需提交 8606 表格。	是，如果你從羅斯 IRA 收到分配（除了轉換、重新分類、某些合格的分配、或某些提撥的退還），請提交表格 8606。

資料來源：美國國稅局，美國國稅局出版物 590。

選擇適合你的 IRA

你可以很輕易的看到每一種 IRA 都有優點和缺點。你或你的顧問應該決定哪一種 IRA 最適合你的具體情況。幸運的是，你可以在網路上得到 IRA 計算機的幫助。我們喜歡的兩個 IRA 計算機可以在 www.morningstar.com（查看「工具」〔Tools〕一欄）和 www.vanguard.com（使用「搜索」〔Search〕）上找到。如果你拿不定主意，別擔心。無論你的投資是在傳統（可扣抵稅的）IRA 或羅斯 IRA，都是你可以為你的退休進行投資的，最具稅務效率的方式之一。

IRA 轉換

傳統 IRA 的擁有者可以選擇轉換到羅斯 IRA。當然，山姆大叔知道，如果你持有可扣抵稅的 IRA，你從來沒有為你的傳統 IRA 帳戶的收入繳過任何稅。因此，如果你進行轉換，他不會在沒有領取他的那一份情況下，讓你轉到未來的免稅帳戶。於是，任何轉換的金額將會計入你調整後的總收入，並在你進行轉換的那年繳納所得稅。

你什麼時候應該轉換呢？我們可以想到以下幾種情況：

1. **你以前購買傳統 IRA，是因為你需要所得稅扣除額**。現在，你不再需要每年的扣除額，而且你意識到羅斯帳戶的免稅提領更有利。

2. **你認為未來的稅率會上升**。轉換的金額將會依照今天的稅率被課稅，而不是你預期的之後更高的稅率。

3. 你正處於低收入時期，因為你失業了、在休假、或者退休了，但還沒有得到社會安全福利金。你靠儲蓄、借款、或其他不用繳稅的收入生活。這可能是一個絕佳的轉換時機——至少轉換你目前的低課稅級距的最高金額。在這情況下，你轉換後的 IRA 存款是可扣抵稅的，在轉換前是延後課稅的，且在提領時是免稅的——沒有比這更好了！

決定是否、何時從傳統 IRA 轉換到羅斯 IRA，以及轉換多少錢，是個困難的決定。如果你正在考慮把你的傳統 IRA 轉換到羅斯 IRA，我們認為，你會發現轉換計算機非常有幫助。普信集團、領航集團，以及晨星公司網站上都有提供轉換計算機，可以幫助你更容易做出決定。

為最大的稅後報酬，投入資金

許多投資者只有稅務優惠的退休帳戶。有些投資者只有應稅帳戶。然而，我們當中也有許多人，同時擁有延後課稅帳戶與應稅帳戶。為了最大化稅後報酬，將適當的資金存入適當的帳戶是非常重要的。

規則很簡單：把你最不具稅務效率的資金存入延後課稅帳戶，然後把剩下的錢存入應稅帳戶。下面的列表提供了不同類型的資產，並按照它們的稅務效率的大致順序，從稅務效率最低的（在最上面）到稅務效率最高的依序列出。

我們可以用一個簡單的例子，來說明資金放置的重要性。假設

你有一個 10 萬美元的投資組合，包含兩檔基金——一檔 5 萬美元的股票型基金，與一檔 5 萬美元的債券型基金。然而，你的延後課稅退休帳戶只能容納 5 萬美元。看一下資產列表，你會發現債券型基金的稅務效率不如股票型基金，所以你把債券型基金放在你的退休帳戶裡，剩下的（你的股票型基金）放在你的應稅帳戶裡。現在，讓我們看看表格 11.2，看 30 年後會發生什麼事。

我們可以看到，30 年後的稅後價值超過 100 萬美元；準確的說，價值為 1,005,451 美元。現在，讓我們看一下表格 11.3，看看如果你反過來放——你把債券放在應稅帳戶裡，把股票放在延後課稅帳戶裡——會發生什麼事。

如果把你的股票型與債券型基金放在相反的帳戶裡，你的投資組合將成長到 866,078 美元。藉由把你的兩檔基金放在適當的帳戶裡，你可以讓你投資組合的稅後價值增加 119,021 美元（1,005,451 - 886,430 美元）。合理的放置資金是非常重要的。

具稅務常識的想法

我們為具稅務常識的投資者提供了十四個減稅的想法。大部分都很容易理解與實現。我們想不出更好的方法，為大多數納稅人最大化他們的稅後報酬了。

1. 使用稅務優惠帳戶（401(k)、403(b)、IRA、529 學費計畫〔529 tuition plan〕等）。

2. 在分配日之後購買基金股份。

高收益債券

國際債券

應稅國內債券

抗通膨債券（TIPS）

不動產投資信託（REIT）

平衡型基金

股票交易帳戶

小型價值股

小型股

大型價值股

國際股票

大型成長股

大多數股票指數基金

稅務管理基金

EE 債券與 I 債券

免稅（地方政府）債券

3. 將不具稅務效率的基金放進退休帳戶，將具稅務效率的基金放進應稅帳戶。

4. 在應稅帳戶中使用稅務管理或具稅務效率的指數型基金。

5. 避免在應稅帳戶中使用平衡型基金（股票與債券）。

6. 保持應稅基金較低的週轉率，以避免資本利得稅。

7. 藉由持有超過 12 個月，來避免短期資本利得。

8. 在年底之前賣出虧損的股份（稅務虧賣）。

9. 在新年之後賣出有獲利的股份（延後稅的支付）。

10. 在賣出基金股份之前，確定最優惠的課稅基礎法。

11. 為應稅帳戶考慮地方政府債券與美國儲蓄債券。

表格 11.2　股票型基金放在應稅帳戶裡的結果

	股票放在 應稅帳戶	債券放在 延後課稅帳戶	總金額
初始價值	$50,000	$50,000	$100,000
30 年後的價值	$820,490	$380,613	$1,201,103
提領時應支付的稅	$100,400	$95,153	$195,652
稅後價值	$719,991	$285,460	$1,005,451

假設：股票報酬率 10%；股利率 1.5%；股利與資本利得稅 15%；債券報酬率 7%；所得稅 25%

表格 11.3　債券型基金放在應稅帳戶裡的結果

	債券放在 應稅帳戶	股票放在 延後課稅帳戶	總金額
初始價值	$50,000	$50,000	$100,000
30 年後的價值	$232,078	$872,470	$1,104,548
提領時應支付的稅	$0	$218,118	$218,118
稅後價值	$232,078	$654,352	$886,430

假設：股票報酬率 10%；股利率 1.5%；股利與資本利得稅 15%；債券報酬率 7%；所得稅 25%

12. 在收入較低的時期，考慮轉換到羅斯。

13. 考慮向慈善機構捐贈具有可觀資本利得的證券。

14. 在應稅帳戶中，持有資產的增值屬於資本利得，如果留給繼承人則可免課所得稅。

免責聲明：針對你的具體情況，我們建議你向合格的專業會計師或稅務律師諮詢建議。

第 12 章

這樣分散風險，
不管市場怎麼漲跌都安心

分散風險是為了防範無知。

——華倫·巴菲特

　　說到投資，有句老話說，「不要把所有雞蛋放在同一個籃子裡」，這句話絕對適用。想想許多現在很窮的員工的命運吧，他們把大部分或全部的退休計畫，都投資在前雇主的高價股票上，例如世界通訊（WorldCom）、安隆公司、或許多已經破產的公司的任何一間。這些員工不僅失去了他們的退休金，他們也失去了工作。

　　還記得網際網路（dot.com）熱潮嗎？在最狂熱的時候，許多投資者在把他們能得到的每一分錢，全投資在最近熱門、也許「不

會失敗」的網路股票上之後，都陶醉於他們新獲得的帳面財富。然而，這當中大多數的股票最終還是失敗了。大多數的網路股投資者認為，這是提前退休的最快途徑。對少數人來說，的確如此；但對他們當中大部分的人來說，這是一個非常昂貴的分散風險的教訓，或者更確切的說，是缺乏分散風險的教訓。因此，許多未分散風險的網路股投資者現在發現，他們得到的不是期望中的提前退休，而是不得不延長工作至他們計畫的退休年齡之後。

當我們在處理我們自己的投資時，我們必須把網際網路狂熱牢記在心。有些時候，你可能會被誘惑而不顧一切的去冒險，為一件或另一件**確定的事情**盡全力揮棒。所以，如果你曾經受到誘惑，請記住，有些倒閉的公司曾被認為是行業中最好的，但投資者卻失去了他們一生的積蓄。這在未來還會再次發生；不要讓這種事發生在你身上。分散的你投資組合！

分散投資為投資者帶來兩個明顯的好處。**首先**，它有助於降低風險，避免我們剛才討論過的「把所有雞蛋放在同一個籃子裡」的情況（把你所有的錢都投資於一間公司）。**第二**，你可以同時增加你的報酬。

為了分散你投資組合的風險，你會想要設法找出，不會總是在同一個時間朝同一個方向移動的投資。當你的一些投資出現波動時，你希望你投資組合的其他部分也出現波動。雖然分散投資不能完全消除市場風險，但它可以幫助你把風險降低到，讓你晚上能睡得安穩的水準。

談到利用個別股票來分散風險時，人們普遍認為，你可以建立

一個相當分散風險的投資組合，其中只需 20 到 30 支不同規模、在不同領域營運的公司的股票。然而，這個數字最近一直受到批評，而且可能不再有效。我們才華橫溢的朋友、作家威廉・伯恩斯坦在他 2000 年秋季的《效率前緣》（*Efficient Frontier*）季刊中，談到了這個主題，標題為《15 支股票分散風險的迷思》（The 15-Stock Diversification Myth）。他是這樣說的：

是的，維吉尼亞（Virginia），你可以消除非系統性投資組合風險，正如現代投資組合理論所定義，只需相對較少的股票。只是因為，非系統性風險只是這個難題的一小部分。15 支股票是不夠的。30 支還不夠。甚至 200 支也不夠。真正最小化股權風險的唯一方法是持有整個市場。

如果你想了解更多的話，你可以在 www.efficientfrontier.com 上免費閱讀伯恩斯坦《效率前緣》季刊中完整的分散風險文章。

對大多數投資者來說，透過投資大量個股來「持有整個市場」是不現實的，因為這樣做的成本太高。如同我們前面所述，我們認為，共同基金為典型投資者提供了最佳選擇，讓他們用最少的資金分散投資組合的風險。共同基金持有數百支個股，有時甚至數千支，讓投資者比持有個股投資組合更分散風險。例如，你可以用一檔股票型基金，像是領航整體股票市場指數基金（VTSMX），相對便宜的持有幾乎整個美國股市。VTSMX 的最低購買價格僅為 3,000 美元，適用於 IRA 帳戶與應稅帳戶。

除了在單一基金中持有股票市場，還有許多其他方式，能使用共同基金建立一個包含所有資產類別、更大範圍分散風險的投資組合。進一步分散風險的一種方法是，購買持有不同股票市場領域的共同基金。有美國股票基金和外國股票基金。在每一個主要的市場類別中，都有進一步依市場規模（大型股、中型股、小型股、微型股）、或投資風格（混合或核心股、價值股、成長股）劃分的共同基金。有些基金會聚焦於某個特定的市場領域，比如醫療保健或科技。甚至還有大宗商品共同基金（黃金、貴金屬等）。

現在，除了全股票投資組合之外，我們需要更進一步分散風險。這就是債券和債券型共同基金加入的時候。由於在股票下跌的同時，債券價格有時候會上漲，反之亦然。因此，我們可以透過在我們的投資組合中同時納入股票與債券，來平穩的度過難關。

債券跟股票一樣也有許多形式。有短期債券基金、中期債券基金，以及長期債券基金。有些債券型基金投資於政府債券，有些投資於公司債券，還有一些投資於地方政府債券。有些債券型基金投資於評級較高的投資級債券，有些基金則投資於評級較低的垃圾債券。更多各種類型債券的相關資訊，請參考第三章。

當投資（像是股票與債券）不會總是一起移動時，它們就會被稱為相關係數低。理解相關係數其實並不難。**任兩個投資的相關數都會介於 +1.0（完全相關）到 -1.0（負相關）之間。基本上，如果兩支股票（或基金）通常以相同的速度移動，它們就會被稱為高度相關，而當兩個投資朝著相反的方向移動時，它們就會被稱為負相關。**兩個投資之間的完全相關（它們兩者同時上漲與下跌）將得

到 1.0 的相關程度。**當兩個投資隨機的各自上漲與下跌，不受另一個投資的漲跌影響時，則稱它們之間沒有相關性，它們的相關係數為 0。最後，當兩個投資總是反向移動時，代表它們呈現負相關，即 −1.0 的相關程度。**

在實際操作中，你會發現大多數投資選擇的相關係數都介於 1.0（完全相關）和 0（不相關）之間。很難找到具有相似預期報酬率的負相關資產類別。數字愈接近 1.0，兩種資產之間的相關性愈高；數字愈低，兩種投資之間的相關性愈低。因此，相關性係數為 0.71 代表這兩種資產並非完全相關，但相關性係數為 0.52，表示基金的多樣化程度更高，因為它的相關係數較低。

儘管有些投資者認為，只持有大量共同基金並不能自動達到更分散風險的效果。如果一個投資組合持有許多重疊且高度相關的基金，那麼效益就不高。**R 平方（R-squared）是投資界用來區分投資之間是否高度相關的一種簡單方法。**例如，領航集團的網站告訴我們，表格 12.1 中的每一檔共同基金，都與道瓊美國整體股票市場指數（Dow Jones U.S. Total Stock Market Index）具有高度相關性，如它們的 R 平方數字所示。如果投資者持有表格 12.1 中的幾檔基金，那麼它不會提供額外的分散風險效益，因為所有的基金都非常相似。

現在，讓我們來看一下表格 12.2，看看在柏格頭論壇上，經常被討論的四檔熱門的領航基金，跟其他一些領航共同基金之間的相關性。只要看任兩檔基金的交匯處，就能找到它們 5 年期的 R 平方。請記住，通常 R 平方愈高，在這段期間當中，我們持有這兩

表格 12.1　與道瓊美國整體股票市場指數的相關性（截至 2013 年 11 月 30 日止）

基金名稱與代碼	R 平方
領航 500 指數基金（VFINX）	1.00
領航成長與收益基金（VQNPX）	0.99
領航稅務管理資本增值基金（VMCAX）	1.00
領航整體股票市場指數基金（VTSMX）	1.00

檔基金所獲得的分散風險效益就愈小。相反的，R 平方愈低，同時持有這兩檔基金的分散風險效益就愈大。因此，要將分散風險原則應用到你的投資組合中，你就要增加跟你的其他基金相關性較低的投資。關於相關性，我們必須記住幾點。**首先**，它們會隨時間的經過而改變。舉例來說，一檔主動式管理基金如果是一檔成功的小型股基金，很可能會吸引大量的新資金，以致於它可能不得不開始投資於大型股。因此，經過一段時間後，它跟大型股基準指標的相關性可能會變得更緊密，而與之前的小型股基準指標的相關性則會降低。

　　其次，並不是只因為兩檔基金之間的相關性較低，就一定代表

它們是適合你的投資組合。例如，在表格 12.2 中我們可以看到，領航的貴金屬與礦業基金，跟大部分的其他基金的相關性都很低，但是這檔基金的報酬的波動度很大，可能不適合一些投資者。

因此，建立一個充分分散風險的共同基金投資組合相對容易。它未必是一項艱巨或昂貴的任務，你可以在沒有經紀人或付費顧問的情況下完成。你可以用一些個別基金，自己將投資組合組起來，或者你可以買一檔組合型基金，像是領航的目標退休基金，來為你做到這件事。無論哪種方式，你都可以不必把所有雞蛋放在同一個籃子裡，就能實現你需要的分散風險。

表格 12.2　五年 R 平方基金表格之樣本

基金	500 指數	整體 市場指數	整體國際 股市指數	
500 指數		.99	.78	
資產配置	.95	.94	.80	
平衡型指數	.95	.96	.82	
卡爾佛特社會指數（Calvert Social Index）	.97	.96	.69	
資本成長	.88	.91	.64	
資本價值	.94	.94	.79	
可轉換證券	.56	.61	.55	
已開發市場指數	.76	.78	1.0	
股利成長	.74	.77	.85	
新興市場股票指數	.71	.75	.73	
能源基金	.24	.26	.39	
股票收益	.91	.90	.87	
歐洲股票指數	.79	.80	.92	
探險者	.73	.82	.68	
延展市場指數	.78	.86	.74	
全球股票	.79	.83	.89	
成長與收益	.99	.98	.80	
成長股票	.93	.91	.62	
成長指數	.94	.93	.61	
健康護理	.69	.68	.63	
國際成長	.82	.85	.96	
國際價值	.76	.80	.94	
國際探險者	.65	.70	.88	
大型股指數	1.0	.99	.78	
中型成長股	.64	.72	.55	
中型價值股	.81	.88	.78	

（續）鄉民的提早退休計畫〔觀念版〕

	REIT 指數	小型價值股指數	稅務管理國際股	稅務管理小型股	整體債券市場指數
	.12	.59	.76	.61	.10
	.13	.56	.78	.55	.04
	.20	.65	.80	.65	.02
	.11	.54	.67	.58	.13
	.12	.57	.61	.66	.10
	.14	.59	.77	.62	.06
	.22	.62	.53	.64	.01
	.23	.69	1.0	.64	.02
	.18	.73	.84	.72	.03
	.24	.72	.68	.68	.04
	.06	.35	.39	.32	0
	.16	.66	.85	.62	.04
	.13	.64	.92	.60	.04
	.23	.82	.65	.91	.10
	.26	.84	.71	.91	.09
	.23	.77	.87	.73	.02
	.14	.60	.78	.63	.09
	.12	.54	.60	.63	.10
	.08	.46	.59	.53	.16
	.05	.41	.63	.40	.04
	.23	.76	.95	.72	.04
	.22	.75	.92	.71	.07
	.26	.73	.86	.67	.01
	.13	.60	.76	.63	.10
	.19	.66	.52	.79	.12
	.25	.86	.75	.90	.08

基金	500 指數	整體 市場指數	整體國際 股市指數
摩根成長	.92	.95	.69
太平洋股票指數	.20	.22	.45
貴金屬與礦業	.07	.09	.16
PRIMECAP	.93	.95	.66
REIT 指數	.12	.15	.24
精選價值基金	.68	.73	.80
小型成長股指數	.61	.70	.60
小型股指數	.69	.78	.73
小型價值股指數	.59	.67	.72
STAR 基金	.90	.93	.87
策略股票	.78	.85	.74
稅務管理平衡型	.90	.91	.75
稅務管理資本增值	.99	.99	.77
稅務管理成長與收益	1.0	.99	.78
稅務管理國際股	1.0	.78	1.0
稅務管理小型股	.61	.70	.67
整體債券市場指數	.10	.10	.02
整體國際股票指數	.78	.80	–
整體股票市場指數	.99	–	.80
美國成長股	.88	.88	.60
美國價值股	.89	.92	.81
價值股指數	.95	.94	.87
衛斯理收益（Wellesley income）	.32	.31	.45
威靈頓（Wellington）	.87	.87	.83
溫莎基金（Windsor）	.96	.97	.82
溫莎 II（Windsor II）	.85	.87	.87

	REIT 指數	小型價值股指數	稅務管理國際股	稅務管理小型股	整體債券市場指數
	.13	.62	.67	.71	.12
	.31	.30	.46	.27	0
	.19	.24	.15	.21	.05
	.1.1	.59	.63	.66	.14
	−	.34	.23	.22	.04
	.25	.79	.78	.73	.02
	.19	.82	.57	.94	.11
	.29	.92	.70	.96	.08
	.34	−	.69	.94	.04
	.23	.72	.85	.72	.01
	.28	.82	.71	.88	.06
	.19	.59	.73	.59	0
	.13	.63	.75	.67	.12
	.12	.59	.76	.61	.10
	.23	.69	−	.64	.02
	.22	.94	.64	−	.09
	.04	.04	.02	.09	−
	.24	.72	1.0	.67	.02
	.15	.67	.78	.70	.10
	.11	.46	.58	.53	.17
	.18	.77	.78	.74	.04
	.17	.66	.86	.64	.05
	.15	.27	.45	.17	.25
	.20	.65	.81	.60	.01
	.16	.67	.80	.67	.07
	.18	.70	.86	.67	.02

第 13 章

把追逐績效和市場擇時的想法，丟了吧！

不要賭博；拿出你所有的積蓄，買一些好股票，一直持有到上漲，然後賣出。如果它不上漲，就不要買它。

——威爾‧羅傑斯（Will Rogers）

過去的表現不能預測未來的表現

根據美國投資公司協會（Investment Company Institute）的一項研究顯示，大約 75% 的共同基金投資者，錯誤的將過去的短期績效表現，當作購買特定基金的主要原因。這個道理不是火箭科學家才懂。金融媒體不斷炮製出有關近期成功的基金的有利故事，暗指

基金經理人擁有某種特殊的洞察力，使他們如此成功。由於投資者在他們閱讀的幾乎每一份財經刊物上，不斷被表現最好的基金的相關報導轟炸，因此他們會覺得，這是他們在選擇他們的共同基金時，應該使用的標準。他們幾乎沒有意識到，這只不過是每月熱門基金俱樂部，而且那些績效表現數字，通常是精心挑選的基金在精心挑選的有利時期的資料。

除了共同基金經理人的「吹捧」文章之外，幾乎所有的主要報章雜誌，都有列出共同基金過去業績表現的基金列表。難怪不知情的投資者會認為，過去的表現是挑選共同基金最好的方式——只需選擇評級「A」或五顆星的基金。

指數型基金，就其本質而言，很少在短期內表現最佳。但更重要的是，指數型基金的表現幾乎從來不會是最差的。明智的投資者會意識到，實現財務目標比希望致富而去冒險更重要。我們發現，只有知識淵博、有自信的投資者，才會選擇目前不在熱門表現者當中的基金。

《華爾街日報》會公布一份範圍較廣泛的共同基金績效表現列表。除了公布數百檔基金的每日變動情況外，《華爾街日報》還會在每個月的第一週，根據 1 個月、1 年、3 年、5 年，以及 10 年的報酬率，對四十幾種類別的共同基金進行排名。報酬率最高 20% 的基金被評為 A，第二高 20% 為 B，中間 20% 為 C，再接下來 20% 為 D，最後 20% 為 E。如果你想了解過去的資料，《華爾街日報》是個不錯的選擇。它的姊妹出版物《巴隆週刊》（*Barron's*）是另一個不錯的選擇。所有這些過去表現的數據是否有用，是我們

稍後會回答的問題。

到目前為止，晨星公司是最佳的共同基金資訊來源。這間研究公司使用著名的星級評等系統，根據風險調整後的表現對數千檔共同基金進行排名。在晨星列表的基金中，前 10% 的基金能獲得五星評級，接下來 22.5% 的基金獲得四星評級，中間 35% 的基金獲得三星評級，再接下來 22.5% 的基金獲得兩星評級，最後 10% 的基金僅獲得一星評級。那麼，我們應該根據這些星級評等購買基金嗎？為了找出答案，我們求助於《赫伯特金融文摘》（*The Hulbert Financial Digest*）的作者馬克・赫伯特（Mark Hulbert）。他在 2004 年 2 月 2 日的《富比士》（*Forbes*）雜誌上寫道：「在過去 10 年裡，晨星公司的五星級股票型基金的平均報酬率為 5.7%，相較之下，威爾夏 5000 指數的報酬率為 10.3%。」

2007 年 1 月 15 日，阿姆斯特丹大學（University of Amsterdam）的兩位教授完成了一項 10 年的研究，題目是「晨星公司的共同基金評級的預測表現」。他們的結論是：「晨星公司使用的不同評級系統的預測表現，並沒有擊敗隨機漫步。」

我們並不是在批評晨星公司。它從未聲稱它的星級評等系統可以預測績效表現。相反的，**我們非常欣賞晨星公司，因為它反覆指出，星級不應該被用來預測未來的表現。是共同基金公司把星級評等系統變成一種誤導的行銷工具**──這是大多數柏格頭都明白的事實。我們經常看到共同基金的廣告，自豪的展示它們基金的星級排名，暗示過去贏得星級的績效表現在未來也將會繼續下去。基金公司只在廣告的最下面，用最小的字體承認，過去的績效表現不代表

未來的報酬。

佩斯大學魯賓商學院（Pace University's Lubin School of Business）的財金副教授馬修・莫雷（Matthew Morey）對共同基金評等服務進行了一項研究，並得出結論：「無論是評等系統，還是替代的評等系統，都無法成功的預測勝出的基金。」

如果擁有龐大共同基金資訊資料庫的評級服務機構，不能一直提前挑選出贏家基金，那我們也不太可能做得更好。不過，過去的績效表現可以用來挑選贏家基金的迷思依然存在。

讓我們看看更多關於這個違反直覺的主題的研究。

- 馬克・M・卡哈特（Mark M. Carhart）進行了一項研究，隨後於 1997 年 3 月在《財務金融期刊》上發表了「共同基金績效表現的持續性」（On Persistence in Mutual Fund Performance）。這也許是到目前為止在這個課題方面，做得最好、最權威的研究。他總結：「個別基金不能從股票的動能（持續性）策略中獲得更高的報酬。唯一沒有被解釋的持續性主要是，報酬率最差的共同基金始終較差的表現。研究結果並不支持，存在技巧嫻熟或消息靈通的共同基金投資組合經理人。」

- 巴克斯代爾（Barksdale）與格林（Green）研究了 1975 年 1 月 1 日至 1989 年 12 月 31 日期間當中，144 間機構的股票投資組合。他們發現，前五年排名在前五分之一的投資組合，未來五年排名在前百分之五十的可能性**最小**。

- 全球研究與風險管理之領導公司 Barra，進行了一項漫長的

研究，試圖找出「歷史表現能預測未來表現嗎？」這個問題的答案。這項研究得出這樣的結論：「沒有證據表明，股票型基金績效表現存在持續性。」

- 加州大學（University of California）的喬納森・伯克（Jonathan Berk）與卡內基美隆大學（Carnegie Mellon University）的理查・格林（Richard Green）在 2002 年進行了一項研究，他們發現，「過去的績效表現不能用來預測未來的報酬，也不能用來推斷主動式經理人的平均技能水準。」

- 領航集團為機構投資者做過一項過去績效表現的研究。研究發現，在截至 1993 年止的 10 年期間當中，美國排名前 20 的股票型基金，只有一檔在隨後的 10 年期間中保持在前 100 名內。

像這樣的研究用科學與易懂的語言告訴我們，過去的表現不能用來預測未來的表現。表格 13.1 列出了在 11 年期間當中，五種資產類別中表現最佳與最差的資產。請注意，除了大型股，所有資產類別在這段時間內，都曾經是表現最好與最差的資產。

不只是共同基金的表現無法持續，表格 13.1 也明確指出，資產類別的表現無法持續超過幾年。看看這些基金的投資者都遭遇了什麼：

- 44 華爾街基金（44 Wall Street Fund）是 1970 年代表現最好的美國多樣化股票型基金，隨著其名聲的傳播，吸引了數千名熱切的投資者。對於這些追逐績效表現的人來說，不幸的

表格 13.1　1994 年至 2004 年，表現最佳與最差的資產類別

年份	表現最佳	表現最差
1994	國際	債券*
1995	大型股	國際
1996	大型股	債券
1997	大型股	國際
1998	大型股	小型價值股
1999	小型成長股	小型價值股
2000	小型價值股	小型成長股
2001	小型價值股	國際
2002	債券	小型成長股
2003	小型成長股	債券
2004	小型價值股	債券

*債券 = 巴克萊綜合債券指數
大型股 = 標準普爾 500 指數
小型成長股 = 羅素 2000 成長指數（Russell 2000 growth index）
小型價值股 = 羅素 2000 價值指數（Russell 2000 value index）

是，44華爾街基金在1980年代變成了表現最差的共同基金。

- 自1960年代以來，排名前20的共同基金每10年的平均報酬率，都低於未來10年的市場指數酬率。

- 在2000年表現最好的50檔基金中，沒有一檔出現在1999年或1998年的前50名中。

- 國際賽車大獎賽基金（The Grand Prix Fund）在1998年與1999年的基金報酬率中排名前1%。在2000年與2001年，它的報酬率都排名在最後1%。

- 用過去的表現來挑選明天獲勝的共同基金，是個非常糟糕的想法，因此政府要求類似這樣的聲明：**過去的表現不能保證未來的表現**。請相信這句話！

市場擇時

彩衣傻瓜（Motley Fools）將**市場擇時**定義為「一種以預測證券短期價格變化為主的策略，而這實際上是不可能做到的」。

我們並非總是同意彩衣傻瓜的觀點，但這次我們認為它們是對的。在投資世界裡，市場擇時是個困擾。我們幾乎不可能拿起一份財經出版物，而沒看到告訴我們市場走向的標題。只要我們願意訂閱它們的快訊和他們的市場擇時建議，郵件寄件者就會源源不斷的向我們發送，來自承諾帶來豐厚報酬的財經快訊作者的廣告。

根據過去的報酬來挑選獲勝的基金是徒勞的，但這肯定無法阻止投資者去嘗試。業餘人士與專業人士每年都要花費數百萬的工

時，試圖找到一個難以捉摸的祕密公式，以便預先挑選出能夠獲勝的共同基金。這將我們帶向那些承諾能事先選出獲勝基金的財經快訊。

財經快訊

猶他大學（University of Utah）教授約翰·葛拉漢（John Graham）與杜克大學（Duke University）教授坎貝爾·哈維（Campbell Harvey）對市場擇時投資快訊，進行了最完整可靠的研究。這兩位教授追蹤並分析了從 1980 年 6 月到 1992 年 12 月，237 位快訊作者寫的 1.5 萬份以上的市場擇時預測。他們的結論再清楚不過：

沒有證據表明，快訊可以做到市場擇時。與共同基金研究一致，贏家很少再次贏，輸家卻往往再次輸。

這項研究有一個有趣的側面消息是，在 12.5 年的研究期間結束時，研究中 94% 的快訊都停止營業了。

我們前面提到的馬克·赫伯特，做過一項關於快訊投資組合的研究。他的統計數字很令人震驚。舉例來說，赫伯特建構了一個假想的投資組合，這個投資組合是由 1981 年到 2003 年，每一年表現最好的快訊推薦的投資組合所組成。在這些昔日贏家交出最好的表現之後的 12 個月，它們的平均年化**損失**為 32.2%。將這慘澹的第二年表現，與威爾夏 5000 整體股票市場指數相比，後者在同一個

第二年期間當中，年化**獲利**為 13.1%。

　　若想了解採用快訊推薦的危險，可以想想《格蘭維爾市場快報》（*The Granville Market Letter*），它在 1991 年產生了 145% 的驚人報酬率。那麼，1992 年發生什麼事了？你猜對了！在它前 12 個月獲得 145% 的報酬率之後，接下來的 12 個月**虧損**了 84%。

　　你可能會這樣下結論：145% 的獲利和 84% 的損失，也會產生 61% 的可觀收益（145%-84%）。但出乎意料的是，事實並非如此。實際上，兩年**損失**了 61%。為了了解這是如何計算的，在表格 13.2 中，我們使用了一個例子，在 1991 年年初，某個人投資 1 萬美元於《格蘭維爾市場快報》的推薦投資組合。

　　2001 年 1 月發行的《赫伯特金融文摘》包含這項發人深省的統計資料：**在《赫伯特金融文摘》監測的 160 份左右的快訊中，根據風險調整後的資料顯示，在過去十年裡，只有 10 份市場擇時建議擊敗股市。**我們認為，你會認同：用我們辛苦賺來的錢，去訂閱一份可能有十六分之一的機會擊敗市場指數的快訊，是一場根本

表格 13.2　根據《格蘭維爾市場快報》進行投資

投入金額	$10,000
145% 獲利之後	$24,500
84% 損失之後	$ 3,920
投資者淨損失	-$ 6,080（-61%）

不值得去做的高風險賭博。

道格‧費比安（Doug Fabian）是最著名的快訊作家之一。2003年8月，費比安在《CBS MarketWatch》上滿懷自信的向查克‧賈菲（Chuck Jaffee）宣布，使用他賣給投資者的增強版系統，他可以在365天後可以創造100%的報酬率。為了證明他的市場擇時系統是有效的，費比安拿出50萬美元用他的系統公開投資。大錯特錯！不幸的是，費比安的50萬美元投資，後來損失了19.2萬美元，且他無法向讀者隱瞞這個事實。但他並不氣餒，他聲稱損失的19.2萬美元是值得的，因為他從投資中學到了教訓。我們寫這本書的主要原因之一是，確保你的投資教訓會更便宜。

伊蓮‧葛沙雷莉（Elaine Garzarelli）是美國最著名的市場擇時者，她曾正確預測1987年的股市崩盤，當時道瓊指數在一天內下跌了22.6%——接近其市值的四分之一。協利（Shearson Lehman）晉升葛沙雷莉女士為首席量化策略師，她的建議得到廣泛的關注。但在她做出一系列錯誤的決定後，協利便解僱她。隨後，她創辦了她自己的市場擇時快訊。在她又做了許多糟糕的預測之後，她大肆吹捧的市場擇時快訊便悄然消失了。

在《共同基金必勝法則》一書中，傑克‧柏格寫道：

敲響警鐘示意投資者何時應該進入或退出股市的想法，根本不可信。在這個行業待了近50年後，我不知道還有誰能一直成功的做到這件事。我甚至不知道有誰知道，誰能一直成功的做到這件事。

讓我們面對現實吧。大多數快訊出版者都是靠販賣快訊賺錢的。常識告訴我們，如果他們**真的擁**有一個在市場上賺錢的祕密配方，那他們就會自己使用，而不是花時間敲打電腦鍵盤，跟我們分享他們的祕密配方（當然，需要收費）。

電視上的財經節目

我們在電視上看到的那些財經節目，就是華爾街行銷機器發揮作用的一個好例子。CNBC 與其他財經電視節目充滿了商業廣告，承諾如果我們使用它們的廣告產品或服務，我們就可以輕鬆超越其他投資者並擊敗市場。CNBC 與其他財經電視台整天都有一群財經「專家」，他們非常有把握的告訴我們市場走向、利率走勢，以及我們現在應該把錢投資到哪些地方。我們不記得曾經聽過有哪一位電視台來賓「專家」說「我不知道」。這些節目一結束，很容易可以想像，觀眾們會衝到他們的電腦或電話前，按照這位「專家」的建議行事──他們沒有意識到，聽起來如此有說服力的東西，往往是巧妙偽裝的產品或服務推薦的推銷。

《華爾街週》

電視上播出時間最長、最受歡迎的財經節目是《路易士・盧凱瑟的華爾街週》（*Wall $treet Week with Louis Rukeyser*）。這個節目最受歡迎的特色之一是市場擇時的「小精靈」。路易士的小精靈

是 10 位市場擇時專家，他們每週會預測道瓊工業平均指數（Dow Industrial Index）6 個月和 12 個月的走勢。他們的表現很可笑。1990 年 7 月 27 日，在市場位於高點時，小精靈們在本該看跌的時候卻看漲。10 月 12 日，在市場位於低點時，小精靈們在本該看漲的時候卻看跌，直到 1994 年 11 月股市開始強勁上漲時，小精靈們持續看跌。由於情況變得令人難堪，以致於盧凱瑟用 5 個看漲的小精靈，取代了 5 個看跌的小精靈。不幸的是，在 1998 年 7 月和 8 月的整個熊市暴跌（21%）期間，新組成的小精靈一直看漲。

一年後，當股市泡沫在 1999 年年底接近其高點時，只有一位小精靈——蓋爾·杜達克（Gail Dudack）——正確的看空股市。盧凱瑟一定是厭倦了她看跌的看法，在一次 11 月的節目上宣布了解僱杜達克的消息。取代她的是另一個看多股市的艾倫·邦德（Alan Bond；2003 年因詐騙投資者被判入獄 12 年 7 個月）。兩個月後，為期三年的熊市開始了，而 10 位市場擇時小精靈全都看漲。這是小精靈們末路的開始。當他們在 2001 年 9 月 14 日被解僱時，他們依然看漲，當時正值熊市的中期。我們不知道有多少投資者依賴小精靈（與艾倫·邦德）的建議，但我們確信，那些曾依賴小精靈的人，會希望自己從未聽信過他們的話。

除了小精靈以外，盧凱瑟先生每週都會邀請幾位知名的華爾街選股者，他們會很有自信的宣布他們挑選的最佳股票。為了了解這些選股有多好，我們再次求助於我們的朋友馬克·赫伯特，他從 1995 年 12 月開始追蹤這些專家挑選的股票。

在接下來的 10 年裡，平均而言，專家挑選的股票的年化成長

率為 8.0%，相較之下，市場指數的報酬率為 9.5%。1.5% 的差異也許看起來不大，但若在一個人的一生中以複利成長，它便會產生巨大的差異。舉例來說，如果你在 1970 年投資 1 萬美元，報酬率為 8.0%，投資 35 年（不考慮稅），你將得到 147,900 美元。同樣的 1 萬美元，投資於報酬率為 9.5% 的市場指數基金，價值將為 239,600 美元。在應稅帳戶中，這個差距會更大，因為來自買賣推薦股票的所有獲利每年都會被課稅。相比之下，指數型基金的大部分獲利不會每年被課稅，而是推遲到錢被提領時——然後以較低的資本利得稅率繳稅。

財經雜誌

《Smart Money》雜誌曾舉辦過一場共同基金競賽，對手是兩位非常知名、經驗豐富的投資組合經理人，羅恩·巴倫（Ron Baron）與羅伯特·馬克曼（Robert Markman）。比賽開始於 2000 年 3 月 30 日，結束於一年後的 2001 年 3 月 2 日。這兩位基金經理人可以在比賽期間買進與賣出基金。如果你選擇了巴倫先生的投資組合，你的投資會損失 1%。考慮到同一期間標準普爾 500 指數下跌了 12%，這個結果很不錯。然而，如果你模仿馬克曼先生的投資組合，你的投資就會損失 64%。我們無法知道哪一個經理人好、哪一個經理人差，或者哪一個經理人運氣好、哪一個運氣不好，因為第二年排名很可能會發生變化。許多財經出版物關注的正是這類短期競賽和表現報酬。這並不符合讀者的最大利益，但確實能賣雜

誌。

40 多年來，《富比士》雜誌一直列出共同基金的績效表現資料，並對共同基金做出具體的推薦。每年 8 月底或 9 月初，《富比士》都會出版一期共同基金專刊，收錄大約 1500 檔共同基金的投資表現。這個雜誌最推薦的共同基金都被列入「榮譽榜」。

傑克‧柏格對這些精心挑選的「榮譽榜」基金進行了研究，研究期間為 1974 年到 1992 年。他發現，在這段期間投資 1 萬美元於《富比士》「榮譽榜」基金，會成長到 7.5 萬美元。這聽起來不錯，直到你發現，相同金額投資於領航整體股票市場指數基金，會成長到大約 10.36 萬美元，你才知道並非如此。柏格的研究為我們提供了很好的洞察力，讓我們了解雜誌在基金選擇上的價值。

那些會告訴你，你真正需要了解的投資知識的文章與專欄，通常都藏在報章雜誌裡，很少出現在頭版或封面上。頭版與封面空間，都是為了吸引注意力的標題而預留的。**最好的投資／個人理財雜誌封面，都是用你現在必須擁有的 10 檔最熱門的股票或基金、股市未來的預言，以及其他廢話等標題來裝飾。**正如你所想像的，有大量的研究對封面文章的投資建議進行了回測（back-testing），結果顯示，大部分的表現都嚴重遜於市場。然而，平面媒體無法在不吸引人群、做他們需要做的事情的情況下，維持賣雜誌和報紙的生意。正如一位匿名人士在他的文章中所做的總結：「不幸的是，理性、支持指數型基金的故事無法賣出雜誌、帶來網站上的點擊率、或者提高尼爾森收視率。」所以，放心吧：只要還有個人理財媒體，你就會繼續看到那些誘人但毫無價值的「現在買進這 6 檔基

金！」的標題出現。

柏格頭競賽

2000 年 12 月，在晨星的領航死忠紛絲論壇上，泰勒‧雷利摩爾宣布，他將發起一年一度的柏格頭競賽。目標是預測 2001 年 12 月 31 日（即一年後）威爾夏 5000 指數（整體市場）的收盤價。傑克‧柏格同意捐贈他的一本書做為獎品。泰勒發起這項比賽的目的是為了證明，預測股票市場有多麼困難。九十九位柏格頭對威爾夏 5000 指數做出的平均預測是，價格會**上漲** 6%。結果到了年底，指數**下降**了 18%。

第二屆柏格頭競賽於 2002 年 1 月開始，共有 177 個預測。還包含 11 間華爾街主要經紀商的預測。讓我們看看發生了什麼事：

- 75% 的柏格頭預測會上漲。
- 標準普爾 500 指數從 1148 點跌至 880 點——跌幅為 23%。
- 雖然 25% 的柏格頭正確的預測了市場方向，但當中只有 3 個人預測指數會跌到這麼低。
- 只有一位華爾街策略師能猜出股市的方向。

這些結果如表格 13.3 所示。

我們希望你們跟我們一樣確信，沒有人能夠預測股票市場的走勢，也沒有人能預測哪一檔共同基金在未來會表現得更好。這就是為什麼我們要分散投資——這樣無論發生什麼，我們都不會讓我們

表格 13.3　華爾街專家的 2002 年預測

策略師	公司	預測
愛德華 · 克奇納 （Edward Kerschner）	瑞銀華寶（UBS Warburg）	1570
湯瑪斯 · 高爾文 （Thomas Galvin）	瑞士信貸（Credit Suisse）	1375
艾比 · 約瑟夫 · 柯恩 （Abby Joseph Cohen）	高盛（Goldman Sachs）	1363
斯圖爾 · 傅裡曼 （Stuart Freeman）	A.G. Edwards	1350
傑瑞 · 艾波蓋特 （Jeffrey Applegate）	雷曼兄弟（Lehman Bros.）	1350
托比亞斯 · 萊夫柯維奇 （Tobias Levkovich）	所羅門美邦 （Salomon Smith Barney）	1350
愛德華 · 亞德尼 （Edward Yardeni）	保德信證券 （Prudential Securities）	1300
史帝夫 · 高柏瑞 （Steve Galbraith）	摩根士丹利（Morgan Stanley）	1225
理查 · 伯恩斯坦 （Richard Bernstein）	美林證券（Merrill Lynch）	1200
湯瑪斯 · 麥克馬納斯 （Thomas McManus）	美國銀行（Bank of America）	1200
道格拉斯 · 克里葛 （Douglas Cliggott）	Brummer & Partners	950
年底時標準普爾 500 指數		880

所有的錢都在虧損的投資中。

預測利率

我們已經討論過，試圖預測股票市場表現是徒勞之舉。那債券和利率呢？當然，要猜出利率的走向很容易，不是嗎？如果我們知道利率的方向，我們就知道如何讓資金進出債券。是的，它看起來很簡單，而且你可能對利率走向有自己的想法。你有很多同伴，因為媒體「專家」會很有自信的告訴我們，利率下一步會怎麼走。現在，讓我們看看紀錄吧。

對每一個預期利率與債券收益率會上升的債券經理人、或散戶來說，會有另一個認為利率與收益率會朝相反方向發展的經理人、或散戶。全世界有成千上萬位訓練有素的債券經理人，正坐在他們的電腦前，尋找相對於他們競爭對手稍微多一點的優勢。這些債券專家會立刻用買入或賣出的下單，糾正任何錯誤定價。馬克・赫伯特在 1994 年為《AAII 期刊》（AAII Journal）寫了一篇文章，他在文中寫道：

如果你認為成功掌握進出股票市場的時機很困難──事實的確如此──那麼要掌握進出債券市場的時機也幾乎不可能。

他講得多麼正確啊！在 33 份提供 5 年期（截至 2006 年 12 月 31 日止）債券預測的快訊中，只有 2 份快訊編輯在同一時期的

表現，優於協利各期限公債指數（Shearson All-Maturities Treasury Index）。

《華爾街日報》每年對美國大約 50 位頂級經濟學家的利率預測，進行兩次調查。Arbor Research 的吉姆・畢安科（Jim Bianco）做了一項研究，看看這些預測的實際結果如何。結果可能會讓你大吃一驚。從 1982 年（華爾街的預測調查的開始）到 2006 年，「專業的」經濟學家只有大約三分之一的時間，正確的預測利率走勢。經濟學家約翰・肯尼斯・高伯瑞（John Kenneth Galbraith）曾經說過：「只有兩種利率預測者：一種是不知道的人，一種是不知道自己不知道的人。」

堅持到底

追逐績效表現與進行市場擇的合理替代方案是，**制定長期資產配置計畫，然後堅持到底**。堅持我們的資產配置計畫有時很難。**這需要知識與信心**──準備可靠策略的知識，以及知道我們的策略會奏效，我們只要堅持到底，給它時間就行了的信心。

華爾街無法忍受「買進持有」策略，因為經紀人需要交易活動才能賺錢。基於這個原因，你可以預期，你會不斷被華爾街的數十億美元行銷機器所誘惑。你要知道，華爾街為金融媒體供應數百萬美元。他們之間存在共生關係。媒體需要讀者、觀眾、聽眾，以及最重要的是，華爾街的廣告收入。華爾街也需要讀者、觀眾、聽眾，以及最重要的是，你的錢。不幸的是，這些錢直接來自你的投

資報酬。

記者們總是需要一些新東西來讓他們寫，而華爾街樂於滿足他們的需求。記者知道的一件事是，如果他們關注那些表現最好的共同基金，那麼記者總會有新的東西可寫。幾乎每一份財經出版物，都會刊登對當前表現出色的共同基金經理人的採訪。這些經理人似乎**總是**擁有一個令人信服、制勝的策略。

在媒體的幫助下，華爾街非常成功的讓投資者去追逐去年獲勝的基金、去進行市場擇時。在貪婪的驅使下，投資者會聽取任何宣傳「不會輸」的策略或熱門基金的推銷。與此同時，悲觀的預測者會利用投資者的恐懼，鼓勵我們轉向更安全的證券。華爾街之所以會贏，是因為無論哪種方式它都能賺錢。

由於現在只需要按下一個按鈕，就可以進行買進、買出，以及轉換，因此許多投資者很難抵擋更頻繁（比他們應有的頻率）進行交易的衝動。當然，當他們這樣做的時候，他們通常都是買高、賣低。當情緒高漲時，邏輯就會飛出窗外，而績效表現通常也會隨之而來。

加州大學的兩位教授泰瑞·歐丁（Terry Odean）與布拉德·巴伯（Brad Barber），對 1991 年到 1997 年間的 66400 名投資者，進行了一項研究，以了解交易是如何影響這些投資者的報酬。他們發現，買進持有的投資者每年的表現，比最活躍的交易者高出 7.1%。研究結果如表格 13.4 所示。

華倫·巴菲特在他 1996 年寫給股東的年度報告中寫道：「我們認為，不作為是明智的行為。」我們同意這點——研究也證實了

表格 13.4 買進持有投資 vs. 積極交易

交易策略	週轉率	報酬率
最活躍的交易者	258%	11.4%
平均交易者	76%	16.4%
買進持有	2%	18.5%

他明智的建議。

看看其他人怎麼說？

關於過去績效表現

- **美國散戶投資人協會**表示：「最佳表現名單很危險。」
- **傑克・柏格**表示：「天底下根本沒有根據過去紀錄預測基金未來報酬的方法。」
- **威廉・伯恩斯坦**表示：「從 1970 年到 1989 年的 20 年間，表現最好的股票資產是日本股票、美國小型股，以及黃金股票。在接下來的 10 年裡，這些資產成了表現最差的資產。」
- 領航集團前執行長**傑克・布倫南**表示：「根據過去的

表現所做的基金排名毫無意義，大多數都是如此。」

- **傑森·茲威格**表示：「純粹根據基金過去的表現購買基金，是投資者能做的最愚蠢的事情之一。」

關於市場擇時

- **華倫·巴菲特**表示：「我根本不知道未來6個月、明年、或未來兩年的股市會如何。」

- 作家兼專欄作家**喬納森·克雷蒙**表示：「市場擇時無法很好的代替長期投資計畫。」

- 晨星公司股票分析經理**派特·多爾西**（Pat Dorsey）表示：「市場擇時是一派胡言。」

- **伊蓮·葛沙雷莉**表示：「我已經明白，市場擇時會毀了你。」

- **班傑明·葛拉漢**表示：「如果說這60年來我在華爾街注意到了什麼，那就是人們無法成功預測股市會發生什麼事。」

- 作家兼專欄作家**珍·布萊恩特·奎因**表示：「市場擇時者的名人堂是一個空房間。」

- 多本投資書籍的作者**賴瑞·斯韋德羅**表示：「相信市場擇時者的能力，就相當於相信占星師可以預測未來。」

關於堅持到底

- 作者**法蘭克・阿姆斯壯**表示：「買進持有是個非常無趣的策略。它只有一個小小的優勢——它有效、能帶來獲利、且非常穩定。」

- **傑克・柏格**表示：「無論發生什麼，堅持你的計畫。我說過一千次『堅持到底』了，而每一次我都是認真的。這是我能給你的最重要的投資智慧。」

- 許多優秀投資書籍的作者**理查・菲利**表示：「寫下你的策略——然後堅持到底。」

- 《紐約時報》（*New York Times*）**凱洛・顧爾**（**Carol Gould**）表示：「對大部分投資者來說，買進持有策略更有利。」

- 《賺錢，也賺幸福：讓你累積財富、享受人生的理財魔法書》（*The Millionaire in You*）一書作者**麥可・勒巴夫**表示：「簡單的買進持有指數投資，是讓你的資金成長至財務自由這個最終目標的最佳、最有效的方法之一。」

- 《傻瓜的共同基金》一書作者**艾瑞克・泰森**表示：「不要頻繁買賣基金。買進持有投資不僅能提供更好的報酬，而且也更省事。」

第 14 章

不想讓孩子背學貸，
你可以從現在開始存教育基金

經濟學家們指出，大學教育為一個人的一生增加了數千美元的收入——然後他把這些錢用來送他的兒子上大學。

——比爾‧沃恩（Bill Vaughan）

這是一個簡單的生活中的事實：更多的教育通常意味著一生中更高的收入。雖然你可能沒有看過官方資料，但你仍然從親身經驗中得知，大多數大學畢業生比高中畢業生賺更多，而高中畢業生比高中輟學者賺更多。因此，當父母為孩子的大學教育而犧牲儲蓄與投資時，他們實際上是在為孩子未來一生的收入進行重大的投資，而這個犧牲換來的回報是值得的。

儘管有些人可能會質疑，是否值得花額外的錢去讀更昂貴的私立大學、最終從私立大學畢業，而不是去讀州立大學，但無論是選擇哪一種，關於大學畢業生是否會在一生中獲得更高收入的問題，幾乎沒有爭議。就預期的終生收入而言，上大學並從精心挑選的主修課程畢業，似乎才是最重要的。

　　根據美國勞工統計局的資料、美國人口普查局（U.S. Census Bureau）的數據顯示，擁有學士學位的大學畢業生，在他們四十年的工作生涯中，有望比高中畢業生多賺將近 100 萬美元。擁有碩士學位的畢業生，在他們的工作生涯中，收入有望為高中畢業生的兩倍以上。表格 14.1 列出了不同教育程度的預期終生收入。

　　正如表格 14.1 清楚的顯示，這對於 4 到 6 年的大學來說是一筆很好的投資。這相當於每花 1 年讀大學，一生的收入就會增加超過 20 萬美元。因此，為你的孩子投資負擔得起的州立大學教育，肯定會帶來巨大的回報。

　　根據美國勞工統計局的資料顯示，儘管女性大學畢業生的收入仍然低於男同學，但男性與女性大學畢業生賺的週薪，大約是同行高中畢業生的 2.5 倍。因此，我們必須努力存夠錢，送我們所有的孩子上大學。

　　養育子女和投資本身就已經夠困難了，但是有小孩的投資者在考慮選擇哪種投資儲蓄工具，為孩子未來的教育提供資金時，還必須將這兩項任務結合起來。這當然是一項艱巨的任務，尤其是考慮到各種可用的投資選擇時（包含一些專門為教育支出提供資金的計畫）。

跟投資的所有其他方面一樣，你愈早開始為孩子的大學教育存錢，你就愈有機會實現你的目標。此外，在選擇適當的投資為孩子的教育提供資金時，你需要注意，每個資金提供的選項都有其特有的要求、限制，以及稅務考慮。你今天所做的選擇，很可能會在你的孩子以後申請經濟援助時產生影響。

表格 14.1　每個教育程度的預期終生收入

最高學歷	終生收入
高中肄業	$1,000,000
高中畢業或同等學歷	$1,200,000
大學肄業	$1,500,000
副學士學位	$1,600,000
學士學位	$2,100,000
碩士學位	$2,500,000
博士學位	$3,400,000
專業學位	$4,400,000

資料來源：美國人口普查局，「最大的回報：教育程度與職涯收入的綜合估算」

為學費存錢的方法

在這一章，我們會簡要介紹一些更受歡迎的投資選擇，這些選擇可供父母（和其他人）用於資助教育支出。我們至少會讓你知道有什麼可用的選擇。然後，你可以對看起來最適合你的情況的大學資金投資，進行額外的閱讀與研究。約瑟夫·赫利（Joseph Hurley）最新版的《為學費存錢的最佳方式》（*The Best Way to Save for College*）一書，被許多人認為是這方面最好的書籍之一。除了約瑟夫的著作，他還在 www.savingforcollege.com 上建立一個翔實的網站，你可以在這個網站上獲得各種大學儲蓄計畫的免費資訊。

請記住，計畫與稅法不斷在改變，為了讓你有資格，享受某些教育投資選項提供的部分或全部免稅福利，適用的收入限制也不斷在改變。目前生效的一些稅務優惠將會被取消，除非國會延長或使之永久生效。因此，這是一個你肯定需要了解所有最新稅務變化的領域。

以下是我們將要討論的一些投資選擇：

- 個人儲蓄。
- 託管帳戶（UGMA 與 UTMA）。
- 美國儲蓄債券。
- 卡佛戴爾教育儲蓄帳戶（教育 IRA）。
- 529 合格學費計畫（Qualified Tuition Plans，QTP），包括教育儲蓄帳戶和預付學費計畫。
- IRA 提領。

- 你可以使用的一些額外的資助選擇。

1. 父母名下的個人儲蓄

這也許是所有可供父母選擇的儲蓄方式中，**最靈活的一種**。它的資金來源為稅後資金。這些投資仍然屬於父母的財產，且完全在他們的掌控下。不用擔心收入限制。這些資金可以以父母選擇的任何方式（股票、債券、共同基金、定期存單等）投資。這個帳戶的收益可以以父母認為合適的任何方式，用於任何合格或不合格的教育支出，因為沒有條件規定何時花這筆錢、如何花這筆錢、甚至是否必須花這筆錢，或者這筆錢必須花在誰身上。

雖然這個選擇不像一些其他可用的選擇一樣，提供免稅的累積，但是當父母最終賣出部分投資，來為子女的大學費用提供資金時，他們賣出的任何持股，都有資格享有更優惠的長期資本利得稅率。個人儲蓄的**另一個好處**是，這些錢不需要像其他計畫一樣，專門用於特定的孩子。最後，如果部分或全部資金不需要用於大學支出，那麼這些錢依然是父母的財產，可以用於其他目的，比如退休。

2. 託管帳戶（UGMA 與 UTMA）

根據《統一向未成年人轉讓財產法》（Uniform Transfer to Minors Act，簡稱 UTMA）或《統一向未成年人贈與財產法》（Uniform Gifts to Minors Act，簡稱 UGMA）建立的託管帳戶，是父母可以為孩子的教育劃撥資金的一種方式。通常，孩子生日或其他特殊場合收到的現金禮物，最終都會在這個帳戶裡，而這個帳戶會隨著時間

的經過而成長。

在早期積累的幾年裡，託管帳戶可以享有稅務優惠。少部分的收入完全可以逃稅，因為孩子沒有足夠的收入能欠稅。之後，當收入成長到足以要求為 14 歲以下的兒童繳稅時，這些收入就會按照兒童的低稅率繳稅，直到超過兒童的非勞動收入限制。一旦收入超過兒童的非勞動收入限制，所有額外的收入都要繳納**兒童稅**，這表示這些額外收入會按照父母的稅率被課稅。當小孩滿 14 歲時，收入將再次按照孩子自己的稅率被課稅，通常會比父母的稅率更低。

託管帳戶有幾個與之相關的潛在問題。首先，小孩在法定成年年齡時（18 歲或 21 歲，取決於居住的州），能獲得帳戶的完全控制權。到了那時，他們就可以隨心所欲的花這些錢。如果兒子比爾（Bill）想買一輛新車、一台機車、或為他的房間或公寓買一台大螢幕電視，他可以這麼做，而你卻對此無能為力。或者，如果女兒瑪麗露（Marilu）想去旅行、看看這個世界，那麼她可以自由的這樣做。很顯然的，我們不可能提前知道，比爾或瑪麗露會把錢花在預期的用途（大學）上，或者花在他或她認為更重要的其他事情上。

第二個缺點是，根據現行法律，託管帳戶被視為是小孩的資產。因此，到了申請大學助學金的時候，政府的公式會預期小孩的帳戶每年會有高達 35% 的金額，用於支付上大學費用。這可能會降低提供的助學金金額。相比之下，政府的助學金方案只要求每年有高達 5.6% 的父母名下的資產，用於支付孩子的大學學費，這表示可能會有更多的助學金，幫助你支付孩子的教育成本。

一旦父母了解用於決定助學金的政府公式，並了解小孩在法令

成年年齡時將完全掌控託管帳戶，許多父母就會意識到，這可能不是資助他們小孩教育的最佳投資工具。他們會認為，把託管帳戶的資金轉到其他教育計畫中更值得。雖然有些教育投資選擇允許將託管帳戶轉存到他們的計畫中，但有些計畫不允許。就政府而言，即使轉移到另一個計畫，以前的託管資產仍然是未成年人的財產，在需要助學金時也會被視為未成年人的財產。因此，基於這些原因，許多父母認為這些託管帳戶，可能不是為他們孩子的大學費用存錢的最佳方式。

3. 美國儲蓄債券

我們在前面討論債券時，就已經了解美國儲蓄債券（EE 債券與 I 債券）了。我們現在將特別關注，這些美國儲蓄債券的免稅教育福利部分是如何運作的。

為了使儲蓄債券符合免稅教育福利的資格，正確命名儲蓄債券是非常重要的。為了符合資格，債券必須以父母的一方或雙方的名字命名；不能以小孩的名字命名。小孩不能在債券上被列為擁有者或共同擁有者。但是，如果小孩在債券上被列為受益人，那麼這個債券仍然有資格享有免稅教育福利。如果祖父母、朋友、或其他親戚打算提供你的孩子儲蓄債券，用於他們的大學教育，那你需要在他們購買債券之前讓他們知道，債券的名稱**必須**用父母一方或雙方的名字命名。如果他們想指定債券屬於某個特定的孩子，他們可以把他們列為受益人，這樣就可以了。令人難過的是，很多好心的親戚朋友把儲蓄債券當作禮物送給小孩，希望將來孩子的教育能用

到它，卻錯誤的用小孩的名字命名。雖然這些債券仍然可以用來支付，孩子的一些不符合資格的大學相關費用，但它們就不能享有免稅優惠了。

除了正確的命名之外，你還必須滿足其他要求，才能利用儲蓄債券的免稅教育特性。

- 購買債券時必須年滿 24 歲。
- 如果你已婚，你必須提交夫妻合併申報表。
- 為了獲得全部的免稅額，你必須在贖回債券的那一年，使用全部所得（包括利息與本金）為你、你的配偶、或你的家屬支付合格的教育費用。
- 你必須滿足你使用債券支付合格教育費用時，生效的收入要求（這些數字會根據通貨膨脹調整，且每年會有所改變）。

美國國稅局出版物 970（教育的稅務優惠）提供了完整的教育儲蓄債券計畫細節，包含最新的收入要求。

當你購買儲蓄債券並打算將其用於孩子的教育之後，你可能會發現你的職業正快速發展，讓你意識到，當你的孩子到達上大學的年齡時，你的收入可能會超過儲蓄債券的免稅收入限制。如果這個問題成為你的擔憂，請記住，只要你到達當時的收入限制，那時候你就可以隨時兌現你的儲蓄債券，並將所得轉移到 529 計畫（我們稍後會討論這個計畫）。透過這樣做，你可以避免為你的儲蓄債券的增值支付任何稅，因為將贖回的儲蓄債券之所得轉移到 529 計畫，有資格享有免稅福利。

此外，由於這些債券是在你名下，如果你不需要用它們資助你的小孩上大學（也許小布奇〔Butch〕會得到獎學金），那這些債券可以繼續成長、延後繳稅（最多 30 年）、做為應急基金，也可能在以後為你的退休資產做出貢獻。

4. 卡佛戴爾教育儲蓄帳戶（ESA）

卡佛戴爾教育儲蓄帳戶（Coverdell Education Savings Account，簡稱 ESA）以前被稱為教育 IRA。每年的提撥上限從以前不合理的 500 美元，提高到現在的每名學生 2,000 美元。雖然提撥是用已經納稅的錢（稅後的錢），但只要帳戶中的所得，是用來為任何合格的教育費用提供資金，帳戶中資金的成長就是免稅的。這個 ESA 提供了大量的靈活性，因為它對合格教育費用的定義，比其他大多數計畫更廣。除了支付大學費用以外，ESA 的所得還可以用來支付以下費用：

- 初等與中學教育（幼稚園到 12 年級）的學費和費用，包括公立、私立，以及宗教學校。
- 書籍與日用品。
- 住宿與伙食。
- 電腦與網路使用。
- 交通。
- 家教。
- 529 合格學費計畫的提撥。

任何符合美國國稅局出版物 970 中列出的當前收入要求的人，

都可以開立一個卡佛戴爾 ESA，並代表孩子進行提撥，包含與這個孩子無關的人。不過，雖然在任何一年當中，可以以孩子的名義開立任意數量的 ESA 帳戶，但是向代表單一受益人的全部帳戶的提撥總金額，每年不得超過 2,000 美元。

一旦孩子年滿 18 歲，就不能進行提撥，且這筆資金必須在受益人年滿 30 歲時才能使用。如果沒有使用，剩餘的資金可以轉給另一位 30 歲以下的家庭成員。

卡佛戴爾 ESA 具有許多非常吸引人的特點。如果提撥上限高於目前的每年 2,000 美元，也許對許多投資者來說，這將是理想的教育資助機制。然而，儘管有這個缺點，如果你有滿足收入限制，它仍可能是你最初的 2,000 美元教育儲蓄的最佳選擇。

5. 529 合格學費計畫

529 計畫有兩種類型：教育儲蓄計畫與預付學費計畫。有些計畫是透過經紀人出售，有些則提供你直接購買的選擇，避免產生與經紀人相關的額外成本。我們很難理解，如果有人可以直接從自己選擇的州購買 529 計畫，為什麼會有人願意支付經紀人佣金。

529 教育儲蓄計畫是由每個州所提供，而每個州都有自己的一套規則。即使你可能已經了解一個州的計畫是如何運作的，你也不能假定所有州的計畫都相同。投資這些國營的 529 計畫，不一定能保證你的投資會涵蓋你孩子未來的所有大學費用，就跟預付計畫一樣。你的投資選擇，僅限於你所選擇的特定 529 州計畫所提供的投資。這些計畫中的許多投資選擇都是以年齡為導向，隨著孩子愈來

愈接近上大學的年齡，它們會自動變得更加保守。

　　你決定投資的計畫不一定要由你居住的州管理，甚至也不一定要由你希望你的孩子去上大學的地方管理。雖然有些州的計畫會要求你在註冊時成為居民，但大部分都不需要。因此，你可以自由的貨比三家，尋找提供可靠投資選擇與低成本的最佳可用計畫。不過，由於有些州確實會為投資於它們計畫的居民，提供稅務減免，因此你必須將這點納入你的決定（如果適用的話）。這些計畫的所得，可以用於經過批准之大專院校的任何合格的教育費用上，無論這間大專院校位於哪個州都行。

　　529 計畫允許大量的提撥。例如，個人的單次提撥可以達目前贈與稅限制的五倍，夫妻在不超過贈與稅限制的情況下，單次提撥可以達年度贈與稅限制的十倍。529 計畫允許這些大額提撥，被視為每人五個年度的贈與。但是，在不引起贈與稅的情況下，在這五年期間，不得向該受益人提供任何額外的贈與。對富裕的祖父母來說，一次性向孫子或孫女的 529 計畫提撥一大筆錢，是快速減少他們的應稅財產規模的好辦法，同時還能讓他們子女以及孫子或孫女受益。除了慷慨的個人提撥限制外，有些州也允許來自所有來源的提撥，直到帳戶的總餘額到達每人 30 萬美元為止。

　　529 計畫中的收入能增加延後課稅，且合格教育費用的提領目前是免稅的。

　　529 計畫也提供了其他吸引人的特色。529 計畫跟其他教育投資選擇一樣，對提撥的人沒有收入限制。你可以同時投資卡佛戴爾 ESA 和 529 計畫。你可以把受益人改成其他家庭成員。最後，它與

UGMA或UTMA託管帳戶不同,你可以對資產保有完整的控制權。

第二種529計畫是預付學費計畫,可以由州或經核准的教育機構提供。如果你所在的州提供529預付學費計畫,你可以依照今天的價格,預付孩子未來在州立大學接受教育的部分或全部學費。預付學費可以一次性支付,也可以分期支付。你需要支付的金額,取決於你經由529預付學費計畫支付學費時孩子的年齡;他們愈年輕,你需要支付的錢就愈少。

在預付你孩子上州立大學的學費後,如果你的孩子決定上私立學校或是另一個州的大學,那麼你預付孩子學費的州,將會允許你使用你的529計畫的部分或全部價值,來支付你的孩子在另一所學校的教育費用。然而,由於預付學費計畫的報酬率,是與州立大學學費的通貨膨脹率掛勾,因此,你從你的原始投資中獲得的報酬率,可能會遠低於你投資於529教育儲蓄計畫(而不是529預付學費計畫)可能得到的報酬率。

每個州都有一、兩種529計畫,有些州會同時提供預付學費計畫與教育儲蓄計畫。你可以在 www.savingforcollege.com/ 上獲得每個州的529計畫的詳細資訊。

6. IRA 提領

即使你未滿59.5歲,你也可以在不產生10%的提前提領罰款的情況下,合法的從你的IRA中進行提領,為合格的教育費用提供資金。有些有常識的投資者,甚至會把羅斯IRA當作為上大學提供資金的工具。然而,對於大多數投資者來說,我們會認為除非

你有足夠的退休資產，否則最好不要使用你的退休基金來支付教育費用。請記住，你可以為上大學借錢，但你不能為退休借錢。如果你在這過程中遇到了經濟困難，必須做出「要為自己的退休帳戶還是為孩子的教育帳戶提供資金」這個艱難的決定，那麼將這個想法謹記在心也很重要。但願你能找到兩者都做到的方法。

7. 其他可用的選擇

為高等教育提供資金的可用選擇還有很多，包含雇主支付的學費計畫、獎學金、貸款、聯邦培爾助學金（Federal Pell grants）、工讀專案，以及學生本身的儲蓄。美國國稅局的規定允許對高等教育進行某些稅的減免與扣抵（希望獎學金扣抵〔Hope Scholarship Credit〕和終身學習扣抵〔Lifetime Learning Credit〕）。

前兩年上當地的社區大學可能是一個成本較低的選擇。許多社區大學都跟當地 4 年制的大學攜手合作，成功的社區大學畢業生，也許會獲得進入它們 4 年制課程的錄取保證。

總結

正如我們在本章開頭所說，這是一個非常複雜的問題。沒有一種計畫對每個人來說都很理想。就像所有事情一樣，受過教育的消費者是最好的消費者，所以我們強烈建議你，花時間去閱讀一、兩本完全針對這個主題的好書。此外，美國國稅局出版物 970（教育的稅務優惠）中有大量的免費資訊。你可以在 www.irs.gov/ 網站上閱讀，或下載此出版物的免費文件。如果你沒有網路可用，你可以

透過電話要求提供一份出版物 970。請記住，稅法一直在改變，所以你需要確保繼續閱讀出版物 970 的最新版本。每一個新的版本將包含所有最新的資訊，你肯定找不到更好的方式了！

不知不覺中，你的孩子將會參加畢業生校園巡禮，你會眼光泛淚，好奇時間都去哪裡了。但是，至少你不用擔心錢都去哪裡了！

第 15 章

如果你中了樂透……

要是上帝能給我一些神蹟……一個明確的神蹟，該多好！像是在瑞士銀行以我的名義存入一大筆錢。

——伍迪‧艾倫（Woody Allen）

想像一下，在很短的時間內得到一大筆錢。這就是意外之財的定義。這筆錢可能比你一生中擁有的錢還多。

你可能在想，「我希望！這種事會發生在我身上！」好吧，不管你信不信，在你的一生中，這種事可能至少會在你身上發生一次。

意外之財不局限於彩券中獎者、藝人，以及簽下巨額合約的運

動員。儘管這些例子引起了媒體的廣泛關注，但每年仍有數百萬人獲得可觀的錢財。以下是一些常見的意外之財來源：

- 繼承。
- 離婚協議。
- 訴訟和解。
- 喪偶。
- 保險理賠。
- 出售房地產。
- 股票選擇權。
- 一次性的巨額收入獎金。
- 意外的企業成長。
- 出售企業。
- 一份收入大幅增加的新工作。
- 退休。

成功的管理一筆意外之財是非常具有挑戰性的。我們普遍聽到的一個統計數字是，超過 75% 的意外之財都被揮霍掉了。我們不知道這個數字是否正確，但是大多數金融從業人員都同意，超過 50% 的意外之財都在相對較短的時間內浪費了。《NBC 新聞》（*NBC News*）曾報導，超過 70% 的彩券中獎者都在三年內耗盡他們的財富。

這一章的目的是讓你做好準備，迎接意外之財進入你生活的那一天，因為這一天幾乎肯定會發生。透過了解發生的事情並採取正

確的步驟，意外之財可以豐富你的生活，而不是讓你留下遺憾。

意外之財遠不只是錢

　　錢能買的遠比食物、衣服，以及住所更多。它是社會的權力象徵。錢可以買到自由、財產、地位、權利、機會、經歷，以及更多選擇。人們如何度過他們的時間，可以很好的反映出他們最看重什麼。你可能已經注意到，我們大多數有工作的人，在我們一半或甚至更多的醒著的時間裡，都在追求萬能的美元。可以肯定的是，我們大多數人工作不只是為了錢。但是如果沒有工資，我們當中有多少人會每天起床去上班呢？

　　很正常的，當錢突然流入，它會引發從狂喜到憂鬱等各種情緒。一個彩券中獎者可能會感到異常興奮，另一個彩券中獎者可能會覺得不能接受。一個企業主出售他或她經過多年努力經營的企業，可能會感覺很愉快、沒有負擔、如釋重負。另一位出售自己企業的企業主，可能會感到失落。收到離婚協議的一方可能期待有機會建立新生活，另一方則可能有痛苦的失落感。對一個退休人士來說，一次性的退休金支付代表著追求愛好和旅行的機會。對另一個退休人士來說，這代表著身分和目的的喪失。獲得意外之財的人感到信心不足、壓力大、或偏執是很常見的。如果你以前從未管理過一大筆錢，你可能會想，「我沒準備好處理這些錢。我能信任誰？我該怎麼辦？」

　　以下四個步驟將能讓你有能力管理這筆意外之財，並在這個過

程中保有大部分的意外之財。大多數意外之財都是在經歷隨之而來的情緒時，不必要的被揮霍掉的。因此，第一個步驟至關重要。

1. 把錢存進一個安全的帳戶，至少六個月，不要動它。

2. 對這筆意外之財能買到的東西，做一個現實的估算。

3. 列一個願望清單。

4. 取得專業的協助。

1. 把錢存起來，六個月都不要動它

伴隨著意外之財而來的情緒是暫時的，通常會在六個月內消失。保存這筆意外之財最重要的祕訣是，在情緒平息下來、想出一個健全的計畫讓這筆錢發揮作用之前，不要碰它。

當然，也會有一些例外。拿出百分之一或百分之二的錢來慶祝是沒問題的。去犒賞一下自己和／或家人吧。此外，如果你有任何信用卡或高利息債務，儘快用意外之財去還清。最後，如果這筆所得有任何應繳的稅，也務必去繳納。

一旦你還清債務、繳完稅，並愉快的慶祝過了，就把剩下的錢存入銀行儲蓄帳戶或貨幣市場基金，至少六個月不要碰它。抵擋去做以下任何一件事的誘惑：

- 投資於「不能錯過」的投資或經紀人、保險銷售人員，以及其他金融人員推銷的產品。

- 把錢借給或給那些把你當作銀行的朋友或親戚。

- 買一棟豪宅，告訴全世界，「我做到了！」

- 買一輛昂貴、顯眼的車，讓你的朋友印象深刻。

- 搭乘最高級、環遊世界的豪華遊輪。

- 瘋狂購物，購買昂貴的衣服和珠寶。

- 捐一大筆錢給自己喜歡的慈善機構或事業。

- 購買一艘船、一架飛機、或其他昂貴的玩具。

- 辭去你的工作。

雖然你也許能夠買到上述所有東西、做到所有事情，但現在不是做這些事情的時候。是時候停下來，冷靜一下，然後認真的思考、收集資訊，以及做計畫了。眼下，繼續你獲得意外之財之前的方式生活吧。

2. 了解你能買什麼，做一個估算

據說，神欲使誰滅亡，必先使他瘋狂。大量的現金會讓人產生無盡財富的幻覺，尤其是當它是一種新的體驗時。許多人揮霍意外之財，只因為他們高估了金錢能買到的東西。當他們意識到自己的錯誤時，錢已經花光了，且許多人會背上比以前更多的債務。

舉例來說，我們假設 40 歲的喬·弗全納特（Joe Fortunate）獲得了 100 萬美元的意外之財。喬是百萬富翁嗎？等稅務人員來跟找他之後，他可能就不是了。如果這筆意外之財依照一般收入被課稅，他將幸運的擁有 60 萬美元的稅後收入。除非他之前的淨資產至少為 40 萬美元，否則他就不是百萬富翁。

有一個更重要的問題是，「如果喬把剩下的 60 萬美元全部拿來投資，他的年收入能增加多少？」理財規劃師們普遍認為，每

10 萬美元投資於一個多樣化、平衡的投資組合，可以讓一個人每年花 5,000 美元。這表示喬可以預期，他的意外之財每年能為他的稅前收入增加 3 萬美元。他的額外淨收入，將取決於他具體的聯邦與州所得的課稅級距。如果他想進行通貨膨脹調整後的提領，建議他在第一年只提領投資組合的 4%，即 24,000 美元，然後根據通貨膨脹率每年增加提領金額。喬可能很高興擁有額外的 24,000 至 30,000 美元的年收入。然而，如果喬相信，他的百萬美元意外之財是奢侈生活與自由消費的門票，那他肯定會大吃一驚的。

當然，喬還有另一個選擇。他可以繼續以他習慣的水準過生活，然後把全部的意外之財投資於他小孩的大學基金、提前退休，以及其他長期財務目標。讓一筆意外之財複利成長，可以對一個人的生活產生極大的正面影響。但不幸的是，大多數人不會選擇這樣做。喬的 60 萬美元的稅後意外之財，若以 8% 的年報酬率進行投資，9 年後會成長到 120 萬美元，18 年後成長到 240 萬美元。

計算你繳稅和償還債務之後的意外之財金額。如果你想用它來增加你的年收入，你可以每年提領 4% 到 5%。請記住，你提領的錢也要繳所得稅。你可能還會發現，這樣做會有幫助：如果 5 年、10 年、或 20 年不動這筆意外之財，並以每年 8% 的報酬率複利成長，計算它將價值多少。你可以使用 Excel、你的財務計算機、或附錄 III 列出的「Choose to Save」網站上的線上計算機，來做這些計算。

在你把計算機拿出來的同時，試著全面的了解你現在的財務狀況，並估算它未來的情況。計算你的新淨值。估算你未來可能獲得

的任何退休金、或其他收入來源的金額，以及預期什麼時候可以獲得。一旦你掌握了這些資訊，你就能更適當的決定，如何從這筆意外之財中獲得最大的終生滿足感，這引出了我們的第三個步驟。

3. 列一個願望清單

　　一旦你對這筆意外之財進行過現實的評估，下一步就是將它與你想要的生活相配合。寫下來，如果金錢不是一個因素，你希望你的生活是什麼樣子。你會辭職嗎？你會住在哪裡？你會如何度過你的日子？你想成為什麼樣的人？你想去哪裡？你有什麼特別想參與的事情嗎？想像一下你想要的生活：

- 現在。
- 1 年後。
- 5 年後。
- 10 年後。

　　一旦你列出願望清單，就把這些夢想轉化為書面、具體的目標，並寫上實現它們的實際截止日期。在三張不同的紙上列出三份目標：

1. 短期目標：你想在 1 年內完成的目標。
2. 中期目標：在未來 5 年內完成的目標。
3. 長期目標：其他所有的目標。

　　一旦你擁有一份短期、中期，以及長期目標的清單，就按照重

要性對每個類別的目標進行排序。你現在有了一份清單，上面列著讓你活出最有意義的人生的目標與優先事項。

下一步是讓你的消費與你的目標保持一致。如果你想辭職，你現在能負擔得起嗎？如果現在不能，那什麼時候可以？如果你想自己創業，現在是時候了嗎？你能買得起第二間房子，或是搬到你夢想中的地方住嗎？如果不能，需要讓意外之財複利成長多久，才能實現這個夢想呢？世界上有你想去的地方嗎？這筆意外之財是否能減輕未來的財務支出負擔，像是支付大學費用？有沒有你一直想追求的愛好或活動？在決定如何處理這筆意外之財時，參考一下你的目標清單。與其揮霍這筆錢，不如將它投資於實現你夢想的地方。

取得專業的協助

除非你在財務、財產，以及稅務規劃方面受過良好的教育，否則現在不是獨自行動的時候。獲得一筆意外之財可能是很美好的，但它也會帶來一系列的問題。尋求合適的金融專業人士的幫助，通常是一項非常值得的投資，這麼做可以節省下時間、金錢和令人頭痛的事情。

正如你將在第十六章中學到的，**金融專業人士**或**財務規劃師**這些名詞是沒有意義的。許多所謂的金融專業人士實際上是金融銷售人員。雖然你可能需要他們在賣的東西，但現在不是向他們尋求財務建議的時候。那就像僱用一隻狐狸看守雞舍一樣。你需要的是一個你可以付費，讓他提供你符合你最佳利益的客觀建議的人。向銷售金融產品的人尋求理財建議，會產生潛在的利益衝突。雖然有很

多銷售人員會依照你的最佳利益行事，但很多銷售人員更感興趣的是，賣給你能讓他們最賺錢的東西。你不必冒這個險。從不同的管道獲得你的建議與你的投資／保險吧。

開始尋求建議的好地方是，從一個不銷售投資產品的註冊會計師（Certified Public Accountant，簡稱 CPA）那裡尋求建議。一個好的 CPA 可以做到以下幾點：

- 評估你的整體財務狀況。
- 計算意外之財應繳的稅。
- 推薦你可能需要的任何其他類型的保險，或者你目前可以放棄的保險類型。
- 幫助你決定是否需要尋求遺產規劃律師的服務。
- 計算一下對意外之財採取一次性支付比較好，還是每月分配（比如退休金）比較好。
- 讓你更清楚的知道，這筆意外之財如何幫助你實現長期的財務目標。

美國會計師協會（American Institute of Certified Public Accountants，簡稱 AICPA）為專門從事個人理財服務的 CPA 設立了 PFS（個人理財專業人員）這個正式名稱。如果想在附近找到一位 PFS，請到 AICPA 的網站，並在 http://apps .aicpa.org/credentialsrefweb/PFSCredentialSearchPage.aspx 上進行搜尋。再說一次，我們建議一開始就詢問 CPA 是否銷售金融產品，或者是否從他們推薦的人那裡獲得任何形式的薪酬，並避開那些這樣做的人

其他你可能希望僱用的顧問為遺產規劃律師和財務規劃師。CPA 可能會推薦一些有能力的律師，來處理你可能會有的任何要求。如果你想查看律師的資格證書，Martindale & Hubble（www.martindale.com）是你可以查看的地方。有些金融專業人士既是律師又是 CPA，可以為你處理大部分的工作。

至於理財規劃師，我們在第十六章會有更多相關內容。如果你覺得你需要一位理財規劃師，你會想找一位信譽良好、有過與突然擁有一筆意外之財的客戶打交道經驗的規劃師。

總之，成功的管理一筆意外之財，需要同時了解伴隨而來的心理與財務現實。就像生活中大部分的獎金一樣，它也有它自己的一系列問題。但整體而言，意外之財是一個值得擁有的好問題。

第 16 章

你也可以成為自助投資者

我幫助兩個孩子讀完哈佛——我經紀人的孩子。

——麥可・勒巴夫

2001 年 6 月，在賓州福吉谷舉行的第二屆柏格頭年度聚會上，麥可的這句玩笑話引起了一陣笑聲。不過，當你審視它的真實情況時，卻一點也不好笑。幾年前，梅爾・林道爾有一位後來成為經紀人的大學朋友透漏，在他工作的經紀商有一句「可愛」的話：「當某個人買進或賣出投資時，經紀人可以賺錢，經紀商也可以賺錢，且三分之二的結果還不差。」基本上，梅爾的經紀人朋友說，在他的公司，當時的重點是鼓勵客戶頻繁的買進與賣出（稱為**炒單**

〔churning〕），這樣他們就可以賺取佣金。雖然我們確信，他們不是故意讓客戶的錢蒙受損失，但他們也知道，即使他們的投資者客戶不賺錢，經紀人和經紀公司也會賺錢。當你決定要自己處理投資還是把它們交給經紀人時，**你需要牢記這一點，因為他們的利益跟你的利益是不一致的。**

大部分的柏格頭都是自助投資者（DIY投資者）。我們之中有些人過去曾使用過經紀人，他們也在某個時刻意識到，當經紀人賣給我們那些為他們賺取豐厚佣金的高成本、收取銷售手續費的共同基金與其他昂貴的投資產品（像是年金）時，他們並沒有考慮到我們的最佳利益。有時候我們會意識到（為時已晚），他們賣給我們的投資甚至不合適，例如，為已經延後課稅的IRA，提供解約期很長的年金。我們之中也有些人在與經紀人打交道時，有過昂貴的代價，有時也有不愉快的經歷，所以我們最終決定，我們必須自學，並掌握自己的財務命運。其他柏格頭可能是從經紀人開始，且有過愉快的經歷，但只是達到了，他們覺得自己現在有能力處理自己的財務事務的地步。我們之中還有一些人，只是不想把我們生活中最重要的方面——我們自己與我們的孩子、孫子的財務福祉——委託給一個陌生人，所以我們從來沒有使用過經紀人或任何其他的投資顧問。

無論我們採取哪一種方式成為DIY投資者，在這個過程中的某個時刻，我們必須花時間自學，才能在沒有經紀人或顧問的幫助（和成本）下，安心的做出自己的投資決策。帶著知識與信心，我們發現我們可以直接從公司購買無銷售手續費、低成本的好投資

（例如，領航集團與其他低成本供應商提供的投資），無需支付任何銷售手續費或佣金，突然靈光一閃，然後向經紀人說再見。我毫不懷疑，當他們得知他們的一位客戶，將她的投資從他們手中轉移到領航集團時，有些經紀人和顧問的聲音，聽起來可能會很像Ditech 廣告裡的那個人，高喊著：「哎呀。又輸給領航了！」

財務金融教育是關鍵。然而，除非我們在大學裡主修財務金融，或者有幸有父母教我們儲蓄與投資，否則我們大多數人在這個最重要的領域，都沒有正式的培訓或背景。因此，無論我們打算成為一名 DIY 投資者，還是僱用經紀人或財務顧問，我們依然都需要接受更好的教育。否則，當「把你的錢交給我，我可以讓你的所有夢想成真」的推銷口號出現時，我們會措手不及並等著被收割。

在我們看來，投資與財務基礎課程不是各級學校教育的必修科目，這是個真正的悲劇。但既然它們沒教，如果你決定不想成為DIY 投資者，而是選擇僱用經紀人或財務顧問，那我們會盡力為你提供一些背景知識，告訴你應該尋找什麼、應該注意什麼。

專業財務顧問的正式名稱

嘿！想成為財務顧問？還是你更願意成為財務分析師？成為財務顧問、理財規劃師、或投資顧問如何？好吧，不管你信不信，你只要印出有任何上述頭銜的名片，掛上你的營業招牌，你就能做生意了。真的很簡單。

這五個頭銜都是通用的名稱，不需要特殊教育、不需要經驗、

不需要測驗、也不需要認證過程。根據美國證券交易委員會（SEC）的規定，**任何人都可以使用這些專業名稱，無需向證券監管機構註冊、或滿足任何教育與經驗的要求**。柏格頭作者理查‧菲利是一位「改過自新的」前經紀人，現在是只收取顧問費用的投資顧問，他提醒說，「在經紀商，每個人都是副總裁。如果他們不是副總裁，那他們要不是非常新，就是即將離職。」

　　許多花哨的頭銜是為了讓我們留下深刻印象，但在現實中，它們沒有任何意義。這是非常可怕的事情，不是嗎？如果你決定把你的財務事務交給別人處理，希望你開始明白，你會面臨什麼。

　　除了這些通用名稱，美國金融業監管局（Financial Industry Regulatory Authority，簡稱 FINRA）在其資料庫中列出了近 150 個專業名稱（如果我們納入所有各種不同的保險與員工福利名稱）。值得注意的是，FINRA 只是提供這些資訊，並不吹捧任何的這些專業名稱。

　　這些顧問與我們剛才提到的，使用非認證的通用頭銜、不需要特殊培訓或技能的顧問不同，那些獲得 FINRA 的資料庫裡列出的各種專業名稱的顧問，必須滿足一定程度的教育、測驗、或工作經驗才能獲得認證。此外，在這些專業名稱中，有許多專業名稱會要求保存者簽署道德規範協議，並持續獲得一定數量的經批准的繼續教育單位（continuing education units，簡稱 CEU），才能夠繼續使用該名稱。

　　然而，這些不同的專業名稱的要求差異很大，有些名稱授予組織的標準與要求比其他組織高很多。因此，從這些標準更嚴格的

機構獲得名稱的那些顧問，更受到大多數柏格頭的高度重視。屬於這個被高度重視類別的其中兩個專業名稱，包括特許財務分析師（CFA）與認證理財規劃顧問（CFP）。

CFA 名稱的擁有者必須滿足以下要求：

- 擁有學士學位。
- 必須在金融領域工作。
- 擁有 3 年投資決策的專業經驗，或 4 年合格的工作經驗（全職，但不一定與投資相關）。

此外，教育要求非常廣泛。其中包括 750 個小時的學習（三個級別各 250 個小時）。最後，他們必須通過三個級別中每個級別的綜合考試，且他們每年只能參加一個級別的考試。

有些 CFA 從事分析師工作，有些則從事退休金基金經理人。有些管理避險基金，有些管理共同基金。然而，其中有些訓練有素的 CFA 確實選擇成為財務顧問，而這些顧問被許多柏格頭認為，是此領域中非常有資格擔任財務顧問的人。

CFP 跟 CFA 一樣，也是經過大量訓練的。他們必須精通 100 多個財務規劃主題。這些主題涵蓋下列幾個主要領域：

- 財務規劃的一般原則。
- 保險規劃。
- 員工福利規劃。
- 投資規劃。
- 所得稅規劃。

- 退休規劃。
- 遺產規劃。

在參加 CFP 考試之前必須完成的經核准之課程，在全國許多大學都有開課。雖然大學學位以前不是獲得 CFP 名稱的要求，但從 2007 年開始，CFP 名稱的申請者必須至少從官方認證的機構，獲得任何學科的學士學位。

完成教育要求並不能保證申請人能通過 CFP 綜合的實務考試。事實上，儘管申請者已經圓滿完成了必修的課程，但還是有許多申請者在第一次考試中失敗了。許多申請者知道考試多麼具有挑戰性，因此他們會參加專門為考試做準備的額外課程。這些課程類似於其他專業考試的準備課程，像是 CPA 考試或法律職業的律師考試。通過這個考試並獲得夢寐以求的 CFP 名稱，無疑是一項值得驕傲的成就。

除了 CFA 與 CFP 名稱，你在尋找財務顧問時，可能還會遇到許多其他的金融專業名稱。讓我們看一下表格 16.1 中各種名稱的字母表，看看它們代表什麼。

正如你可以從描述中看出，其中有些名稱是針對特定情況或群體，比如離婚、老年人、遺產規劃、大學基金，以及退休基金。不過，絕大多數的性質都較為普遍，涵蓋了更廣泛的金融與投資領域的交叉領域。

表格 16.1　專業名稱與縮寫

首字母縮寫	專業名稱
AAMS	合格資產管理專業人員（Accredited Asset Management Specialist）
AEP	合格遺產規劃師（Accredited Estate Planner）
AFC	合格財務諮詢師（Accredited Financial Counselor）
AIF	合格投資受託人（Accredited Investment Fiduciary）
AIFA	合格投資受託審計員（Accredited Investment Fiduciary Auditor）
BCA	年金證照（Board Certified in Annuities）
BCAA	資產配置證照（Board Certified in Asset Allocation）
BCE	遺產規劃證照（Board Certified in Estate Planning）
BCS	證券證照（Board Certified in Securities）
CAA	認證年金顧問（Certified Annuity Advisor）
CAC	認證年金顧問師（Certified Annuity Consultant）
CAIA	特許另類投資分析師（Chartered Alternative Investment Analyst）

（續）

首字母縮寫	專業名稱
CAM	特許資產管理師（Chartered Asset Manager）
CAS	認證年金專業人員（Certified Annuity Specialist）
CCPS	認證大學規劃專業人員（Certified College Planning Specialist）
CDP	認證離婚規劃師（Certified Divorce Planner）
CDS	認證離婚專業人員（Certified Divorce Specialist）
CEPP	特許遺產規劃執業者（Chartered Estate Planning Practitioner）
CFA	特許財務分析師 Chartered Financial Analyst
CFG	認證財務老年學專家（Certified Financial Gerontologist）
CFP	認證理財規劃顧問 Certified Financial Planner
CFS	認證基金分析師（Certified Fund Specialist）
ChFC	特許財務顧問師（Chartered Financial Consultant）
CIC	特許投資諮詢師（Chartered Investment Counselor）
CIMA	認證投資管理分析師（Certified Investment Management Analyst）
CIMC	認證投資管理顧問師（Certified Investment Management Consultant）
CMFC	特許共同基金諮詢師（Chartered Mutual Fund Counselor）
CPM	特許投資組合管理師（Chartered Portfolio Manager）
CRA	認證退休管理人員（Certified Retirement Administrator）
CRC	認證退休諮詢師（Certified Retirement Counselor）

（續）

首字母縮寫	專業名稱
CRPC	特許退休規劃諮詢師（Chartered Retirement Planning Counselor）
CRPS	特許退休規劃專業人員（Chartered Retirement Plans Specialist）
CSA	認證高級顧問（Certified Senior Advisor）
CSC	認證高級顧問師（Certified Senior Consultant）
CSS	認證高級專業人員（Certified Senior Specialist）
CTEP	特許信託與遺產規劃師（Chartered Trust and Estate Planner）
CTFA	認證信託與財務顧問（Certified Trust and Financial Advisor）
CWM	特許財富管理師（Chartered Wealth Manager）
FAD	指定財務分析師（Financial Analyst Designate）
MFP	專業金融師（Master Financial Professional）
PFS	個人理財專業人員（Personal Financial Specialist）
QFP	合格理財規劃師（Qualified Financial Planner）
RFA	註冊副財務顧問（Registered Financial Associate）
RFC	認證財務顧問師（Registered Financial Consultant）
RFP	註冊財務策劃師（Registered Financial Planner）
RFS	註冊財務專業人員（Registered Financial Specialist）
WMS	財富管理專業人員（Wealth Management Specialist）

你可以從 FINRA 網站上（www.finra.org/index.html），了解更多關於這些專業名稱的資訊，包括頒發機構、獲得名稱所需的必備條件與經驗，以及教育要求（在某些情況下包含完整的課程大綱）和考試類型。

所以，如果你決定僱用一位顧問，你應該如何尋找適合你的顧問呢？**首先**，由於獲得 CFA 與 CFP 名稱的高標準與教育要求，因此我們認為，擁有其中一個名稱的顧問肯定應當在你的候選名單上。

其次，因為你肯定想找一個與你的利益一致的顧問，因此你需要了解顧問的薪酬支付方式，這樣你才能確保不存在可能的利益衝突。

你需要明白，不是所有的財務顧問都以同樣的方式獲得薪酬。有些顧問的薪酬是以佣金為基礎，因此當他們試圖賣你那些高佣金產品時，可能沒有考慮到你的最佳利益。其中包括提供全面服務的經紀人、獨立經紀人、在銀行工作的經紀人，以及假扮成財務顧問的保險代理人，這些人都在賣收取前收型、或後收型手續費的高成本共同基金和保險產品，像是年金。我們建議你對這類賺佣金的銷售人員說「不了，謝謝」。

只收取顧問費用的顧問通常會使用資產管理規模（Assets Under Management，簡稱 AUM）的付費協議。這涉及每年向顧問支付你的總資產的一定比例。根據顧問的不同，AUM 的成本可能會有很大的差異，從每年 0.25% 到超過 2%。這筆費用通常可以協商，尤其是較大額的帳戶。AUM 不包括交易成本、託管費用、

或管理投資組合涉及的任何其他雜項費用。

　　AUM 付費協議有好有壞，具體取決於顧問。好的方面是，因為你的年費是支付給顧問，因此顧問可以自由的提供優質、無銷售手續費的共同基金與其他合適的低成本投資。不利的一面是，許多優秀的顧問通常有較高的最低帳戶要求，這對許多投資者來說可能是遙不可及的。而且，即使你能滿足顧問的最低帳戶要求，為收益率只有 4% 的債券型基金支付高達 2% 的費用，也是非常昂貴的。事實上，它會消耗你的報酬高達 50%。即使是每年 8% 的報酬率，2% 的費用依然占你的總報酬率的 25%。同樣重要的是，要記住，即使在表現不好的年份，當你的投資組合可能遭受損失時，你依然要支付 AUM 費用。很顯然的，你會想選擇一個優秀的財務顧問，且費用位在這個範圍較低的一端，因為你每支付一美元的費用，你的總報酬就會等量減少。

　　你必須小心的區分只收取顧問費用的顧問，跟自稱收取費用（fee-based）的經紀人與保險代理人。銷售人員常會使用收取費用這個術語，這是一個非常含糊不清的術語。許多銷售人員實際上是在賣收取佣金的產品，但他們卻告訴客戶，他們得到的佣金是由保險公司或共同基金公司支付的費用。這種情況經常發生在，經紀人與保險代理人賣共同基金 B 股和變額年金時，這些基金和年金沒有前收型手續費，但卻包含了高額的佣金。經紀商也賣包管帳戶。這些包管費用的結構包含管理的 AUM 費用、佣金，以及在一個整體費用中的大多數其他費用。這個費用通常是每年 2% 到 3%（譯註：只收取顧問費用〔fee-only〕的顧問，他們的薪酬是來自直接

向客戶收取的顧問費用，而不是來自銷售金融產品獲得的佣金。收取費用〔fee-based〕的顧問，他們的薪酬通常包含向客戶收取的顧問費用，也可能包含銷售金融產品的佣金）。

雖然把所有費用都包括在內並提前知曉，聽起來可能很有吸引力，但包管帳戶的問題在於，這些經紀人對這些項目收取的費用，通常會比應收取的費用高 1% 到 2%，尤其是與無銷售手續費的共同基金相比。在最壞的情況下，經紀人會賣高佣金的產品，然後再向客戶收取管理帳戶的 AUM 費用。這個總成本每年可能達 4%。這被稱為財富轉移（wealth transfer），因為它將錢從你的口袋轉移到經紀人的口袋。現在，你明白為什麼那麼多經紀人與保險代理人告訴人們，他們是收取費用的收費方式了吧。由於這種結構也可能存在利益衝突，我們再次建議你對這種協議說「不了，謝謝」。

另外兩種支付方式，包含一次性費用或按時計酬協議。這些支付方式，最適合希望在建立財務路線圖方面獲得幫助，然後遵循此路線圖，自己執行財務顧問為他們制定的計畫的投資者。他們也可能定期或不定期的為後續建議付費。在這種支付協議下，由於你是支付全部的費用，**顧問是為你工作，這代表你們兩個是坐在桌子的同一邊。固定或按時計酬收費的顧問，不像經紀人會把你引導到高佣金產品，他們可以自由的為你推薦最合適的投資。**另外，有些共同基金公司，比如領航集團，也有提供收取固定費用的一次性財務規劃服務。如果你投資於基金公司的資產夠多，那麼這個規劃服務的費用可能會降低、甚至是免除。這種只收取顧問費用的支付方式，大概是那些尋求專業財務建議的柏格頭們，最常使用的協議。

我們的朋友兼導師傑克‧柏格談到成本時，是這樣說的：「資產配置至關重要；但成本也至關重要。其他因素的重要性全都顯得微不足道。」

美國證券交易委員會（SEC）發布了一份有用的指南清單，供考慮僱用專業投資人士的投資者使用。以下是一些重點。

- 思考一下你的財務目標，並了解你需要什麼樣的理財服務。知道自己需要什麼，不僅能幫助你找到適合自己的專業人士，還能幫助你避免為自己不想要的服務付費。

- 從朋友、鄰居、家人、或公司同事那裡打聽專業人士的名字。跟幾位專業人士交談。詢問他們每一位的專業領域、專業名稱、登記或執照、教育、工作經歷、投資經驗、產品和服務，以及懲戒歷史

- 了解你將如何支付他們的服務費用。詢問他們是否根據他們所銷售的產品，獲得額外的薪酬或財務獎勵。

- 確保投資專業人士及其公司在 FINRA、美國證券交易委員會、或州保險或證券監管機構進行適當的登記。大多數投資專業人士需要註冊為投資顧問、投資顧問代表、或經紀人（註冊代表）。註冊只需完成文書工作並支付費用；這不是背書，也不意味著任何更好的培訓或專業知識水準。有些投資專業人士可能只獲得銷售保險的許可。

- 如果投資專業人士會賣你投資產品，請詢問他工作的公司是否為證券投資者保護公司（Securities Investor Protection Corporation，簡稱 SIPC）的成員。如果一間公司無力償債，

SIPC 會提供有限的客戶保護。

- 請記住，做出正確投資決策的一部分是，找到最能滿足你的財務需求的投資專業人士。不要著急。做你的背景調查。抵制那些催促你立即僱用他們的投資專業人士。

理財規劃顧問認證協會（Certified Financial Planner Board of Standards）也提供了免費的線上資訊，教你如何選擇理財規劃師。你可以到它的網站（www.cfp.net）上查看。

有了這一章的資訊，你現在應該明白，即使你正在考慮僱用金融專業人士，你依然需要先做好功課，才能成為受過良好教育的消費者。當談到你的財務未來時，繼續當個無知的消費者是不可接受的選項。此外，**也許當你讀完這本書（以及其他幾本書），並且發現投資不是火箭科學時，你可能會決定，你能處理這個任務，而且你將會成為一位 DIY 投資者。**

第二部分

達到目標必須完成
的
7件事

第 17 章

關於再平衡，你得考慮⋯⋯

萬無一失的系統不會考慮到傻瓜的聰明才智。

——吉恩・布朗（Gene Brown）

　　沒有一個萬無一失的「一體適用」的系統能再平衡你的投資組合。每一個投資者都必須選擇適合自己的再平衡方法。我們想確保，無論我們選擇哪種方法，它都會是我們在所有市場條件下能堅持到底的方法。然而，在我們做出有知識的選擇之前，我們需要知道什麼是再平衡，以及我們的選擇是什麼。

　　在這一章，我們將會討論再平衡你的投資組合的原因，也會涵蓋一些你可以選擇的再平衡選項。我們也會提到一些討論再平衡時

我們會考慮的事情。

再平衡的原則

再平衡只是一種行為：在市場力量或生活事件改變我們各種資產類別、和這些類別之細分的百分比之後，將我們的投資組合調整回我們的目標資產配置。

為何要進行再平衡？

再平衡可以控制風險。它讓我們的投資組合回到我們認為適合我們的風險水準，也就是我們最初建立我們的資產配置計畫時，感到滿意的風險水準。正如我們之前在第十二章學到的，我們持有多樣化投資組合的其中一個主要原因是，資產類別不會永遠同步移動，即便它們會同步移動，它們也不會有相同的預期報酬率或風險水準。除此之外，有時候一個資產類別或資產類別的細分部分，表現可能會大幅優於其他資產類別，導致表現更好的資產類別或細分部分，在我們的投資組合中所占的比例比預期的更大，而我們投資組合中其他部分的構成，則比我們資產配置計畫中要求的比例更小。

再平衡強迫我們賣高並買低。我們賣出表現較好的資產類別或細分部分，買進表現較差的資產類別或細分部分。這正是聰明的投資者想做的事。

雖然有些投資者可能很難理解，為什麼他們不該讓他們的贏家

繼續就好，但這樣做，他們就會讓市場決定他們投資組合的構成，進而決定他們的風險水準。那些在 1990 年代後期的網際網路熱潮中走這條路的人，在千禧年後科技崩潰衝擊市場時，遭受了巨大的損失。這些投資者當中，有許多人選擇不進行再平衡，讓他們的科技股贏家繼續發揮作用，因此，當納斯達克綜合指數下跌 70% 時，他們的投資組合蒙受了巨大的損失。相比之下，對投資表現不佳的債券型基金定期進行再平衡的投資者，在科技市場隨後崩盤時，將他們的損失降到了最低。

在〈再平衡各種風險承受能力下的多樣化投資組合〉（2001 年 10 月發行的《財務規劃期刊》〔Journal of Financial Planning〕的第 14 篇）中，作者辛蒂・心怡・蔡（Cindy Sin-Yi Tsai，CFA）研究了幾種再平衡方法：

- 不進行再平衡。
- 每個月再平衡。
- 每季再平衡。
- 如果月底時距離目標超過 5%，進行再平衡。
- 如果季末時距離目標超過 5%，進行再平衡。

通常，不進行再平衡的投資者只是讓他們的贏家繼續跑，因為他們相信這樣做會產生更高的報酬。但是與這些投資者的想法相反，這篇文章指出，相較於不進行再平衡的投資者所承擔的額外風險（以波動度衡量），增加的報酬實際上很小，甚至根本不存在。

此外，研究顯示，在所有研究的再平衡方法中，從未進行過再

平衡的投資組合，它們的夏普值最低。由於夏普值衡量的是，投資者因承擔更多風險而獲得的額外報酬，因此，**這個較低的夏普值表示，沒有進行再平衡的投資者，沒有因為他們承擔額外的風險而得到補償。**這項研究的結果，跟傑克‧柏格在他 1993 年的經典著作《柏格談共同基金》中公布的 25 年再平衡研究的結果，得到相同的結論。

再平衡也可能提高你的報酬率，因為長期之下，資產類別有回歸均值（RTM）的傾向。透過再平衡，你是在贏的資產回歸均值（價格下跌）之前賣出一部分，在表現相對不佳的資產類別回歸均值（價值增加）之前買進更多。所以，你正在賣高、買低。如果你相信 RTM，那麼再平衡就可以增加你的報酬率。傑克‧柏格相信 RTM，我們也相信。

即使你不相信 RTM 在未來會發生，而是相信市場是呈隨機漫步，且每個市場的變動都獨立於之前的變動，那麼請記住，你仍然會從再平衡中受益，因為你是在控制你的投資組合的風險水準。經驗豐富的投資者都知道，風險控制有助於控制你的情緒，這又反過來使你的投資組合符合你的長期計畫。所以無論市場是哪種情況，當你進行再平衡時，你都是贏家。

我們該如何知道，我們是否需要進行再平衡？

為了確定我們的投資組合是否需要進行再平衡，我們需要知道幾件事情。**首先**，我們需要知道我們想要的資產配置。這是在我們第一次建立資產配置計畫時就確定的，也可能隨著生命週期和使我

們的計畫發生必要改變的事件，對其進行修改與完善。

　　我們的配置計畫至少包括股票、債券，以及現金之間的基本分類。我們的計畫可能也包括每一個主要資產類別內的預期百分比。例如，除了列出我們希望整體投資組合在股票上的比例，我們的目標資產配置可能還包括，在股票市場的細分（例如，大型股、小型股、國際股）中，我們希望持有的子配置之預期比例的細項。此外，我們的債券配置可能會進一步細分為，債券市場的子配置（例如，中期投資級債券與抗通膨債券）之預期比例。然而，在資產配置中最重要的是，我們的股票／債券／現金的組合，我們希望得到合適的組合，因為它是我們投資組合的風險與報酬的主要決定因素。

評估投資組合

　　我們需要知道的**第二件事**是，相對於我們的目標資產配置，我們的投資組合目前所處的位置。我們在第八章討論過，如何著手建立我們的資產配置計畫。現在，我們將討論一些方法，以便確定我們的投資組合，相對於我們的目標資產配置的確切位置。

何時該檢查我的投資組合？

　　由於我們需要追蹤我們的投資組合來達到再平衡的目的，因此這是討論「我應該多久檢查一次我的投資組合？」這個經常被問到的問題的好時機。就像許多其他跟投資有關的事情一樣，沒有一個適合所有人的正確答案。

如果你是一個受過教育的投資者，了解並接受市場波動，在你的投資組合中擁有合適的資產配置，並且相信每一次市場出現下跌趨勢時，你不會恐慌，也不會覺得有必要採取行動，那麼更頻繁的檢查你的投資組合可能會有一些好處。也許最大的好處是教育，因為它將清楚的展示，不同的資產類別與細分部分，在不同的市場條件下是如何反應與相互作用的。理想情況下，經常檢查一個人的投資組合可以幫助投資者，了解一個充分分散風險的投資組合是如何運作的，進而幫助非常有耐心的長期投資者，了解持有一個由漲跌不同的基金組成的投資組合的好處。我們希望，經常檢查自己投資組合的投資者也會注意到，他們投資組合的價值在長時間下的整體上升趨勢，包含一些曾下跌的基金的復甦與成長。

　　但也有些人不會從頻繁的監控中受益。這些人包含「容易不安」的投資者，以及沒有信心自己的資產配置，是否符合他們的舒適水準的那些人。傳統觀點認為，這些投資者也許不應該太頻繁的查看他們的投資組合，因為當他們看到自己投資組合的市場價值下降時，可能會嚇到他們。一旦他們看到自己持有的一檔或多檔基金的價值下跌，他們很可能會搬起石頭砸自己的腳，因為他們很容易感到恐慌並賣出價值下跌的基金。這麼做會毀了一個制定周密的投資計畫。對於那些無法忍受市場波動的投資者來說，**或許最好的解決辦法就是不要拆開他們的對帳單，把它們放在一邊。只打開你 12 月的對帳單，看看你投資組合的狀況，以及你是否需要進行再平衡。**

　　既然你可能已經很清楚，在這兩種類型的投資者中你是哪一

種，以及你可能會對你投資組合的波動做出何種反應，那就根據這些資訊來決定，你想要多久檢查一次你的投資組合（每天、每週、每月、每季、或每年）。很顯然的，你檢查你的投資組合的頻率，至少要跟你決定進行再平衡的頻率一樣。

該如何追蹤我的投資組合？

追蹤你的投資組合的表現與資產配置的方法有很多種。個人理財程式（例如，Quicken）可以為我們處理這項任務。許多共同基金公司也會定期提供投資組合追蹤的服務。例如，如果你是一位客戶，領航集團會提供「投資組合觀察」（Portfolio Watch），這是一個免費的線上服務，會在你每一次登入你的帳戶時，顯示你投資組合中各種資產類別所占的比例。此外，由於領航集團允許你在你的線上投資組合中，納入任何非領航的持有部位，因此「投資組合觀察」可以讓你在任何時間點，準確的了解你的整體投資組合的資產配置情況。最後，「投資組合觀察」還可以顯示出與你的目標資產配置的任何偏離，因此它是一個很棒的再平衡工具。Morningstar.com 也有提供免費的線上投資組合追蹤服務。除此之外，如果你是它的高級服務（Premium Service）的使用者，你還可以使用強化的「投資組合 X 光」（Portfolio X-Ray）功能，它可以為你的投資組合提供更深入的分析。除了領航集團與晨星公司，還有許多其他共同基金公司和財經網站，也有提供免費的投資組合追蹤服務，所以，你有很大的機會找到一個適合你的。

如果在你查看了一些投資組合追蹤工具之後，發現它們之中沒

有一個能滿足你的需求，那麼你可以使用 Excel 或 MS Works 等試算表程式，建立屬於你自己的自訂投資組合追蹤工具。不過，使用這些自助式投資組合追蹤工具，你可能需要手動輸入你的資料，而且你必須對你所選擇的試算表的功能有足夠的了解。

對於那些不精通軟體的人來說，有些共同基金公司通常會提供投資組合的細項，顯示每種資產類別中所占的比例，作為他們發給客戶的定期報表的一部分。

因此，正如我們所看到的，投資者在投資組合追蹤方面有很多選擇。只需選擇一個最適合你的即可。

該何時進行再平衡？

你可能會讀到和聽到一些，關於什麼時候應該進行再平衡的意見。有些人會建議在一個嚴格的時間間隔內進行再平衡，比如每一季、每半年、或每一年。有些人則會建議根據你的投資組合的百分比變化（即**擴張範圍**〔expansion bands〕）進行再平衡。**無論是哪一種，你都需要考慮兩個因素：成本與稅務**。成本包括交易產生的任何佣金與費用。如果再平衡是在應稅帳戶中進行的，那麼稅就會是個因素，因為你可能會實現資本利得。請記住，長期資本利得的稅率低於短期資本利得的稅率。

最常見的再平衡方法是根據時間。典型的時間範圍是每季、每半年、或每年。然而，**晨星公司發現，每 18 個月對自己的投資進行一次再平衡的投資者**，他們獲得的報酬跟那些更頻繁進行再平衡

的投資者很相近，但是成本更低。 在應稅帳戶中使用晨星公司的這個方法的另一個好處是，因為你持有基金的時間超過 12 個月，因此可以確保你獲得的是長期資本利得。

　　第二種再平衡方法是建立擴張範圍。 使用這種再平衡方法，你可以建立一個窗，例如，在你預期的配置上加、減 5%。每當資產類別超過這些範圍時，你就進行再平衡。舉例來說，如果我們預期的股票配置是 60%，我們只需要在投資組合中的股票低於 55%、或高於 65% 時進行再平衡。然而，如果你打算使用擴展範圍的方法，並打算在你的配置觸及任何一個範圍時就進行再平衡，那麼你需要比預定的時間間隔方法，更頻繁的監控你的投資組合，尤其是在波動的市場中。此外，如果嚴格的擴張範圍再平衡是在應稅帳戶中進行的，那麼它有可能會產生短期資本利得，其稅率高於長期資本利得。因此，你可能要考慮延遲你的再平衡，直到你持有資產超過 12 個月。

　　當涉及再平衡我們的股票或債券部位的特定細分部分、或子類別時，像是大型股與小型股、價值股與成長股、投資級與高收益之間的再平衡，晨星公司發現，每當任何一個細分部分的資產配置，比原始資產配置多或少 25% 時，再平衡都是一種有效的策略。因此，如果你的資產配置計畫，要求你的股票投資組合配置 60% 的大型股，那麼使用這種方法，你會希望在大型股基金上漲或下跌 15% 時，再平衡回 60%。在這個例子中，15% 這個數字代表我們最初希望持有的 60% 的 25%（60% ×25 % = 15%）。因此，在這種情況下，只要大型股占我們股票的比例上升到 75%、或下降到

45%，我們就會對其進行再平衡。雖然這個方法跟擴張範圍方法類似，但需要注意的是，在這個方法當中，我們使用的是原始資產配置的百分比，而不是一個固定的數字，如同我們在 5% 擴張範圍方法中使用的。

無論你選擇哪一種方法（時間間隔、或擴張範圍、或綜合），只要你的投資組合，超出你為自己設定的預期的資產配置範圍，你都會想要對你的投資組合進行再平衡。

市場力量

每天，市場價格都在變動。這意味著在你對你的投資組合進行再平衡的第二天，它就已經脫離平衡了。讓我們來看一些例子，看看市場報酬如何改變我們的資產配置，以及我們可能會因此採取什麼行動。

首先，我們先研究一下一筆 10 萬美元的投資，其目標資產配置為 60% 的股票、35% 的債券，以及 5% 的現金。我們決定每年進行一次再平衡。讓我們看看，如果在第一年年底，股票市場報酬率為 +10%、債券市場報酬率為 +6%、現金報酬率為 +3%，那麼會發生什麼事（請看表格 17.1）。

在這種情況下，年底的比例仍接近我們的資產配置目標，即 60% 的股票、35% 的債券、5% 的現金，因此我們可能會選擇不進行再平衡，尤其是如果它是應稅帳戶或涉及到其他成本。

現在，讓我們看看另一種情況，我們預期的資產配置依然是

表格 17.1　市場力量對報酬的影響：股票上漲

資產類別	初始金額	市場報酬率	年底金額	投資組合的比例
股票	$ 60,000	+10%	$ 66,000	61%
債券	$ 35,000	+6%	$ 37,100	34%
現金	$ 5,000	+3%	$ 51,50	5%
總計	$100,000		$108,250	100%

60% 的股票、35% 的債券、5% 的現金，但是我們把這一年的市場報酬率改為股票 −20%、債券 +6%、現金 +3%，看看這對我們的投資組合有什麼影響。

　　在這種情況下，我們投資組合的年底資產配置的變化，比第一個例子更劇烈。如同你在表格 17.2 中看到的，我們現在在股票上的投資比我們的目標少 7%，在債券上的投資比我們預期的多 6%，在現金上的投資比我們計畫要求的多 1%。由於年底的比例跟我們

表格 17.2　市場力量對報酬率的影響：股票下跌

資產類別	初始金額	市場報酬率	年底金額	投資組合的比例
股票	$ 60,000	−20%	$48,000	53%
債券	$ 35,000	+6%	$37,100	41%
現金	$ 5,000	+3%	$ 51,50	6%
總計	$100,000		$90,250	100%

的目標配置相差很大，因此我們想進行再平衡，調整回我們的目標資產配置，也就是 60% 的股票、35% 的債券，以及 5% 的現金。用第二個例子，讓我們看看，我們需要做什麼調整才能讓投資組合回到目標資產配置。

請看表格 17.3，我們可以看到，我們需要增加我們的股票持有部位，減少我們的債券持有部位，並減少我們的現金持有部位，才能回到我們預期的資產配置。既然現在我們知道哪些資產類別需要進行調整、調整幅度多少，那我們就可以透過多種方式來實現這個再平衡。現在，我們會討論其中的一些方式。

如何進行再平衡？

有許多不同的方法可以讓投資組合回到目標資產配置。我們的第一個想法可能是，賣出表現相對優異的資產類別，然後買進更多

表格 17.3　對投資組合進行再平衡所需的變動

資產類別	初始金額	市場報酬率	年底金額	投資組合的比例	再平衡所需的調整
股票	$ 60,000	−20%	$48,000	53%	+$6,150,00
債券	$ 35,000	+6%	$37,100	41%	−$5,512,50
現金	$ 5,000	+3%	$ 51,50	6%	−$ 637,50
總計	$100,000		$90,250	100%	

表現相對不佳的資產類別。雖然這當然是處理我們的定期再平衡的一種方式，但我們也許還有更好的選擇。

- 對於那些需要當前收入的人來說，也可以透過從熱手（hot hand）的資產類別提領資金（賣高）來完成再平衡。

- 投資者也可以將新資金投入低於目標資產配置的基金，藉此對他們的投資組合進行再平衡。

- 在共同基金分配方面，你有很多種選擇。你可以選擇將你應稅帳戶中的分配轉到你的貨幣市場帳戶，然後再轉到需要進行再平衡的基金上，而不是將這些分配再投資到可能已經超配的基金上。

- 最後，如果你使用一個投資組合經理人，比如領航集團的資產管理服務，或者成本更低的顧問，像是位在密西根州特洛伊的 Portfolio Solutions，那你就不用擔心再平衡的進行，因為這是他們服務的一部分。然而，再平衡跟所有投資組合管理服務一樣，它也涉及成本與最低投資要求。

既然我們已經討論再平衡的內容、原因、何時進行，以及方式，我們就來看看進行再平衡時，需要考慮的一些其他事情吧：

- 盡可能先對你的延後課稅帳戶進行再平衡，因為沒有所得稅後果。

- 考慮處理掉那些不再適合你整體計畫的基金。

- 如果你正處於提領階段，請從你的延後課稅帳戶中同時進行自願和／或必需的分配，以幫助你再平衡你的投資組合。

- 在你的應稅帳戶中使用稅務虧賣，當作你的再平衡策略的一部分。如果你有要賣出的輸家，那麼在 12 月 31 日之前賣出，這樣你就可以在這一年的所得稅申報表上獲得稅務優惠。
- 如果你的應稅帳戶中有贏家要賣出，你可能要等到 1 月 1 日之後再賣出，以便將稅單推遲到下一年。
- 你愈頻繁的透過賣出你的應稅帳戶中獲利的基金，來對你的投資組合進行再平衡，你就會愈早為任何獲利繳稅。
- 如果你打算根據時間表進行再平衡，那就選擇一個你容易記住的日子，比如每年 12 月、每年 1 月，或者你的生日。
- 一個簡單的解決方案也許是，考慮持有一檔符合你預期的資產配置要求的組合型基金，像是領航的生活策略系列或目標退休系列基金，它們會自動為你處理再平衡的瑣事。
- 整體市場指數基金本身會自動進行再平衡。

其他再平衡的注意事項

　　生活的變化（像是繼承）也會使我們重新思考，並且有可能改變我們的資產配置，這表示我們需要根據我們新的資產配置計畫，對我們的投資組合進行再平衡。

　　此外，隨著年齡的增長與資產的積累，我們往往會變得更保守，所以我們應該重新審視我們的資產配置計畫，看看在進行再平衡的時候是否有任何改變。如果你不願操心這件事情，那就考慮持有領航的目標退休系列、或富達的自由系列基金中的一檔基金，因

為隨著時間的經過，它們會自動進行再平衡並且變得更加保守。

　　我們現在明白，進行再平衡可以控制風險，也可能會增加報酬率。我們也知道，有必要追蹤我們的投資組合，以便在進行再平衡時知道我們投資組合的情況。現在，剩下要做的事情就是弄清楚什麼時候開始。我們認為現在是最佳時機。制定一個計畫，選擇再平衡的觸發因素，然後堅持下去：你會過得更好。

第 18 章

所有的預測都是噪音

> 假的算命師是可以容忍的。但是真的預言家應該被立刻擊斃。
>
> ——拉撒路·龍（Lazarus Long）

歡迎來到投資者階層的時代。在 1980 年，很少有美國人持有股票，只有 6% 的人持有共同基金。今天，超過一半的美國家庭以某種形式持有有價證券。這是過去 25 年來，美國家庭最大的一次金融變化，並為金融產品與服務創造了一個巨大的新市場。

正如你可能猜到的那樣，這個新的投資者階層對投資知識有著極大的渴望。因此，致力於投資與理財的媒體管道的數量迅速增長。我們有 24 小時不間斷的廣播和電視網、報紙、書籍、雜誌、

快訊，以及網站，它們全都在源源不斷的大量生產素材——其中有些是有用的，但大部分對容易受到影響的投資者來說是危險的。

　　無論是報紙、電視、廣播、還是網路，所有的媒體都有一個主要的目標：吸引並留住觀眾。這是媒體行業賺錢的關鍵。媒體要不是透過向觀眾收費賺錢，就是透過賣廣告賺錢。假設它們吸引到夠多的觀眾，媒體管道會向廣告客戶收取可觀的費用，讓他們推廣自己的產品。如果廣告對廣告客戶來說是有利可圖的，那麼對雙方來說是雙贏。然而，當涉及到投資時，對觀眾來說就不是永遠都是有利的。

　　當投資媒體為公眾提供客觀資訊，以便做出更好的投資決策時，它們提供了極其有價值的服務。但不幸的是，更多時候這種情況是例外，而不是普遍情況。並不是說投資媒體與華爾街不希望你成功。他們可能希望。但問題是，它們都對於最大化他們口袋裡的錢更感興趣，而不是最大化你的口袋裡的錢。因此，顧客經常因為高額費用與錯誤的資訊，而被大撈一筆。你可以說我們多疑，但正如那句老話所說，**你多疑不代表他們不會來傷害你**。讓我們來看看華爾街與媒體的最佳利益，通常是如何跟你的利益直接衝突的。

巨大的華爾街行銷機器

　　大部分的經紀商、主動式管理基金、資產管理者的銷售與廣告宣傳，都是同一個訊息的變體：「跟我們一起投資吧，因為我們知道如何擊敗市場。」通常，這個承諾往好的方面說是虛構，往壞的

方面說是財務上的災難。

　　只有兩種方法可以勝過股市：選擇出色的投資和／或經由出色的市場擇時。研究結論顯示，能夠以任何程度的一致性做到其中任何一項的人非常稀少，以致於它可能被歸咎於偶然。

　　能夠挑選出優質股票表示市場缺乏效率，而經紀人、基金經理人、或資產管理者意識到他們可以利用這點。我們不相信市場是百分之百有效率的。然而，**我們知道，市場是具有高度效率的，以致於絕大多數的選股者在交易成本、管理費，以及稅的影響之下，他們的表現無法與市場持平。這不是意見，這是事實。**

　　可以肯定的是，有些專業投資人士確實能在一段特定時間內表現優於市場。但是時間範圍愈長，任何一個人能夠做到這件事的可能性就愈小。事實上，從長期來看，他們有大約 80% 的機會表現遜於市場。我們不喜歡這樣的可能性。我們用這種方式想一想：如果你是一個企業主，你會僱用一個有 80% 的機會降低你的利潤的人嗎？這正是你花錢請人主動管理你的投資時在做的事情。

　　正如你可能已經意識到的，這些是大多數投資行業的人不想讓大眾知道的事實。如果夠多人知道，他們當中有許多人將會失去他們的高薪工作，被迫做其他事情謀生。大眾相信他們能擊敗市場，才符合他們的最佳利益。因此，他們每年會花費數十億美元進行投資宣傳。經紀商與共同基金公司經常投放廣告，吹噓在特定期間內勝過市場的報酬率，而這段期間恰好是它們選擇的。法律會要求它們在廣告中加入免責聲明：「過去的表現並不能保證未來的結果。」

　　也許應該要求它們加上第二條免責聲明：「全盤接受訊息是危

險的。」正如作家兼投資經理人理查・菲利恰當的指出：「華爾街想讓你相信，他們之所以在那裡是為你賺錢，但他們真正的目的是從你身上賺錢。」在一個 80% 的投資專業人士都無法擊敗市場的世界裡，他們一起砸大錢，試圖讓你相信他們能做到。

投資媒體不想要你知道的事

如果你已經讀到這裡，你就會知道有效的投資可以非常簡單：

- 建立一個簡單、分散風險的資產配置計畫。
- 根據你的計畫，將每筆薪水的一部分投資於低成本、無銷售手續費的指數型基金。
- 定期檢查你的投資，必要時進行再平衡，然後堅持到底。

你甚至可以透過買進一檔會為你進行配置、進行再平衡的組合型基金來簡化投資。長時間這樣做，你的表現將超過 80% 的投資專業人士。一旦建立好計畫，只需要最少的投資知識，幾乎不用花時間來管理。你所需要的是自律，才能堅持下去。這不是火箭科學，它的困難程度就像讓鏡子起霧一樣。

穩健投資的簡單性為投資媒體帶來了真正的問題。他們在做的生意是銷售投資資訊和廣告。他們的網頁上有空間能填滿，廣播中也有時間能填滿。如果有效的投資如此簡單，他們究竟如何吸引與留住觀眾或廣告客戶呢？如果他們告訴大眾真相，大部分的人就會把注意力轉向更令人興奮的事情，像是呼吸頻道。

你不能透過無聊來吸引觀眾,但穩健投資的興奮程度就像看著草生長一樣。華倫·巴菲特曾說過,「我們認為,不作為是明智的行為。」但是,這是大多數投資媒體與華爾街行銷機器不想讓你知道的事。如果有效的投資那麼簡單又那麼容易,那你就不需要它們賣的絕大多數東西。你只需要價值高於你所花的錢的投資與資訊。否則,他們就是在浪費你的時間與金錢。

因此,為了填滿所有空間與時間,投資媒體製造出大量被稱為**投資色情內容(investment pornography)的東西**。投資色情內容不像有價值的資訊,它是為了吸引你的注意力,讓你對擊敗市場感到興奮,並讓你抱著致富的希望去購買產品或資訊。當你停下來想一想,稱之為**投資色情內容**實際上有點奉承。真正製作色情內容的人會兌現他們的承諾。投資色情內容則更像是拿了顧客的錢,坐在床邊告訴他將會有多好,然後卻離開的妓女。這也許令人興奮,但最終卻無法實現。

我們大多數人基於幾個原因,還沒有學到有效的投資基本知識。**第一**,效率市場與現代投資組合理論的概念雖然不新,但直到最近幾年才為大眾所知。**第二**,現今的大多數投資者都是第一代投資者。他們沒有接受過這方面的正規教育,也幾乎沒有從父母、朋友、或親戚那裡學到什麼投資知識。**最後**,外面有很多噪音,包含偽裝成可靠理財資訊的隱藏銷售議程。把這三樣東西加在一起,就會換來容易上當受騙的大眾。要一直愚弄所有人是不可能的。然而,要愚弄許多人夠長的時間,讓許多其他人過上非常舒適的生活還是有可能的。

華爾街版的三大謊言

我們很多人都聽過一個關於世界上三大謊言的古老笑話。版本有很多種，但第一個謊言永遠是「支票在信件中」。另外兩個謊言則各不相同。比較受歡迎的一些謊言是：

- 「當然，早上我會愛你。」
- 「如果你有空，我就有錢。」
- 「我是政府人員，我是來幫助你的。」
- 「我是在電話簿背面登廣告的人身傷害律師，我是你的朋友。」

下面是華爾街版本的另外兩個謊言：

1.「現在是選股者的市場。」

2.「趨勢是你的朋友。」

第一個謊言想讓你相信，投資世界已經發生了根本性的變化。推銷用語大致是這樣：雖然指數型基金在歷史上擊敗了大部分的主動式管理基金，但從現在開始，我們應該尋找那些有選股能力能擊敗市場的基金。

的確，你可以發現，短時間內主動式管理優於指數化投資。然而，當選擇的時間段愈長，支持指數化投資的機率就愈大。從事後看來，分辨出那些短期內表現較優異的主動式管理很容易，但要預見卻不可能。引用現代投資組合理論的其中一位巨人、芝加哥大學

教授尤金·法瑪的話：「我會把選股者比作占星師，但我不想批評占星師。」

第二個謊言確實有點真實性。有一個趨勢是你的朋友。美國股市有 200 多年的歷史，唯一的長期趨勢就是上漲。這就是最近的歷史告訴我們的：如果你買進股票的市場投資組合，然後將股利進行再投資，那麼你在任一年當中賠錢的機率是 32%。在任何一段五年的期間當中，你賠錢的機率會下降到 13%，在任何一段十年的期間當中，你賠錢的機率會下降到 2%。從來沒有過一段十五年的期間，出現股票賠錢的情況。這些就是你需要知道的所有事。

雖然許多人聲稱，可以透過歷史模式與趨勢預測未來的股市狀況，但這些只不過是選擇性的看法。人們會看到他們想看到的。一項又一項的研究發現，試圖預測經濟或股票市場的短期方向，基本上是徒勞的行為。

然而，希望會無止境的萌發。因為人們願意相信，有抱著未來報酬聖杯的大師與專家的存在，因此會有許多自詡的投資／媒體大師在推銷投資色情內容。與此同時，有許多優秀的投資專業人士與在投資媒體工作的人，他們告訴大眾真相，並提供誠實、客觀、非常有價值的資訊。

區分占卜者與說真話的人

十九世紀的幽默作家阿特彌斯·伍德（Artemus Ward）寫道：「讓我們陷入麻煩的，並不是我們不知道的事情。而是那些我們以

為知道，但卻並非如此的事情。」有大量的投資噪音試圖教你一些「並非如此」的東西。如果你關心你的財務未來，你就必須知道如何識別與忽視它。考慮到這點，以下有三個指導原則，可以把你的噪音探測器調適到最佳狀態：

1. 所有的預測都是噪音。
2. 聽幫助者的話，忽略騙子的話。
3. 做一個真誠的持懷疑態度之人，並做好你的功課。

讓我們更詳細的看這三個指導原則。

1. 所有的預測都是噪音

假設有一天你醒來，擁有一年的股票市場預言天賦，並意識到自己的新能力。在接下來的 12 個月當中，你將知道哪些股票會是贏家，哪些會是輸家。更棒的是，你會知道何時能在正確的時間買進與賣出正確的股票。你會：

- 撰寫、出版、並出售股票市場快訊，告訴人們即將發生的事情？
- 打電話給投資雜誌，告訴它們未來六個月每個人都必須持有的，六檔最熱門的股票的名稱，這樣它們就可以在下一期發表關於這些股票的封面文章？
- 製作並播放電視廣告，推銷一堂課程，教人們如何複製你的遠見？
- 寄一封郵件邀請人們參加免費的晚餐或研討會，試著向他們

推銷一堂投資課程,或說服他們讓你管理他們的錢?

- 找一個全國性的廣播或電視節目,告訴世界如何投資?
- 閉上你的嘴,把農場拿去做抵押貸款,然後大賺一筆?

好吧,如果你做了除了上述最後一件事以外的任何一件事,那你就會在桌上留下一大筆錢。擁有像那樣的天賦,明智的作法就是保持沉默,盡你所能多借一些錢,然後在正確的時間投資正確的股票。買低賣高。這樣做,不到一年你就會成為世界上最富有的人。只憑一年的股市預言天賦,你就能賺到足夠的錢,用零用錢就能買下比爾‧蓋茲(Bill Gates)、華倫‧巴菲特,以及一些富有的阿拉伯酋長的產權。

市場預測很像體育預測。我們對即將發生的事情都有自己的看法,我們每個人都有差不多的機會把這件事做好。但是押注體育或股市預測是在玩輸家的遊戲。贏家是預測者、賭場、基金經理人,以及經紀商,因為他們在投資者承擔風險的同時得到薪水。

如果你是一個體育迷,找個時間試試這個:購買一本體育雜誌,看看上面對即將到來的足球或籃球賽季的預測。你會注意到一些非常有趣的事情。幾乎所有被預測今年會表現很好的隊伍,都是去年表現很好的隊伍。現在,把雜誌收起來,在賽季結束後做個紀錄,看看這些預測有多準確。你一定會看到一些預言家們錯過的真正驚喜。有些被預測會表現最好、或表現居於前列的球隊,在賽季中表現得令人失望,而其他不被期待會表現很好的球隊,卻在賽季中表現得很出色。

嗯，股市預測者的工作方式大致相同。有關市場未來走勢和哪些股票可能會成為贏家的預測，通常都是根據近期的表現。相信最近發生的事情在不久的將來會繼續發生的傾向，是一種被稱為**近因偏誤**的行為特徵，我們在第六章討論過。

例如，在 1970 年代股市表現得非常糟糕之後，1979 年 8 月 13 日，《商業週刊》（*Business Week*）發表了一篇標題為「股票之死」（The Death of Equities）的封面文章。在《商業週刊》宣布股市已死後不到三年，歷史上最大的牛市從灰燼中崛起，並持續了將近二十年。

相比之下，在 2000 年年初牛市達到頂點時，很少聽到發出警告的聲音。大多數預測者都這樣宣稱，「你現在必須擁有的十大熱門科技股！」在 1990 年代末期，經常聽到人們說，他們指望股票每年能一直賺 20%。這些都是近因偏誤的例子。它讓我們相信那些並非如此的事情。

投資專家有三種：

1. 那些不知道市場會如何發展，也知道自己不知道的人。
2. 那些不知道市場會如何發展，但卻相信自己知道的人。
3. 那些不知道市場會如何發展，假裝知道才能拿到薪水的人。

談到預測股市在短期之內的走勢時，我們所有人都一樣無法看見。你的預測跟得諾貝爾獎的經濟學家、去年表現最佳的共同基金經理人、彼得彭恩的熱門股票快訊（*Peter Porn's Hot Stocks Newsletter*），以及凡夫俗子一樣，正確的可能性是差不多的。別把

整個農場押在任何一個預測上，包括你的。它只是噪音。

2. 聽幫助者的話，忽略騙子的話

對於那些想要學習投資的人來說，有很多很好的建議來源。你可以在任何能想到的媒體形式中找到它們：書籍、廣播、電視、報紙、講座、研討會和投資課程、雜誌、快訊、錄音和影片課程，以及網路上。這是好消息。

壞消息是，致力於銷售而非幫助的糟糕投資建議來源比較多。要區分這兩者並不容易，但這是可以做到的。以下是在各種媒體形式中尋找建議的一些指導方針。讓我們從最有可能的噪音來源開始。

廣播與電視廣告

這些節目通常由華而不實的推銷人員負責，他們讓致富聽起來就像兒戲。只要訂購他們的書籍、錄音和影音節目、或投資課程，你也能學到獲得無盡財富的秘密。當然，這些人希望賺錢的方式，就是透過向容易受騙的大眾販賣不良的資訊。這是一個會讓狂歡節上的叫賣小販臉紅的騙局。依照他們之中許多人的主張去做，你很可能會破產，惹上國稅局的麻煩，或者被關進監獄，就像他們之中的一些人一樣。

投資快訊

我們身邊有少數很好的投資快訊，但大部分的壽命跟果蠅一樣長，而且都有提供糟糕建議的紀錄。我們在第十三章詳細討論過投資快訊。我們只想說，談到投資快訊時，我們覺得邁爾康·富比士（Malcolm Forbes）說得最好：「用快訊賺錢的唯一方式就是賣快訊。」

免費投資研討會與晚宴的邀請

從合法的理財規劃師到「遇見騙子」，這些幾乎都是推銷手段。我們認識的一位已退休的柏格頭很樂於接受晚宴邀請、聽推銷話術，然後繼續投資指數型基金。當傑克·柏格說「成本很重要」時，這個人聽進這句話了。我們建議你也這麼做。

廣播與電視上的投資 call-in 節目

所有的主持人／來賓通常都在銷售投資、保險、投資組合管理、財務規劃、或快訊。然而，這並不妨礙其中許多人提出優秀的建議。好的主持人或來賓，希望你能看到他們在誠實與專業技能上的價值，並與他們做生意。糟糕的主持人或來賓，則會談論哪些股票或基金很熱門、預測市場走勢，以及吹噓自己擊敗市場的能力。你可以在不花一分錢的情況下，藉由聽那些好的主持人或來賓的話，學到很多東西。這就是我們的建議。

無學分的投資課程

　　由學院與大學開設的投資課程，是學習財務規劃與投資方面之基礎知識的絕佳工具。然而，並不會只因為這是一所提供課程的高等教育機構，就代表它能自動擺脫偏見與含蓄的推銷話術。經紀人和理財規劃師常會免費開授這些課程，當作吸引新客戶的一種方式。當我們從同一來源購買投資產品與投資建議時，永遠會存在利益衝突。如果你決定上這些課程，請記住這一點。

錄音／影音的投資與累積財富節目

　　這些節目從優秀的到糟糕的都有。好的節目會教你儲蓄的基本知識、可靠投資的原則、並鼓勵你獲得及遠離債務。它們會告訴你，獲得財務自由需要一個好的計畫，加上多年的時間、努力，以及犧牲。不好的節目則會提供大量的投資色情內容。如果它們承諾教你一種方法來掌握進出市場的時機、賺取難以置信的高報酬、挑選正確的股票、在沒有頭期款的情況下購買房地產、或迅速轉售房地產以獲取利潤，那就是用不誠實的手段在賺錢。

投資報刊業新聞工作

　　1999 年 4 月，《財星》（*Fortune*）雜誌刊登了一篇標題為《共同基金記者的自白》的文章。署名為「一位匿名者」的作者在這篇文章中寫道：

　　　共同基金記者過著祕密的投資生活。白天我們寫「現在買進的

六檔基金！」……然而，到了晚上，我們會投資合適的指數型基金。

有些最好的投資建議可以在雜誌、報紙，以及網路部落格上找到。你可以聽從財務建議的最好的兩個人是傑森・茲威格與珍・布萊恩特・奎因。傑森・茲威格在他《華爾街日報》上的「智慧投資者」專欄中，定期提供優秀的投資建議。珍・布萊恩特・奎因數十年來一直在撰寫出色的財務與投資建議。如今，你可以在她的部落格（janebryantquinn.com）上讀到她的想法。這兩位作家都是非常棒的書籍作者。

書籍

大眾通常會認為一本書有立即性的可信度，尤其是當大型出版社出版這本書的時候。千萬別一下子就相信。出版社對書的銷售比對講實話更感興趣。有些最暢銷的投資書籍提供了一些最糟糕的投資建議。許多書籍只是印刷出來的商業廣告，目的是說服讀者僱用作者擔任資產管理者、經紀人、或財務規劃師，說服讀者訂閱他／她的快訊、或購買作者昂貴的投資課程。

許多出版社喜歡投資色情內容作家，因為作者花一大筆錢來推廣書，而出版社可以坐收漁翁之利。出版社的態度是，「誰在乎真相？這本書在暢銷書排行榜上，而作者正為廣告與宣傳費用買單。」幸運或不幸的是，許多花大價錢讓自己的書登上暢銷書排行榜的作者，最終都宣布破產了。然而，由於他們是暢銷書作家，而且總能想出新的角度來推銷他們的廢話，因此出版社會熱切的擁抱

他們。

　　一本投資書籍不會只因為是全國性暢銷書，就代表它是一個好的資訊來源。這只能代表這本書被大力的推廣。看看作者的資歷。看看這本書有什麼承諾。查爾斯・J・吉文斯（Charles J. Givens）寫過幾本暢銷巨作，包含《無風險財富》（*Wealth Without Risk*）。吉文斯在去世前不久宣布破產。我們只能假設他看到財富，但沒看到風險。羅伯特・艾倫（Robert Allen）的百萬本暢銷書《零頭期款》（*Nothing Down*），教讀者如何在沒有頭期款的情況下購買房地產。他也破產了，還被國稅局盯上。如果不用頭期款就能買房子致富，那他為什麼會破產呢？從計程車司機轉型為金融大師的韋德・庫克（Wade Cook），在書中向讀者承諾，只要遵循他的股市投資技巧，讀者的年報酬率將能達 100%。他長久以來一直跟債權人與美國國稅局之間有財務糾紛。這些作家與其他許多作家都厚顏無恥的告訴讀者，當他們破產時該如何處理自己的錢。這種情況有什麼不對？醫生，請醫治你自己。

　　但同時，書店與圖書館裡也擺滿許多優秀的投資書籍。本書後面有一個列表，列出一些我們最喜歡的書，當然這個列表絕非完整或詳盡。如果你有興趣閱讀優秀的投資書籍，我們列出的書籍就是很好的開始。

網站

　　這個最新的媒體，以光速向我們的電腦、平板電腦，以及智慧型手機發送無窮無盡的資訊來源。這是好消息。壞消息是，實際

上這些資訊來源全都缺乏監管。任何可以訪問伺服器的人，都可以建立網站來發表任何聲明或宣稱。更糟糕的是，它可能是由自稱是一個人或公司的某個人發布的，而不是真正的發布訊息之人，且這個人可以來自世界上的任何地方。談到媒體，全球資訊網（World Wide Web）就像狂野、蠻荒的西部（Wild, Wild West）。這是一個幾乎沒有控制的邊境。

儘管如此，網路依然是個學習可靠投資的基礎知識，以及回答你許多問題的好地方。同時，它也是任何人輕易做出未經證實的斷言，而不被追究責任的地方。我敢肯定，如果沒有網路，我們三個永遠不會相遇。本書的最後有一個列表，列出我們最喜歡的財經與投資網站。

3. 做一個真誠的持懷疑態度的人，並做好你的功課

對抗噪音的最佳良藥是以實證研究（由那些對銷售投資產品與服務不感興趣，有能力、公正的各方所做的）為基礎的知識。如果你花時間去閱讀，一流的財金教授與投資從業者所寫的書籍與文章，你會發現，他們彼此的研究結果與書中提供的資訊都非常相似。我們強烈鼓勵你這樣做。這是你的錢，而擁有成功投資的知識能讓你掌控一切。總是有可能會發生這樣的事：某個聲稱自己擁有驚人的擊敗市場能力的人，能在職業生涯中做到這一點。然而，研究清楚的告訴我們，這不是選擇。

本書的概念幾乎是廣泛的學術研究的結果。我們許多最好的建議，都是取自我們的朋友兼導師傑克・柏格的經驗、著作，以及演

講。這些概念也反映出，我們從總計超過100年的綜合投資經驗（好的與壞的）中學到的教訓。談到投資，好的、可靠的資訊，跟聽起來不錯的資訊，有天壤之別。你的財務未來，取決於你對這個差異的認識。

第 19 章

情緒是投資的敵人

你以宮殿為目標,卻在下水道被淹死。

——馬克・吐溫（Mark Twain）

「如果我們有夢想,我們就能做到。」這是傳統美國人無限樂觀與自信的態度。它根植於一個核心信念:我們生活在一片自由、富足、機會無限的土地。美國人相信,如果我們非常想要某樣東西,並努力去實現它,我們最終會成功的得到它。我們相信這對個人、家庭、團隊、企業,以及整個國家都適用。簡而言之,美國人不害怕盡力去爭取。這是一種很棒的態度,也是推動世界歷史上最大、最成功的經濟體的動力引擎。

動機是看不見或不能被衡量的，但我們知道它是存在的。它激起我們的情緒，使我們以特定的方式行動。行為，動機的產物，是我們可以看到與衡量的。

情緒是極其重要的，因為我們都生活在情感的層面上。寧可過著快樂而貧窮的生活，也不要過著痛苦卻富有的生活。正是我們的需要、我們的想要，以及我們的感覺，導致我們每天做出成千上萬的選擇，而這些選擇最終決定我們成為什麼樣的人。我們是我們選擇的總和，而大部分的選擇都是帶著情緒做出的。如果你懷疑這點，就看看我們吃的食物、我們穿的衣服、我們交往的人、我們選擇住的地方、我們結婚的對象，以及我們選擇的職業。情緒主宰了一切。

依靠我們的情緒來做決定，通常會帶來更快樂、更好、更成功的生活。那些白手起家的人，幾乎總是把他們的成功歸因於，對成功的強烈渴望和願意付出幾乎任何代價。愛、希望、憤怒、恐懼、挫折，以及許多其他的情感，如果得到適當的引導，就能推動我們在學習、賺錢、儲蓄、給予、成長，以及成為更好的人方面做得更好。

然而，當你要做投資決策的時候，**請在門口確認你的情緒**。在這個生活領域中，根據一時的情緒行事，可能會導致你走上財務崩潰與毀滅的道路。憑直覺行事、盲目追隨人群或投資大師、太過努力、根據預測行事、依賴極大程度的自信、追求快速成功、過度保守、以及許多建立在情緒上的投資決策，幾乎都會讓你變得更貧窮。金錢的悖論在於，當大多數人對獲得金錢非常情緒化時，對金

錢的情緒化表現就是失去金錢的秘訣。

歡迎來到行為經濟學領域

古典經濟學假設，人類會有意識、理性的選擇如何分配他們的金錢，以最大化他們的整體滿意度。有成效的廣告刊登者與好的銷售人員都知道，在短期之下，那種假設的真實性就跟牙仙子一樣。從多年的實際經驗來看，他們知道人們通常會帶著情緒購買，然後用邏輯來證明購買的正當性。雖然客戶或投資者可能會給你一個合理、合乎邏輯的理由，說明為什麼他們以某種方式購買或投資，但這往往不是真正的原因。而且，很多時候他們甚至不知道真正的原因。

當許多經濟學家忙於假設現實世界的時候，有兩位在以色列工作的心理學家，開創了一個被稱為**行為經濟學（behavioral economics）**的領域。1960 年代末期，阿莫斯・特沃斯基（Amos Tversky）與丹尼爾・康納曼（Daniel Kahneman）在耶路撒冷的希伯來大學（Hebrew University）進行心理實驗，找出人們是如何做出經濟選擇的。

不久，特沃斯基與康納曼就意識到，人們並非永遠根據自己的最佳利益做出理性的選擇。從他們的實驗中，他們開始對人們用來做出快速經濟決策的經驗法則，進行整理與分類，並將其命名為**判斷捷思（judgmental heuristics；常見的用詞是「捷思法」）**。正如你可能猜想的，大多數人更感性，而非理性。

後來，他們兩人都搬到美國，特沃斯基最終在史丹佛大學任教，康納曼在普林斯頓大學任教。2002 年，康納曼為他開創性的努力獲得了諾貝爾經濟學獎，他是有史以來第一個獲得諾貝爾經濟學獎的心理學家。不幸的是，特沃斯基於 1996 年死於癌症，享年 59 歲。

多虧了特沃斯基、康納曼，以及這個相對較新的領域中的其他研究人員的開創性工作，我們現在有了人們用來做經濟決策的判斷捷思的列表。在這一章，我們會研究那些在投資時讓我們陷入困境的判斷捷思，以及如何避免它們。但在這之前，讓我們先來看看華爾街的兩種主要情緒。

貪婪與恐懼

貪婪與恐懼這兩種非常原始的情緒，驅使著許多身為個體的投資者和整個股市。沒有人投資是為了賠錢。我們所有人都把我們的美元，投資在一個非常不確定的市場上，最終的目標是在避免虧損的同時創造獲利。

史前人類非常依賴貪婪與恐懼來生存。當食物稀少且很少出現時，只有傻瓜才不會狼吞虎嚥並盡其所能的多囤積食物。在劍齒虎面前恐懼的奔跑，意味著有機會再活一天。更棒的是，這給了人類一個撤退到他的洞穴，並計畫如何讓老虎成為他的食物的機會，而不是反過來的情況。在叢林世界裡，依恐懼與貪婪的情緒採取行動是生存的關鍵。

但在投資的世界裡，恐懼與貪婪會減少並摧毀報酬。想想在第七章中討論過的 Dalbar 公司的研究結果。提示你一下，這項研究發現，**從 1993 年到 2012 年，共同基金投資者平均每年的表現，比標準普爾 500 指數低 3.96%。雖然表現相對不佳的部分原因是經紀佣金、高額費用、稅，但大部分是投資者的行為造成的。**由於貪婪，投資者興奮的追逐績效表現，並在市場上漲時買進。由於恐懼，他們驚慌失措，並在市場下跌時拋售，鎖住自己的損失。引用以前的連載漫畫人物波戈（Pogo）的話，「我們遇到敵人了，敵人就是我們自己。」當你買高、賣低的時候，你很難賺錢。

聰明的人做出糟糕的投資決策

雖然恐懼與貪婪導致許多糟糕的投資決策，但它們並不能解釋所有的決策。你是否曾在事後審視自己的投資決策時，拍拍自己的額頭，然後想，「我到底在想什麼？」放心，我們大多數人都曾經有過。你在做出糟糕的投資決策時很有可能使用了，下列行為經濟學研究人員發現的一種或多種判斷捷思。

當我們盲目的假設今天發生的事情將是明天的結果時，我們就是在實踐近因偏誤（請看第十八章）。如果市場下跌，我們便假設它會進一步下跌，然後我們就會賣出。如果市場上漲，我們便假設它會繼續上漲，然後我們就會買進更多。結果就是我們以便宜的價格賣出我們的股票，以高價買進別人的股票，然後在這個過程中賠錢。以下是一些其他的情緒陷阱，這些陷阱會讓我們在事後覺得自

己像投資傻瓜。

1. 自我與過度自信

過度自信可能是最大的報酬率殺手。再加上一點貪婪，你就會擁有破產的藍燈特價商品（Blue Light Special）。我們的樂觀和信心態度如果不加以控制，會導致我們做出糟糕的投資決策。

儘管這在統計上是不可能的，但至少有 70% 的美國人認為他們的收入高於平均水準。我們絕大多數人認為，我們的開車技術高於平均水準、智力高於平均水準、外表高於平均水準等。我們相信自己、感覺能控制自己的未來的這種需求，提供了非常重要和有用的目的。它給了我們勇氣，讓我們去嘗試、去達成我們在生活中可能不會嘗試和實現的成功。

然而，如果你把這種態度帶到你的投資決策中，你可能會面臨艱難的時期與巨大的損失。即使你是比自己認為的更聰明、更優秀的投資者，過度自信也會背叛你，原因很簡單：在短期內，股市的漲跌都是隨機發生的。當變化無法預測時，智力、技能，以及知識就不能給你優勢了。相信它們可以做到，對你的財富是有害的。以下三個例子可以說明這點：

⑴ 在 1990 年代，14 位自稱「比爾茲敦女士」（The Beardstown Ladies）的伊利諾州老奶奶，組成了一個投資俱樂部，聲稱自己在 10 年期間賺到的平均年報酬率為 23.4%，同時標準普爾 500 指數的平均年報酬率為 14.9%。在出版了一系列暢銷書之後，有一位記者檢查了他們的數據，發現他們的

真實平均報酬率只有 9.1%。值得注意的是，比爾茲敦女士並沒有欺騙大眾的意圖。他們只是不知道該如何正確的計算他們的績效表現數字。

(2) 門薩（Mensa）是一個排外的組織，其成員僅限於智力測驗得分在前 2% 的人。在標準普爾 500 指數 15 年期間的平均年報酬率為 15.3% 時，門薩投資俱樂部的表現只有 2.5% 的平均報酬率。

(3) 1994 年，在兩位諾貝爾經濟學獎得主的幫助下，成立了一間名為長期資本管理公司（Long-Term Capital Management，簡稱 LTCM）的避險基金公司。他們相信他們有一個可以消除投資風險的統計模型。基金的槓桿極高。它們掌管的部位總計 1.25 兆美元，相當於美國政府的年度預算。在取得了一些令人驚嘆的早期成功之後，金融恐慌席捲了整個亞洲。1998 年，LTCM 出現巨大損失，面臨破產。為了防止世界經濟崩潰，紐約聯邦準備銀行（New York Federal Reserve）精心安排了 14 間銀行的收購行動，這些銀行總共出資 36 億美元收購該基金。損失了數十億美元。這是一個非常昂貴的學習方式，天才不能保證投資成功。

如果你認為你可以選出股票、掌握進出市場的時機、或者比其他人更了解經濟的走勢，那麼你很有可能落入過度自信的陷阱。意料之中的是，男性比女性更容易得到這種病。因此，女性往往比男性獲得更好的報酬率，因為她們更少進行交易，且承擔更謹慎的風險。另一方面，男性被教導採取行動與解決問題是他們的職責。問

題在於，採取大膽行動解決投資問題，通常會產生更嚴重的問題。我們希望你相信自己，而且比你自己認為的更聰明。但是，當你要用你辛苦賺來的錢進行投資時，請記住這個想法：股市是一個非常昂貴的學習的地方，你和其他人生來都不具備投資預言的天賦。

2. 損失趨避

你會每天檢查你的投資組合嗎？當股票或共同基金賺到合理的報酬時，你是否會賣出以鎖住獲利？當你看到股票或共同基金下跌時，你會賣出它們嗎？你是一個把大部分儲蓄放在債券或安全、極端保守的投資上的年輕人嗎？如果是的話，你可能會因為損失趨避而損害到你的潛在報酬。

損失趨避是過度自信的反面。雖然過度自信會使我們過於大膽，但損失趨避會使我們對投資過於膽怯。實驗表明，在情感層面上，我們因損失 100 美元而感受到的痛苦，是我們因獲得 100 美元而享受到的好處的兩倍。因此，許多曾因股市損失而受到傷害的人，發誓永遠不再投資股市。正如馬克·吐溫所說的，「坐在熱爐子上的貓永遠不會再坐在熱爐子上，但他也可能永遠不會坐在冷爐子上。」

也許你認識一些人，他們在 1929 年的股市崩盤、1973 年～1974 年的熊市、2000 年的科技泡沫、2007 年～2009 年的房地產泡沫與信貸危機中，損失了一大筆錢——現在他們把所有的錢都存進銀行的定期存單。他們可能認為他們的投資是無風險的。然而，如果你將利息收入應繳的稅和通貨膨脹因素考慮進去，他們許多人

實際上正在失去購買力。被認為安全的東西，並非永遠像損失趨避的人認為的那樣安全。

3. 分析癱瘓

這種投資陷阱是損失趨避的同類。到了要投資的時候，我們有成千上萬檔基金可以選擇，還會有大量的噪音告訴我們，為什麼我們應該以某種方式投資。人們得到的選擇愈多，就愈難做出選擇。因此，有些人沒有做出選擇，也沒有進行投資。

問題是，由於沒能投資，他們承擔了機會損失。錢不會從他們的口袋裡出來，所以他們可能沒有意識到這點。然而，這些錢是沒有在他們的帳戶中複利成長、也沒有增加他們的淨值的錢。員工每年都錯過他們雇主的相對提撥退休金計畫，所提供的數十億免費的美元，只因為他們不會決定採取哪種投資方案。如果你很難扣下做出投資決策的板機，請記住，投資在這方面就像籃球：你不出手，就是百分之百錯過投籃。

4. 稟賦效應

我們很多人都傾向於把熟悉與安全混淆，並高估我們已經擁有的東西的價值。這就是稟賦效應。由稟賦效應引起的一個常見的投資錯誤，是發生在員工將自己的大部分資金投資於雇主的股票上。如果你認為這是一件謹慎的事，不妨問問安隆公司的前員工。這樣做的員工已經把一半或更多醒著的時間投入在公司了。不僅如此，她現在還把自己大量的金錢投資押在這家公司上。說她**沒有分散風**

險簡直是保守的說法。

另一個由稟賦效應引起的常見作法是，只購買國內的基金，因為他們認為美國投資更安全。從歷史上看，美國基金與國際基金的長期報酬率是類似的，儘管它們往往在不同的時間到達高點。有些人認為，在一個全球性、相互依存的世界裡，國際基金是沒有必要的。原因在於，由於許多美國公司的大部分收入來自海外，因此美國基金在全球範圍內是分散風險的。然而，這種推理方式跟單純的假設美國基金更安全，是截然不同的。正如我們前面所說的，我們認為大多數投資者將受益於，把大約 20% 的股票投資於外國股票。

5. 從眾行為

身為人類，我們會覺得有必要順應潮流，而且我們天生就有從眾的傾向。從眾在許多商業與社交場合，對我們都很有幫助。我們很多人都學過這句老話，「要相處，就得一起走。」

但是，如果你在投資時從眾，你還不如在背上掛個牌子，上面寫著，「請來拿我的錢！」再說一次，想想 Dalbar 公司的共同基金投資者表現的研究帶來的教訓。從眾可能會為你帶來負的實質報酬率。

可悲的事實是，在投資方面，你可以跟著群眾去屠宰場。從眾投資者有某些特徵。他們沒有可靠的投資計畫，他們只聽噪音，在錯誤的時機買進與賣出，不知道自己的表現比市場還差到什麼程度。事實上，由於稟賦效應，大多數人認為他們的投資遠比實際情況還要更好。我們稱之為「**比爾茲敦女士效應**」（The

Beardstown Ladies Effect）。由於大多數人認為他們高於平均水準，所以他們得出的結論是，他們的報酬率也高於平均水準。

6. 心理帳戶

這種情緒陷阱會使我們成為貧窮的儲蓄者，而不是貧窮的投資者。不過，由於你不能投資你沒有儲蓄的東西，因此這是一個需要注意的習慣。**心理帳戶是一種根據錢的來源，差別對待錢的習慣。**當然，所有的錢都是錢，不管我們如何獲得它。但由於我們並非完全理性，因此我們往往不會用那種想法對待錢。

舉例來說，當你獲得所得稅退稅時，你是否會認為這是一筆重新找回的錢和意外之財，可以用來獎勵自己？如果你是這麼想的，那你就是在實踐心理帳戶。事實是，你應該為向政府提供無息貸款而自責。告訴你的雇主，減少從你的薪水中扣繳的所得稅。那筆錢在過去一年當中應該在你的帳戶裡複利成長。如果是那樣的話，你會擁有更多。

另一個心理帳戶的例子是，你為你計畫的旅行買了一張不可退款的機票。情況發生變化了，你不想去旅行，但又覺得有義務要去，因為你不想浪費機票。所以，你去旅行，花更多的錢吃飯和住宿，並度過一段痛苦的時光。事實上，機票是沉沒成本（sunk cost），它是你在決定是否去旅行時應該忽略的成本。否則，就是冒著把錢投入無底洞的風險。

你是否把你所有的退休金都放在非常安全的投資上，但卻背著信用卡餘額？你用信用卡付帳時，是否花得比用現金付帳時還多？

你是否認為自己是好的資產管理者，但在儲蓄方面卻有困難？上述這些都是某個人表現出心理帳戶行為的徵兆。

7. 錨定效應

你是否會在不知道一個資產管理者、經紀人、或理財規劃師為你賺的錢，比市場報酬率高還是低的情況下，一直跟著他們？你是否一直持有一項已經失去價值的投資，並發誓只在它漲到某個價格時才賣掉它？你是否執著於投資習慣，而不去努力找出真相？這些全都是錨定的徵兆——執著於舊的信仰或令人舒適的觀點，儘管事實是它們對你的財富可能是有害的。

俗話說，「我已下定決心了，不要將我跟事實混淆了，」這是最好的錨定態度的描述。人們會持有他們想要出售的房子，直到他們得到「他們的價格」，這是很常見的情況。我們認識的一對夫妻，為了得到他們的價格，已經在一個老城區、一個老房子上堅持超過10年了，而且每年都在變舊。他們似乎未察覺稅、保險、維護的成本，以及在附近地區覓食的地下白蟻。然而，他們繼續擁有並住在他們不想住的房子裡，等待著他們的房子值他們想賣的價錢。

毫無疑問的，仍然有一些來自科技泡沫的投資者，他們始終堅守著，並耐心的等待納斯達克綜合指數重返 5000 點。這類錨會拖累報酬率。

8. 財務過失

最後，拖延是財務成功的最大危害。許多人做出糟糕的投資決

策，只因為他們全神貫注於其他事情。他們太過忙於賺錢或花錢，以致於沒有時間去學習如何保有它並讓它成長。對於有些人來說，學習如何成為一個有能力的投資者，需要付出太多的努力。因此，他們將所有的財務任務委託給他們的 CPA、保險代理人、律師、經紀人、或財務顧問。他們不知道自己在佣金、專業費用、稅，以及管理成本上花了多少錢。他們不了解經濟、金融市場，以及複利的魔法，也不知道他們花錢請的人是否為他們做了像樣的工作。

我們其中一人參加了一場投資研討會，著名的演員兼經濟學家班·史坦（Ben Stein）在研討會上演場。在史坦的演講中，他講了一位電影製片人的故事，這位製片人讓他在好萊塢有了重大突破。這位製片人跟好萊塢的許多人一樣，他揮金如土，經常喜歡搭乘豪華遊輪去歐洲旅行。史坦提到製作人破產了，而他（史坦）現在正幫助製作人支付每個月的房款。最可靠的賠錢方法就是不去注意它。就如同世界上有窮人變富人的故事一樣，這世界上也有富人變窮人的故事。這些故事只是不常上新聞而已。

控制情緒

察覺投資時的情緒陷阱是一回事，採取行動來防止它們毀掉你的投資又是另一回事。所以，你會怎麼做？

首先，在一張紙上寫下你的主要財務目標，並寫下你需要這筆錢的日期。需要錢上大學？多少錢？什麼時候？需要錢買新家？多少錢？什麼時候？需要錢退休？多少錢？什麼時候？好的計畫始於

設定財務目標與目標日期。

其次，如果你堅持實踐本書推薦的技巧，你將能自動避開大部分的情緒投資陷阱。還清你的信用卡與高利息債務，並遠離債務。制定一個簡單、合理的資產配置計畫，並堅持下去。根據資產配置計畫，有系統的儲蓄與投資每份薪水的一部分。你愈早開始，你就會變得愈富有。把你大部分或全部的資金投資於指數型基金。保持你的投資低成本與低稅務。不要試圖想掌握進出市場的時機。排除雜音，必要時對你的投資組合進行再平衡，並堅持你的計畫。透過做這些事情，你將能明智的管理風險。你將會買低、賣高，並擁有對你有利的複利的力量。你將會緩慢但有系統的積累財富，並為舒適的退休生活存下一筆積蓄。如果運氣好的話，你會擁有比你夢想的更多的錢。這些經過時間考驗的技巧對數百萬人都有效，對你也同樣有效。

第三，忘記流行但被誤導的觀念，也就是投資應該是有趣且令人興奮的觀念。投資是一個以積累與保存財富為目標的過程。它不是迪士尼樂園、拉斯維加斯、彩券、或超級盃。如果你通過投資來尋求刺激，你將會賠錢。從頂層公寓到戶外廁所的旅程是很短的。

你想要興奮嗎？那就對你的職涯感到興奮吧。對你的家庭、你的社區、禮拜地點、最喜歡的目標、運動隊伍、愛好、或任何你想感受到熱情的事情感到興奮吧。對賺錢與存錢感到興奮，但在投資的時候要非常冷靜。一旦你有了足夠的錢，你就可以花時間對任何你想要的幸福事情，感到興奮與熱情。

如果你想要享受試圖選出成功的投資、或掌握進出市場時機的

那種興奮與刺激，那就最多拿出你投資組合的 5%，開立一個賭場帳戶。你可以自由的交易，並試著在你認為合適的時候用這筆錢來進行市場擇時。不過，有一條最重要的規則：如果你賠掉全部的錢，它就永遠消失了。不再有賭場帳戶。這樣你就可以在不危及你的財務未來的情況下，享受追逐令人激動之事的刺激。

第四，不要指望在投資的時候一直都是非常理智與理性的。我們都是情感動物，有時候我們的情緒會占上風。如果你做了一個糟糕、情緒化的投資決定，那就下定決心從中汲取教訓，不再重蹈覆轍。這就是你能做的一切。作家阿爾伯特‧哈伯德（Elbert Hubbard）曾寫道，「每個人每天至少有 5 分鐘是傻瓜。不超過限度就是有智慧了。」在每天的這幾分鐘裡，我們強烈建議不要做任何投資決策。

避開情緒陷阱

最後，關於前面提到的常見的情緒陷阱，我們提供了以下工具幫助你避開：

- **近因偏誤**。永遠不要假設今天的結果能預測明天的結果。這是個不斷變化的世界。
- **過度自信**。沒有人能始終如一的預測市場的短期走勢。這包含你與／或為你投資的人。
- **損失趨避**。當一個風險管理者，而不是風險趨避者。認為自己在規避風險可能是一種代價高昂的錯覺。

- **分析癱瘓**。你不投資的每一天，都是減少你擁有為你效勞的複利力量的每一天。制定一個明智的投資計畫，然後開始行動。如果你需要幫助，就尋求一個好的理財規劃師來協助你。

- **稟賦效應**。不能因為你擁有它，或者擁有它的一部分，就表示它更值錢。取得客觀的評價。對雇主的股票的投資，不要超過你的投資組合的 10%。

- **心理帳戶**。記住，所有花掉的錢都一樣，不管它從哪裡來。已經花掉的錢是一種沉沒成本，不應該在未來的決策中扮演任何角色。

- **錨定效應**。堅持到你得到你的價格時，再賣出一項投資，是在玩傻瓜的遊戲。盲目的認為你的財務人員做得很好，卻沒有對實際情況進行客觀的解讀，也是在玩傻瓜的遊戲。請徵詢第二種意見。

- **財務過失**。花點時間學習穩健投資的基礎知識。這其實是非常簡單的東西。了解它能帶來生活在貧困中、還是生活在富裕中的天壤之別。

在投資這個領域，根據情緒行事很可能會讓你走向財務毀滅。憑你的直覺行事、盲目的從眾、根據預測行事、試圖大賺一筆、或者深受本章描述的其他任何情緒導向的投資決策之害，幾乎會讓你變得更窮。了解行為財務學能讓你更適當的處理你的情緒，並做出更好的投資決策。

第 20 章

在死之前，仍有錢花！

假如我在四點以前死去，那我已經得到我需要的所有錢了。

——亨尼‧楊格曼（Henny Youngman）

「在不花光錢的情況下，我每年可以花我投資組合的多少錢？」這是所有退休人士與接近退休的人，都想得到明確答案的最大問題。一想到失業、錢花光了，以及還有好多年的人生，就會讓人聯想到各種可怕的畫面。我們會想像，在生命的最後幾年裡，我們在一個沒有暖氣的公寓裡，吃著貓食和餅乾，辛辛苦苦的過著悲慘的生活。我們會想像，我們的朋友拋棄我們，我們的家人忽視我們，在孤獨的死去之後，很少人來參加我們的極小型葬禮。

如果這個問題不斷困擾著你，你可以百分百確定的回答自己。你所要做的事情就是收集以下資訊：

- 你的投資組合目前的價值。
- 你的死亡日期。
- 直到你死亡之前，你的投資組合每年的報酬率。
- 直到你死亡之前，你每年的聯邦、州，以及地方稅率。
- 通貨膨脹率。
- 醫療保健成本。
- 你的退休金與其他收入的金額。
- 你擁有的任何房地產的未來價值。
- 你的退休金與醫療保險方面的所有意料之外的變化。

一旦你收集了上述所有資料，你就可以透過任何線上理財規劃程式來運算，它們會算出一個支出數字給你，讓你可以不匱乏的用到生命中的最後一天。你甚至可以安排退回你給喪葬承辦人的支票。對於那些希望留下資產的人，計算出你想留給繼承人多少，程式會據此調整你的支出數字。

你開始了解回答這個大問題，會涉及的問題了嗎？即使你跟凱沃基安醫生（Dr. Kevorkian）有無法更改的日期，也有太多的未知數，以致於無法提供一個精確的答案。哦，但是，我們如何嘗試。有追根究柢精神的人會想知道。

我們真正需要處理的是預期壽命表與歷史財務數據。有了這些資訊，投資學者與研究人員就能在這個大問題上，找到可行的答案：

「在不花光錢的情況下，我每年可以花我投資組合的多少錢？」雖然不會有兩個完全相似的答案，但他們會所給的提領比率，往往會落在一個相當有限的範圍內。

　　根據我們的研究，我們為你制定了一個支出計畫。我們稍後會講到。但首先，我們來看看退休人士面臨的困境吧。

退休人士的支出困境

　　我們假設，經過多年的工作與儲蓄，退休即將到來。無論是因為選擇還是時機，你將面臨失業的生活。現在，你必須制定一個支出計畫，讓你和你的配偶（如果有的話）只要還活著，就能持續生活下去。當你花掉你的備用金時，你可能會出錯的基本方式有兩種。**第一**，你可以盡情享受，在退休的前幾年花過多的錢，並且有可能在之後把錢花光。太快花掉太多錢是你不能承擔的錯誤。很少有人（如果有的話）願意在生命中的最後幾年，成為被國家援助的對象或他人的負擔。

　　第二種錯誤是花費過少。這通常是受到擔心錢用完的非理性擔憂所驅使——即使你的投資組合與其他收入來源，足夠維持你想要的生活水準。花費過少會剝奪他們自己和身邊最親近之人的商品、服務，以及體驗，而這些可以讓他們過更好、更快樂、更充實的生活。這是有播種卻沒收割。對於有儲蓄與投資習慣的人來說，花費過少是一個很難克服的問題。

　　雅各・利德（Jacob Leeder）的故事就是花費過少的好例子。他

開著一輛 1984 年的奧斯摩比（Oldsmobile）旅行車，住在樸素、單層的磚房裡。他沒有孩子，也沒有寵物。由於他沒有有線電視，因此他每天花 8 個小時在女朋友家裡看股票市場報告，還用她的電話打電話給他的經紀人。據他的女朋友安·霍爾多夫（Ann Holdorf）說，他對他們不太有禮貌。

利德與霍爾多夫很少出去吃飯，即使出去吃飯，通常也是去自助餐廳或便宜的餐廳。晚上的時候，大多數是她在家裡為他們做飯。她生日的時候，利德會給她一張 100 美元的支票。他們從不休假。當她提起這個話題時，他會說，「現在不行，市場不好。」

當利德在 1997 年去世時，他留下了價值大約 3,600 萬美元的遺產。他的財產規模讓很多人感到震驚，包含與他交往 24 年的女朋友安·霍爾多夫。利德確實留給霍爾多夫 15 萬美元，外加 10 萬美元的信託基金——考慮到他的財產規模和他們在一起的時間，這筆錢不算多。他的大部分財產用來繳納遺產稅，其餘的留給兩個侄女、動物權利團體，以及獸醫學校。

正如英國牧師兼散文作家約翰·W·福斯特（John W. Foster）所言，「將死之富人的驕傲，最能引起地獄裡最響亮的笑聲。」我們穿的最後一套西裝不需要任何口袋。

確保餘生收入的兩種最好的方式

我們大多數人想要的是，一個能確保我們在盡可能享受金錢的同時，不會比金錢活得更久的計畫。為了達成計畫的目的，選擇你

的每年提領比率是個很好的起點，但是你要意識到，你的提領比率可能需要隨著時間的經過而有所調整。股票市場的報酬會經歷長時間的盛宴與饑荒。高通貨膨脹率可能會出現，並削弱購買力。你生活中意想不到的事情，會以你從未預料到的方式，提高或降低你的生活支出。如果童子軍的座右銘是「做好準備」，那麼退休人士的座右銘則是「靈活應變」。

毫不意外的，有兩種簡單的方法可以保持財務上的靈活性，並減少花光錢的可能性。**首先**，盡可能降低你的固定生活支出。退休可不是擁有大量抵押貸款、昂貴的車貸、信用卡債務、或類似債務的時候。當股市下跌、熊在華爾街咆哮的時候，低開銷是非常有用的。你需要具備在熊市期間花少一點錢、在牛市期間花多一點的靈活性。當那一年的市場很好時，你可以花一些獲利。搭乘環遊世界的郵輪，或者買輛新車。當市場低迷時，如果你的預算很緊，你就要擱置這些購買計畫一、兩年。

第二種增加支出靈活性的方法是，在需要時找到可行的方式賺取收入。我們不是建議你回去做全職工作，或者去沃爾瑪（Walmart）當接待員。科技讓我們可以在家裡舒適的做許多有薪的工作，可以隨心所欲的想做多少就做多少。例如，麥可在家工作，他沒有借一分錢，也沒有僱用任何一位員工，就賺了100多萬美元。一間出版社後來付給他一筆相當可觀的錢，讓他寫一本叫做《完美企業》（*The Perfect Business*）的書，教別人如何做到。

根據針對嬰兒潮一代的調查顯示，他們當中的大多數人，計畫在65歲以後從事某種類型的工作。儘管這可能是出於選擇或需要，

但擁有一種賺取收入的可行方式是非常有益的，尤其是在退休的早期階段，我們可能更有活力、也花更多的錢。每一筆流入的額外資金，都是不需要從投資組合中領取的。與此同時，這筆額外的收入也可以當作意外之財，用來購買商品、旅遊、或捐贈給最喜愛的慈善機構。除了能獲得薪水，還能獲得心理上的好處。做兼職工作能讓你保持生產力，讓你覺得自己是對社會有貢獻的一員，也能讓你保持思維敏捷。

領航集團的創辦人約翰・柏格已經 80 幾歲了，但他仍頻繁的在研討會上發言、寫書、上電視，以及扮演行業中急需的行業良知的角色。儘管他在 1996 年做了心臟移植手術，但他仍然充滿正能量，並過著他一生中最快樂的時光（編按：約翰・柏格已於 2019 年 1 月 16 日與世長辭）。

確保餘生收入的額外三種方法

其他提高償付能力可能性的方法包含延遲退休、等到正式退休年齡再領取社會安全福利金，以及購買即期年金。你延遲退休的每一年，是增加你的儲蓄的額外一年，是讓你的儲蓄複利成長的額外一年，也是你不用依賴你的投資組合獲得收入的一年。當然，你必須享受你正在做的事情，否則你花費的精力就不值得換來的財務效益。

在撰寫本文時，你可以領取社會安全福利金的最早退休年齡是 62 歲。許多人只要一符合資格，就會選擇領取社會安全福利金。

然而，如果支付延遲到正式退休年齡，會提供更多、經通貨膨脹調整的退休金。舉例來說，某個正式退休年齡66歲的人將獲得的退休金，會比他／她在62歲時獲得的退休金還多33%。

如果你的收入不高，那麼你在什麼年齡接受社會保險福利金大概就不太重要。從62歲開始的20年期間當中，這個數字會趨於平衡。然而，如果你在2014年的收入超過15,480美元，那麼你每超過收入限制2美元，你就會被罰款1美元的福利金。在你到達正式退休年齡的那一年，在罰款生效之前，你可以獲得更高的收入補貼。最後，一旦你進入退休年齡後的第一個完整年，就不會有收入罰款。收入限制的金額隨著時間的經過，會根據通貨膨脹率的增加而增加。

如果你需要這筆錢，也沒有預期會活很久，而且年收入不超過12,000美元，那麼最好在62歲開始領取社會安全福利金。如果你身體很健康，有很好的基因，而且年收入超過12,000美元，那麼等到正式退休年齡再領取可能是個不錯的決定。等到70歲，你就能獲得每年比正式退休年齡多8%的退休金。如果夫妻雙方都有資格領取社會安全福利金，一種明智的策略是，將享有較高福利金的一方延遲到70歲再領取，而另一方則更早開始領取。

確保餘生收入的最後一種方法是，用你的部分儲蓄購買保證每個月有固定收入的即期年金（詳細內容請看第四章）。雖然年金對於75歲或75歲以上的人來說，是個不錯的選擇，但是它也有它的缺點，特別是對較年輕的退休人士來說。首先，你愈年輕，給付就愈低。其次，每月的收入比率是以當前的利率為基礎，而近年來

利率一直很低，使得給付相對較少。再者，大多數即期年金沒有為通貨膨脹做準備。由於退休時間可能長達 30 年或更長，年金的購買力幾乎肯定會隨著時間的經過而減弱。每年平均 3% 的通貨膨脹率，會在 24 年後使購買力減半。你可以購買會隨著通貨膨脹調整的年金，但是一開始的支付會低於固定的即期年金。最後，如果你給保險公司一大筆錢，卻沒有選擇定期確定給付的選項，然後過早死亡，那麼這對你的繼承人來說，會是一個非常糟糕的決定。這些錢不會回到你的財產當中；而是由保險公司保有。

「讓錢花不完」的審慎計畫

對投資報酬率或支出做出錯誤的假設，會對你成功退休的機率造成不良影響。這裡有一個例子，這個例子是讓許多退休人士陷入困境的想法：「現在，讓我們來看看。由於從歷史資料來看，股票市場每年的平均報酬率略高於 10%，所以我每年可以安心的花掉投資組合的 10%，也永遠不會花光錢，對吧？」錯了！這種想法的問題有兩個部分。**第一**，未來市場的表現有可能比過去更低。**第二**，當股市報酬率高於平均水準時，它們通常每年遠高於 10%。當它們低於平均水準時，它們的報酬率通常是負的，且會降低投資組合的價值。更糟糕的是，高於或低於平均水準的報酬率，往往會連續出現幾年，但沒有可預測的模式。相信你可以每年提領 10% 的錢，而且不會把錢花光，這種想法就好比你可以把你的頭放進烤箱，把你的腳放進冰箱，並且認為平均而言自己會很舒服。如果你

很幸運，在長期牛市開始的時候退休，你也許可以花掉 10% 的錢，且永遠不必擔心。但是，如果你在長期熊市開始的時候退休，持續性的提領會讓你的投資組合減少太多，以致於無法再維持最初的提領金額。

大部分關於 30 年投資組合存活率的可信研究得出結論，你每年可以提領投資組合價值的 4% 到 6%，而且有很大的機率不會耗盡投資組合，這取決於你投資組合的資產配置。然而，一旦支出比率上升超過 6%，投資組合存活的機率就會迅速下降。正如你可能猜到的那樣，支出比率愈低，存活的機率就愈大。

你的投資組合必須持續多久？答案是，「比我們大多數人想的還長。」舉例來說，一個 65 歲的男人有 20% 的機率活到 90 歲。一個 65 歲的女人活到相同年齡的機率是 32%。如果他們結婚，那就有 45% 的機率，他們其中一人能再活 25 年到 90 歲。請記住，這只是平均預期壽命。一半的退休人士會活得比他們的預期壽命更長。

在第八章中，我們為領航集團與非領航集團的投資者，推薦了各個人生階段的投資組合。在你個人生活中的重大變化，比如退休，需要對你的資產配置計畫重新進行評估。你可能已經注意到，隨著一個人年齡的增長，我們推薦的投資組合的主要改變是，股票的減少與債券的增加，以降低熊市到來時的損失風險——這是經常發生的。當退休人士不再有工作收入時，我們必須明白，比起拿我們擁有的來冒險去獲得更多，保留我們擁有的更重要。這就是為什麼，我們為提早退休人士與晚退休人士推薦的投資組合，會隨著我

們年齡的增長，而包含更少的股票與更多的債券。

第八章中的投資組合配置並非一成不變。也許，一方面，你有可觀的外部收入，像是退休金或社會安全福利金收入。或者，也許你的投資組合規模很大，因此你可以在不降低你的生活水準的情況下，忍受重大的損失。在這種情況下，你可以保持或甚至增加你的股票配置，以期留更多給你的繼承人和／或慈善機構。另一方面，你可能完全依賴於股息、資本利得，以及你的投資組合的資本報酬等收入。如果是這樣的話，不要為了獲得更好的報酬，而嘗試冒額外的風險。最好是減少不必要的支出，或者做兼職工作。

最後，以下是關於你每年可以提領多少錢這個大問題的答案。如果你想進行通貨膨脹調整後的提領，也就是根據生活成本的增加，每年增加提領金額，那麼可以從不超過投資組合初始價值的4%開始提領。相比之下，如果你只是想提領投資組合當前價值的固定百分比，那麼每年最多提領5%。請記住，投資組合的價值可能會在某些年份下降，所以如果你提領固定比例的錢，準備好接受收入縮水，或計畫賺取額外收入吧。好消息是，你的投資組合的價值將在會在某些年份上升，讓你可以提領多一點錢。此外，隨著我們年齡的增長，我們的提領金額應該能夠增加，因為剩下的提領時間更短了。請注意，提領比率是稅前，所以有很大一部分提領的錢將交給稅務機關。

沒有人能保證，任何計畫能讓你不會活得比你的錢更久。然而，根據歷史表現，這些配置與提領策略，很有可能能讓你在不耗盡你的投資組合的情況下，度過你的餘生。如果你發現自己已經超

過 75 歲了，卻因為害怕破產而只提領 4% 的錢，那麼你要不是對醫學有極大的信心，就是是時候該增加花費了。

　　總之，讓你的錢持續下去的最重要關鍵是財務上的靈活性，尤其是在最初的幾年。把你的固定支出控制在較低的水準，如果需要的話，找可行的方法來賺取額外的收入。如果有一條鐵則告訴你，每年提領的錢不得超過你投資組合的一定比例，或許會讓你感到安心。不過，墨守成規的遵循這條規則，可能會冒著花費過多與花費不足的風險。在我們的工作期間當中，我們必須在不確定的情況下做出財務決策，而這個新的生活階段也不例外。最重要的是，不要讓金錢的擔憂，剝奪你去享受花你的時間從事你最珍惜的活動——以及享受你最珍惜的人——的自由。

第 21 章

用保險來保護你的人和錢

保險就是保護你不受一切（除了保險代理人以外）傷害的生意。

——伊凡·伊薩爾（Evan Esar）

壞事會發生在每個人身上。這就是生活的一部分。有時候，這些壞事會對你的財務狀況造成嚴重的破壞。防止它對你或你的家庭造成財務浩劫的最好方法之一是，購買適當種類與數量的保險。只要發生一次沒有投保的不幸事故，就能使你或你的家庭永遠破產。適當的投保是必須的。

具體來說，你需要考慮以下幾種保險：

- 你的家庭中，其他成員獲得經濟支持所依賴的任何人的**人壽保險**。
- 所有家庭成員的**醫療保險**。
- 任何未來收入極為重要、賺錢養家之人的**失能保險**。
- 防止發生火災、盜竊或其他災害的**財產保險**。
- **汽車保險**。
- 防止昂貴訴訟的**責任保險**。
- 防止年長家庭成員儲備金流失的**長期照護保險**。

　　要成為成功的投資者，就必須成為優秀的風險管理者。**管理風險意味著要有一個保護下行風險的計畫。這就是保險的意義所在——控制損失，防止意料之外的事情毀了你的備用金。**這一章的目的是提供你一個大範圍的概述，告訴你誰應該投保什麼類型的保險、如何決定你可能需要多少保險，以及如何找到勝任的人來幫助你做出好的保險決策。

常見的保險錯誤

　　談到購買保險時，幾乎所有人都在某些領域投保過多，而在另一些領域投保不足。原因是我們不喜歡去想不好的事情會發生，而且往往會忽視它們發生的可能性。因此，我們大多數人不會去考慮全面的保險計畫。取而代之，我們是以零散的方式購買保險。因此，我們沒有得到保險在金錢方面的最好價值。基本上，人們傾向於犯

三種保險錯誤：

1. 投保不重要的，忽略重要的。

2. 根據發生不幸事故的可能性投保。

3. 針對特定的、局限的情況投保。

1. 投保不重要的，忽略重要的

人們購買汽車、電腦、或大螢幕電視的延長保固，但不購買傘護式責任保單，這是很常見的事。一台損壞的電腦如果沒有保固，會是一筆開銷，但一個訴訟案件如果沒有足夠的責任保險，可能會造成財務上毀滅性的後果。在郵局裡為包裹投保，卻不投保醫療保險的人很常見。通常，不需要供養他人的人購買了不必要的人壽保險，但卻沒有購買他們真正需要的失能保險。如果沒有一系列的保險優先順序，我們就會陷入這樣的陷阱：投保相對瑣碎的保險，但卻沒有投保我們生活中重要的領域。

2. 根據發生不幸事故的可能性投保

這裡有一條很好的經驗法則要記住：永遠不要因為某件事情發生的機率很小，就不購買保險。例如，如果你要搬到一個沙漠城市，你可能會認為購買洪水保險是在浪費錢。事實並非如此。儘管洪水在某些地方發生的機率，會比在其他地方的機率小很多，但洪水在任何地方幾乎都有可能發生。如果你的房屋和財產在洪水中遭受的損失，會讓你面臨財務上的摧毀，那你就需要洪水保險。如果發生洪水的可能性很小，保險的價格就會很便宜。

3. 針對特定的、局限的情況投保

你是會在機場的自動販賣機購買人壽保險，以防你死於飛機失事的人嗎？你有購買意外死亡保險嗎？你們有針對阿茲海默症購買特殊的醫療保險嗎？這些都是投保範圍過於局限的例子。為特定的災害投保通常是浪費錢。保險公司透過銷售特殊類型的保險賺取豐厚的利潤，因為這些保險具有情感上與衝動購買的吸引力。如果你需要人壽保險，那就買一份無論死因為何都能賠付的保單。購買一份全面的醫療保險，以便承保所有可能發生的意外事件。

適當投保的三個關鍵規則

你可以藉由遵循以下三條簡單的規則，大幅減少或消除常見的保險錯誤：

1. **只投保那些你無法自掏腰包負擔的重大災難**。最便宜的保險是自我保險。

2. **儘量承擔你能承擔的最大自負額**。自負額愈大，你的自我保險就愈多，保險費也就愈便宜。

3. **只向評級最好的保險公司購買保險**。當你需要申請理賠的時候，你需要可以依賴的保險公司。

正如盧・霍茲（Lou Holtz）教練所說，「有時候，隧道盡頭的光是一列失控的火車。」我們沒有辦法預先知道災難何時會降臨，或者你可能需要什麼類型的保險。你只能為意想不到的、最壞的情

況做好準備,並為它們投保。有了這個想法,我們來看一些常見的保險類型吧。

人壽保險

投保人壽保險的目的是,在賺錢養家的人死亡的情況下,向被剝奪生計的受扶養人提供經濟上的支援。如果你沒有需要扶養的家屬或經濟獨立,那你就不需要人壽保險。如果你有一大筆財產要留給你供養的家屬,那你可能不需要人壽保險。

如果你需要人壽保險,買定期人壽保險。定期人壽保險是一種基本的隨收隨付、不提供不必要服務的保險。這是最便宜、也是能達到目的的方法。當你告訴保險銷售人員你想購買定期人壽保險時,請準備好面對冗長的推銷話術,他們會告訴你定期人壽保險有多麼不夠、因小失大、省小錢吃大虧。他們可能會試圖向你推銷能創造現金價值的更貴的保單,比如終身壽險、萬能壽險,以及變額萬能壽險。他們可能會告訴你,除了人壽保險之外,這是一項很好的投資:「你不必死也能贏。」雖然現金價值保單是一種投資工具,但是與之相關的成本通常太高,以致於無法使它們成為好的投資選擇。我們不贊成把投資跟保險混為一談。保險是為了保護,投資是為了積累財富。不要混淆或結合這兩者。

保險公司喜歡推現金價值保單,因為它對銷售人員和公司來說是高利潤項目。把第一年保險費的 50% 到 100% 收進口袋,對銷售人員來說是很常見的。然而,如果你堅持只買定期人壽保險,保

險代理也會賣給你。保險公司不是透過拒絕賣保險來積累巨額財富的。

人壽保險銷售員像禿鷲一樣，突然造訪剛從大學畢業的年輕人是很常見的。他們對新鮮的大學畢業生說的推銷話術就像這樣：「趁你還年輕、身體健康的時候買人壽保險，保險費率會很低。當你變老或需要它的時候，你可能會因為健康狀況不佳、或負擔不起而被取消資格。」年輕人不應該上當，因為他們通常沒有需要依靠他們支持的受扶養家屬。在情況需要人壽保險之前，每個人都應該存錢和投資他們的錢，而不是購買人壽保險。

我需要多少？

一旦你決定人壽保險是個好主意，你就要決定需要多少人壽保險。表格 21.1 中的 10 項公式將能幫助你算出估計值。你只需填入美元金額。

最終結果（請看表格 21.1 的第 10 項）是所需的人壽保險的粗略估計金額。為了更全面的分析你的需求，你可能需要諮詢專業的人壽保險代理人與／或財務規劃師。

定期人壽保險

定期人壽保險是在一定期間內（如 5 年、10 年、15 年、或 20 年）以固定利率購買的。期間愈長，利率就會愈高。購買你能負擔與需要的最長期間。確保這張保單是可以續保的，這代表不論你的健康狀況，你都能夠購買未來的保險。

對於我們絕大多數人來說，人壽保險有時是必要的，但它幾乎始終是一項糟糕的投資。

在很少見的情況下，低附加保費的現金價值人壽保險和定期人壽保險保單，對所得稅級距高的人、或是那些面臨高遺產稅的人來說，會是一項好投資。如果你的資產屬於這一類，你也認為這種類型的保險可能適合你，那請你向獨立的財務規劃師、或遺產規劃律師諮詢。

醫療保險

我們大多數人都痛苦的意識到，擁有充足的醫療保險的重要性，以及隨之而來的高漲的成本。如果你的現任或前任雇主，為你提供了一個相對便宜的保險計畫，那你非常幸運。

如果你沒有參加團體保險計畫，需要購買自己的醫療保險，那麼最重要的特點是主要的醫療保險範圍。這是保險計畫的一部分，包括住院、x 光、實驗室檢驗工作、手術、醫生收費，以及康復服務等大額帳單。這個保單的終身給付最少為 100 萬美元，可能的話為 200 萬美元。

你可以承擔你能負擔的最高自負額和部分負擔（co-payment）比例，來降低健康保險保單的成本。部分負擔是保險開始之前你需要支付的金額，像是看醫生 25 美元、處方費用 20 美元、或者醫院帳單的 20%。部分負擔通常限制在 1,000 美元左右。因此，有了 1,000 美元上限、20% 的部分負擔保單，如果你有一大筆帳單，你

表格 21.1　計算你需要多少人壽保險

1. $_____ 仍活著的家人需要的年收入（美元）

2. $_____ 可獲得的年收入（退休金、社會安全福利金、年金等等）

3. $_____ 年收入缺口（第 1 項減第 2 項）

4. $_____ 年收入缺口乘上需要收入的年數

5. $_____ 應急資金（三到六個月的生活費）

6. $_____ 預估喪禮費用（美國平均為 5 千至 1 萬美元）

7. $_____ 其他現金需求（稅、大學、遺產等等）

8. $_____ 家庭總需求（第 4 項加到第 7 項）

9. $_____ 可用資產總金額（儲蓄、投資、現有人壽保險）

10. $_____ 第 9 項減第 8 項

將支付 20% 的費用，直到你的自付費用達到你的 1,000 美元最大金額。這張保單將會彌補差額。

　　如果你未滿 65 歲，正在考慮高自負額的醫療保健計畫，你可能需要考慮建立一個健康儲蓄帳戶（health savings account，簡稱 HSA）。HSA 結合了高自負額的健康保險與稅務優惠儲蓄。這是它的運作方式：你從合格的健康保險計畫中獲得保險，一個人的最低自負額為 1,000 美元，家庭的最低自負額為 2,000 美元。每年，你可以在健康儲蓄帳戶中存入最高金額的自負額，以最高金額為準。2014 年的最高限制為一個人 3,300 美元、家庭 6,550 美元。對 HSA 的提撥是可扣抵稅的。儲蓄帳戶裡的錢可以用來支付自負額或未包含的醫療費用，例如，牙科或視力保健。任何從帳戶中取出

來用於支付醫療保健的錢，都是免稅的。帳戶裡剩下的錢都是以延後課稅的方式增加。這是一種儲蓄、降低醫療保險成本、同時降低稅務的方式。

另一個降低你的醫療成本的選項是加入健康維護組織（health maintenance organization，簡稱 HMO）。雖然你的保費會更低，但你的醫療保健選擇可能會更少。HMO 經常會限制你在醫生與某些服務上的選擇。如果選擇醫生的自由是重要的，那你可能不會想要 HMO 保單。

好的醫療保健計畫的其他特點包括：

- 看你所選擇的醫生的自由，或者無需轉診或獲得基層醫療醫師的授權，就能看專科醫生的自由。
- 在費用上沒有金額限制，比如醫院病房費用、手術、醫療處理，以及實驗室檢驗工作。
- 你每年必須自掏腰包支付的金額之上限或限制。
- 國際保險，這麼一來如果你在國外，需要獲得醫療保健，就會包含在你的保單承保範圍內。

就像生活中大多數事情一樣，有了醫療保險，你就能得到你所支付的。你或許無法負擔或不想要所有的特點，但是向更大、更著名的供應商購買，你可能可以找到一個適合你的好的醫療保健計畫。

長期失能保險

你最有價值的金融資產是什麼？你可能會認為是你的家、你的公司、或者你的流動資產。好吧，除非你財務獨立，或者已經退休並領取有保障的退休金，否則以上都不是。大部分的人最大的金融資產是他們未來的賺錢能力。想一想：當你死的時候，你的生活費就結束了。但是，如果突然失能，你就會面臨真正的財務困難。你依然需要吃飯、需要支付生活費用，但卻不能透過工作為自己帶來收入。如果這還不夠糟糕，那你可能還會遭受巨額醫療費用的打擊。大多數人需要長期失能保險來保障他們未來的收入能力。可悲的是，雖然我們當中有 70% 的人購買人壽保險，但只有 40% 的美國人為他們最大的金融資產投保。

2001 年，哈佛醫學院與法學院進行了一項個人破產的聯合研究，這項研究顯示，一半以上的個人破產，是由疾病與醫療費用造成的。令人驚訝的是，在遭遇不幸時，超過四分之三的破產者擁有醫療保險。此外，56% 的人上過大學且擁有房子。這些人不是試圖欺騙法律體系，藉此逃避他們的債務的典型賴帳者。他們大多數人只是碰巧生病或受傷，而沒有足夠的保險的普通美國人。他們的不幸導致他們失去收入和工作上的醫療保險，同時累積了巨大的醫療費用。醫療保險是必要的，但這還不夠。工作的人也需要失能保險。

以下是購買失能保險的一些建議。**首先**，盡量多購買你認為自己需要的失能保險。你可以購買的最高金額通常是你收入的

60%。**其次**，考慮用稅後資金購買你的保單，而不是透過你的雇主購買。到時候，如果你需要領取失能保險，個人保險的收入就會是免稅的。在今天的自由人經濟中，工作來來去去，你可能不想依賴你的雇主來獲得失能保險。如果你失業了、喪失能力了，那你的麻煩就大了。

以下是好的失能保單應該具備的一些其他特點：

- **彌補**你在你的職業上無法從事的事。
- 在保險開始之前，等待期不超過 90 天。
- 包含生活成本調整。
- 為部分失能提供給付。
- 盡可能為你的職業提供最長的給付，或至少到 65 歲。

如果你還在想，「我不需要失能保險」，請考慮以下這些資料：一個 35 歲的人，有 20% 的機率在 65 歲之前失能，且他／她有七分之一的機率失能至少 5 年。成為失能者的機率，遠大於過早死亡的機率。如果只考慮收入損失，一年的全失能就可以抵消一個存下他／她 10% 收入的人的 10 年儲蓄。不要忘記為你最大的金融資產投保。

還要保護你的財產

人壽保險、失能保險，以及醫療保險都是為了保護你和你的家人，在死亡、失能、或生病的情況下，免於財務困難。現在，讓我

們把注意力轉移到其他類型的保險上，這類保險能保護你，免於個人財產和你已經擁有的其他資產的價值損失。

首先，如果發生火災、洪水、地震、搶劫、或任何重大災難，你需要一份房屋所有者或租房者的保單，來賠償你的住宅及其所含之物。購買這類保險時，你需要記住的四個字是**重置成本**（replacement cost）。舉例來說，也許你在幾年前以 10 萬美元的價格購買你的房子，但如果它被摧毀了，重建的成本將是這個金額的三到四倍。確保你是根據你更新投保之資產的成本，來為你的房子和裡面的東西進行投保。不要認為你的保單涵蓋了所有的災害，比如洪水與地震，因為它可能並沒有包含。你通常需要購買附約。買吧。為所有潛在的災難投保。

屋主的保單通常會為房屋內的個人財產投保，金額相當於建築物保險範圍的 50% 到 75%，這樣通常就足夠了。土地還有剩餘價值。你可能需要購買特殊的附約來承保某些物品，比如昂貴的珠寶、電子產品、銀器、或毛皮。除非失去這些東西對你來說是財務上的災難，否則可能不值得購買。

列出你家裡或公寓裡的所有個人財物，並把清單存放在保險箱或房屋外的其他地方。記錄你的財物的更好、更快的方法是，帶著錄影相機在房子裡走一遍，把你所有的東西都拍下來。每年更新一次影片，並把它存在你的住所以外的地方。如果你要申請理賠，那麼這將會非常有用。

其次，大多數人擁有的第二貴資產是他們的車子。雖然法律要求每一個有駕照的駕駛，都要投保身體傷害／財產損害責任保險，

但大多數汽車保險的承保範圍更多。如果你有其他保單或舊車，有些特點是必要的，有些則是浪費錢。舉例來說，如果你開的是一輛帳面價值很低的舊車，可以考慮取消綜合保險與碰撞保險。再說一遍，投保的唯一好處是保護自己免於承受無法負擔的災難。其他附加項目，像是租車補償與拖車，幾乎稱不上是預防災難，因此可以跳過。如果你有一個好的醫療保險計畫，你也可以跳過醫療支付的保險。

你可以透過承擔你負擔得起的最大自負額，減少屋主、租房者，以及汽車保險的成本。如果你家有安全系統、煙霧探測器、或消防灑水器，你可能還可以享有折扣。當你的車裝有安全系統、防鎖死煞車、或某些類型的安全氣囊時，汽車保險通常會給予折扣。如果你的車子有這些東西，一定要告訴你的經紀人。

第三，你需要保護自己免於遭受可能摧毀你的潛在訴訟。在我們這個愛打官司的社會，這是絕對必須的。購買一份至少 100 萬美元的個人責任保護傘保險，或一份足以保護你的總淨值的保險。相較於保護的金額來說，保護傘保單相對便宜，通常以 100 萬美元的增量在賣。

最後，如果你擁有一間公司，請確保你有足夠的商業保單能保護意外事件，例如，要員保險或涵蓋買賣協議的保險。隨著居家公司的崛起，一場火災有可能同時摧毀一個家和一間公司。居家公司需要額外的商業保單來彌補存貨、電腦、辦公設備等等的損失。如果你擁有一間居家公司，你想要保護它的資產，那就向你的屋主的保險代理人詢問商業保單。

長期照護保險

晨星公司前財務規劃總監蘇·史蒂芬斯（Sue Stevens）用這種方式，為投保長期照護保險提供了一個令人信服的理由：

每 1000 個人當中，有 5 個人會經歷一場房屋火災：平均成本為 3,400 美元。每 1000 人當中，有 70 個人會發生車禍：平均成本為 3,000 美元。每 1000 個人當中，有 600 個人需要住在養老院：平均成本為每年 50,000 美元，平均居住期間為 3 至 5 年。

自從史蒂芬斯女士寫那篇文章以來，養老院的成本已經大幅上升。在美國的一些地區，養老院的平均成本每年超過 10 萬美元，而且未來肯定還會繼續上升。

長期照護保險並不適合每個人。有兩群人永遠不會需要它——一種是擁有很高的淨資產的人，另一種是擁有很少的淨資產或沒有淨資產的人。那些擁有數百萬美元投資組合的人多半可以自我保險，並自掏腰包支付長期照護費用。那些儲蓄很少或沒有儲蓄的人有資格申請醫療補助，表示政府會為你支付養老院的照護費用。醫療補助相當於養老院的福利，代表你不太可能得到最好的照護，但你也不必為此付費。

如果你在 55 歲到 60 歲之前，發現你擁有的流動資產介於在 20 萬美元到 200 萬美元之間，那就認真考慮為你和你的配偶購買長期照護保單吧。隨著健康與醫療保健不斷進步，我們更多人將會

活得更久。加上 7600 萬已經退休或即將退休的嬰兒潮世代，肯定會有更多的人需要養老院、輔助生活、或居家照護很長一段時間。

在退休的最初幾年，長期照護可以防止因為無法投資而失去收入，就像長期失能保險可以防止因為無法工作而失去收入一樣。如果配偶中有一方需要長期照護很長一段時間，那這個成本就不會消耗能提供退休收入的投資。同樣的，對於那些想要將自己的資產傳遞下去的有錢人來說，擁有長期照護保單就不需要保留大量的投資組合，以備日後需要長期照護之需。這讓他們更容易在還活著的時候捐出（贈予）資產，也更能保證他們所有的剩餘資產都能留給繼承人。

如果你去購買長期照護保險，以下是一些好的保單應該包含的特點：

- 每天的給付應該等於你所在地區養老院的每日成本。給付愈高，你的保費就會愈高。

- 每年 5% 的通貨膨脹保護，加上保持你當前每日給付與不斷上升的醫療成本，應該被納入保單。

- 給付期間應當至少為三年到五年。終身給付期間最好。

- 免責期間（elimination period）應當是承受得起的。免責期間就像自負額。在給付生效之前，你能夠自掏腰包的時間愈長，你的保險費就會愈便宜。聯邦醫療保險將會支付前 25 天的費用。對大多數人來說，一百天是適合的免責期間。

- 除了未能支付保費以外，不得以任何理由取消保單。

- 保單應該涵蓋技術性與非技術性照護。給付也應該包含無需

事先住院的居家照護與輔助生活照護。

- 不應該排除特殊疾病，像是阿茲海默症與失智症。

- 給付觸發條件明確指出保險何時開始。不能穿衣服或洗澡都是給付觸發條件的例子。在最好、最貴的保單中，即使一個人能夠自己穿衣服和洗澡，如果有阿茲海默症等認知障礙的證據，也是給付觸發條件。

- 豁免保險費，這讓你能夠在保險開始時停止支付。

- 你每年的保費不能提高，除非它對居住在你所在州的每個保單持有人都提高。

- 保單符合稅務條件。有了合格的保單，保費也許是可扣抵稅的，而且你得到的任何給付都不需要繳納聯邦所得稅。

在 60 歲之前購買長期照護保險是個好主意。如果你等到 70 歲，你的保費將會比 60 歲時高 2.5 倍。此外，你等待的時間愈長，你患上慢性疾病的風險就愈大，就會變得無法投保。

尋找好的保險公司與代理人

多虧了網路，你可以在不離開家門的情況下獲得保險方面的教育。你可以在網上購買保單、獲取報價，以及比較給付。你還可以透過點擊滑鼠，來查看保險公司的財務實力與品質評等。

以下是一些比較好的保險網站，你可以在上面了解更多關於保險的資訊，並購買保險的報價：

- www.answerfinancial.com
- www.insure.com
- www.insurance.com
- www.insweb.com
- www.pivot.com
- www.quickquote.com
- www.reliaquote.com

　　一個多世紀以來，貝氏信用評等公司（A. M. Best Company）一直在對保險公司進行從 A++ 到 A++ 以下的評級。我們建議向貝氏評等為 A 或 A 以上的公司購買保險。要查看保險公司的財務實力與整體的品質評等，請到以下網站：www.ambest.com。其他提供保險評等的公司還有惠譽（www.fitchratings.com）、穆迪（www.moodys.com），以及標準普爾（www.standardandpoors.com）。

　　我們也建議找一個好的保險代理人，來幫助你決定你可能需要什麼類型與金額的保險。一個有能力、以客戶為導向的代理人可以為你節省時間與金錢。

　　把你的目標放在，找到一個有高尚道德、專業精神、良好服務紀錄的代理人。如同你可能知道的，並不是所有的保險代理人都是同等的。有些公司會嚴格的篩選與培訓它們的代理人，以提供能夠創造客戶忠誠度的服務。有些公司則是僱用任何一個從街上進來的人，而且它們的人員流動率極高。

　　詢問其他人是你開始的好地方。向你信任的會計師、理財規劃

師、律師，以及成功的商業人士尋求建議。如果有幾個人推薦同一個代理人，那就是一個很好的跡象。

你也可以透過專業證書來進行篩選：

- 財產及意外險承保師（Chartered Property Casualty Underwriter，簡稱 CPCU）
- 壽險規劃師（Chartered Life Underwriter，簡稱 CLU）
- 認證保險顧問（Certified Insurance Counselor，簡稱 CIC）

這樣的名稱表明這個人已經花了很多時間學習，並通過他們各自領域中的嚴格考試。這表明認真的專業精神保證。你可以在網路上搜尋你所在地區的 CPCU。請到以下網址：www.cpcusociety.org，點擊「利益集團」（Interest Groups）標籤，然後連結到「代理人與經紀人」（Agent & Broker）。

有些代理人只代表一家公司。有些代理人則是獨立的，這讓他們有更大的自由去購買和找到最適合你的保單。一旦你找到一個好的代理人，最好盡可能多把你的保險業務交給代理人。這樣做，你就會成為一位更重要的客戶，而確保你得到良好的保障與很好的服務，就是代理人的最佳利益。一個好的代理人不會根據最便宜的價格賣你保險，而是根據最適合你需要的保單賣你保險。此外，你不會被迫去買你不需要的，且保險代理人會定期與你保持聯繫，以確保你的保險是最新且足夠的。

我們在這一章所談到的，只是你可能需要的保險類型與金額的大範圍概述。絕非囊括一切。這就是為什麼，我們建議你尋求優秀

的保險專業人士的服務。

儘管不好的事情會發生在每個人身上，但重要的是，要記住，你可以透過遵循一些簡單的規則，來降低很多不好的事情發生在你身上的機率：

- 不要抽煙。
- 定期運動。
- 如果你會喝酒，你是男性的話，就限制自己一天喝兩杯，你是女性的話，就限制自己一天喝一杯。
- 繫好安全帶，不要在受影響的情況下開車。
- 吃正確的食物，保持適當的體重。
- 獲得足夠的休息。
- 定期進行健康檢查、牙科檢查，以及視力檢查。
- 保持積極的態度、微笑、經常大笑。

遵循這些規則不代表你不需要保險，但幾乎可以肯定的是，你會過上更好的生活。

第 22 章

別忘了！還有遺產稅和贈與稅

有錢人為三代做計畫。窮人為週六晚上做計畫。

——葛洛莉雅‧斯泰納（Gloria Steinem）

雖然你可能不覺得自己富有，但稅務員也許不同意你的意見。記住，決定誰有錢的是稅務法規，不是你。因此，你去世時生效的遺產稅法，將會建立一個標準，在這個標準之上，你的遺產就必須為你累積的資產支付額外的稅，因為你**太富有**了。目前的免稅額為534 萬美元。這個數字每年會根據通貨膨脹進行調整。

雖然提供法律建議超出本書的範圍（這是遺產規劃律師的職責），但我們會談到一些關於遺產規劃、將你的資產轉移給你想給

的人，你所需要考慮的事情。比起單純的把這些決定留給你所在州的無遺囑繼承法，或者把你大部分的資產留給稅務員，這會是更好的選擇。

我們都喜歡認為自己是特別的，也許我們在某種程度上甚至是不朽的。雖然我們可能確實是特別的，但我們都是凡人，所以必須面對我們最終會死亡的現實。因此，我們的生命中有兩件事是肯定的——死亡與稅。

資產的積累是終生的努力，在此過程中，幾乎會伴隨著個人與家庭某種程度的犧牲。我們希望確保這些資產在我們死後的分配，不是另一個長期的努力。相反的，我們想要知道我們的勞動果實會屬於我們選擇的人，而且會盡可能以最低的費用、即時且有效的完成。

我們會需要的文件

從某些方面來說，如果我們能提前知道，我們在這個星球上的時間什麼時候會結束，這樣我們就可以把一切都安排得井井有條，那就太好了。但是，由於我們不知道我們死亡的日期，我們需要現在就為任何可能發生的事情做計畫，包括我們死後的資產分配。

重要的是要知道，要把我們的事情安排妥當，所涉及的不僅僅是遺產規劃而已。我們還有一些其他的法律問題需要處理，和一些我們需要準備妥當的文件。這些問題與文件，通常會在你的律師準備你的遺產規劃文件時，由他／她為你一併處理。

讓我們看看你可能需要的一些文件，以及你對每份文件需要考慮的一些事情。

遺囑

即使你有信託基金，你也應該立一份遺囑。如果你有未成年的孩子，萬一你和你的配偶都去世了，你在遺囑裡可以指定一個人做為孩子的法定監護人。

你的遺囑也會指示你的遺囑執行人，你希望如何分配你的資產。它負責你個人擁有的、不包括在信託或按所有權分配的任何資產之分配，比如死後即付（payable on death，簡稱 POD）或死後轉讓（transfer on death，簡稱 TOD）、或指定受益人。

除了一些涉及小型財產的有限情況外，你的遺囑必須通過遺囑認證。根據你所在州的不同，遺囑認證可能既昂貴又耗時。有些州已經簡化處理遺產的步驟，將成本降至最低，而有些州則允許律師提高你的遺囑認證費用。

請記住，你的遺囑執行人需要經過法院的核准，他／她才能正式開始工作。法院常會要求遺囑執行人要受法律約束。一旦得到法庭核准，你的遺囑執行人就必須把你的所有事情安排得井然有序。遺囑執行人會確定你所欠的債務並償還你的債務、對各種資產進行評估、轉讓所有權、或許出售一些資產等。這些任務需要時間，因此，你的遺產可能不會像你希望的那樣，迅速的分配給你的繼承人。

有很多方法可以避免遺囑認證，包括將你的資產放進信託；按

所有權分配（例如，聯名帳戶、POD、或 TOD）；在你的延後課稅帳戶（像是 IRA 或年金）上列出受益人與或有受益人。美國儲蓄債券允許你列出受益人或共同擁有人。有些共同基金公司，也允許你為你的應稅帳戶指定一個受益人，這代表這些帳戶也可以避免遺囑認證。在領航集團，這個功能被稱為**指定受益人計畫**。不過，你需要明白，避免遺囑認證並不代表可以避免遺產稅。

最後，你需要知道，如果你個人擁有資產，但去世時沒有留下遺囑（無遺囑），法院會為未成年子女指定遺囑執行人與法定監護人。你居住州的無遺囑繼承法將決定誰繼承你的個人資產。這些法律可能與你希望的一致，也可能不一致。

生前信託

在**生前信託（living trust）**或**可撤銷信託（revocable trust）**中的資產，能免於在你居住的州和在你可能擁有財產的其他州（如果州外財產被放在信託中）進行遺囑認證。在你死後，信託在某些方面類似於遺囑，繼任受託人將按照你的意願分配資產。然而，由於信託資產沒有經過遺囑認證，你的事情就是保密的。有了信託，你死後的轉移就會更順利，資產的處置也能立即開始。不過，建立信託的成本比立遺囑的成本更高，因此你需要確保根據你的情況信託是有必要的。

如果你決定建立生前信託，你需要重新命名並將你的資產轉移到信託中。你可以在活著的時候指定自己為受託人，這意味著你依然保有對信託資產的完全控制權，就像你在信託之外擁有這些資產

時一樣。如果你願意，你也可以指定你的配偶為共同受託人，這樣你們兩個人都可以保有對信託財產的控制權。

你還需要指定一個繼任受託人。你選擇的人（配偶、子女、好朋友）應當是你信任的人，也應該是你完全有信心，在繼任受託人的角色中，能以誠實且高效率的方式實現你表達的願望的人。如果你在精神上無行為能力，繼任受託人也會管理信託資產。

生前信託並不能消去遺囑的必要性，因為遺囑能解決你去世時還沒有轉移到信託的名下，也沒有以其他所有權或受益人指定的方式安排的，你的任何個人資產的處置。

最後，你應該知道，根據你的具體情況，有許多不同類型的信託可能是合適的。這些信託包括但不限於免稅額信託、不可撤銷信託、特殊需求信託、QTIP（限制性壽終財產權益）信託、隔代繼承信託、委託人保留權益信託，以及公益剩餘信託。當你與你的遺產規劃律師一起處理事情時，就能確定這些信託中是否有任何適合你的。

授權書

授權書主要有兩種類型。你可以給某個人**有限授權書（limited power of attorney）**，在這種情況下，他們只能在特定的情況下代表你行事，正如有限授權書文件中所述。

持久性財務授權書（durable power of attorney for finances）可以讓你指定的某個人，在你喪失行為能力或無法獨自處理財務事務時，替你管理你的財務事務並代表你處理財務事務。

持久性醫療照護授權書（durable power of attorney for health care）可以讓你指定的某個人，監督你的醫療治療，並在你無法做出醫療決定時代表你做出醫療決定。然而，這些決定不能違背你的**醫療照護事前指示**（advance health care directive）或**生前遺囑**（living will）。

醫療照護事前指示

　　當你無法向醫務人員傳達你的願望時，醫療照護事前指示能向他們傳達，你對特定治療與延長生命嘗試的具體願望。這份文件也被稱為**生前遺囑或醫療指示**。

　　從 1998 年到 2005 年，眾所周知的佛羅里達州的特麗・夏沃（Terry Schiavo）一案，在佛羅里達州各級法院與美國法院制度（包括美國最高法院），進行了多次辯論。她的案子最終甚至被美國國會立法。這都是由於她沒有把她的願望寫下來，儘管法庭證詞顯示，她曾在幾個場合上表示過，如果她一直處於植物人狀態，沒有康復的希望，她寧願死也不願靠機器為她以人為方式維持她的生命。不要讓這種事發生在你身上。把你的願望以適當的形式寫下來，避免像這種痛苦與令人心痛的情況。

其他注意事項

　　目前的遺產稅法，允許你的繼承人獲得某些繼承財產的成本墊高（stepped-up costs basis）原則，但延後課稅帳戶除外。成本墊高

原則包括股票型共同基金等資產，這類資產可能會有大量未實現的資本利得。在目前的稅法下，這種成本墊高原則代表，你的繼承人不必為你一生積累的獲利繳稅，因為他們的新成本將是你去世時繼承的資產之價值。

如果你有夠多的資產，也打算留給繼承人一筆遺產，你也許會考慮打破傳統觀念，也就是先花掉你的應稅帳戶，然後再花掉你的延後課稅帳戶。把這些增值的應稅資產留給你的繼承人，你（與他們）就可以避免為這些投資支付資本利得稅。

然而，如果你遵循傳統智慧，先花掉你的應稅資產，然後再把你可扣抵稅的 IRA 的一部分留給你的繼承人，你就必須為你為了生活開銷賣出的增值應稅資產，支付長期資本利得稅。由於 IRA 沒有獲得成本墊高原則，所以你的繼承人從繼承的 IRA 中提領所有款項時，將會以他們最高的一般所得稅率繳稅。因此，對於有些投資者來說，利用應稅資產的成本墊高原則的優勢，會是一個有效的遺產規劃工具。

贈與

贈與是你可以用來降低遺產規模，甚至也許能降低到遺產稅減免水準以下的一種方法。目前，每個人可以在無須繳納任何稅的情況下，每年贈予 1.4 萬美元給不限數量的人。如果一對夫妻平均分配贈與，他們可以贈與上述的雙倍金額。這個年度免稅額是根據通貨膨脹進行調整的。

雖然贈與可以是有效減少你的遺產金額，並進一步減少你的遺產所欠的稅的工具，但它也有其他好處。例如，贈與也能讓你在你還活著的時候，高興的看到別人如何使用和享受你的贈與。

請注意，如果你超過每個人的年度免稅限制（編按：台灣贈與免稅額是每一位贈與人每一年 220 萬為限。），你可能就要繳納贈與稅。然而，關於這個年度贈與限制，有一些你應該知道的例外情況：

- 目前，只要你的配偶是美國公民，你可以贈與給他／她的金額就沒有限制。

- 目前，如果你**直接向學校或醫療機構支付學費或醫療費**，那你可以贈與給某人的學費與醫療費金額就沒有限制。請注意，雖然你可以透過直接支付學費給學校，來為某人付大學學費，但在這個免稅額規定下，你不能支付他們的其他大學費用，比如食宿費。

- 贈與給慈善機構和其他免稅組織高達 50% 的收入，也不包括在年度贈與限制之內。

贈與給慈善機構和其他免稅組織的金額，不受年度贈與免稅額的限制。然而，即使我們想為我們最喜歡的事業做一筆可觀的贈與，我們可能會覺得，在我們還活著的時候負擔不起這麼大筆贈與，因為它可能會剝奪我們維持我們現有生活方式所需的資金。慈善信託也許是這個困境的答案。

有了**慈善信託**，你可以進行捐款，避免繳稅，還可以在你的餘生中領取年金。請參考第四章中的各種年金支付選擇。你的贈與可

以包括增值的資產，這能讓你避免支付增值的資本利得稅，同時還可以獲得捐贈的全部價值的扣抵。免稅機構將能在無需支付任何稅的情況下，出售增值的資產。慈善信託對所有相關方來說，是雙贏的局面。你可以避免繳稅，並在你的餘生中獲得年金，而你最喜歡的慈善機構或事業可以得到捐贈。

指示書

你需要準備的最後一份文件是，一封包含你的願望以及關於你的葬禮安排、或火化和可能的器官捐贈的指示信件，上面會列出任何重要文件的位置，也許還會包括你給你身後的人的最後資訊。一旦你準備好這份文件，一定要把它交給你希望能執行這些指示的人。

免責聲明

正如我們在本章開頭所述，我們在這裡所提到的內容都不應被視為法律建議。我們不是律師，我們沒有資格提供法律建議。更確切的說，我們試著談一些你想要更詳細探討的領域，以及在你見你的律師之前也許會跟你的家人討論的事。多了解這些重要的問題，將有助於你在跟你的律師進行你的遺產規劃會議前，做好準備。

馬克·吐溫在評論「稅務人員與動物標本剝製師之間的唯一區別是，剝製師會留下皮膚」時，可能已經想到遺產稅了。

第 23 章

投資有問題？柏格頭來幫你

> 雖然沒有人可以回到過去重新開始，但任何人都可以從現在開始創造一個全新的結局。
>
> ——卡爾·巴德（Carl Bard）

你是一個剛剛起步的新手投資者嗎？如果你是，不必感到尷尬，因為這其實是個好消息。這代表你還沒有機會，犯我們（作者們）過去犯過的所有愚蠢、代價高昂的投資錯誤。你有一個全新的開始，我們希望，有了你從這本書中獲得的知識，你能夠避免我們經歷過的大部分（如果不是全部）陷阱。在這個階段，你在知識領域可能比我們領先更多。因此，你不必像我們一樣，通過艱難的磨

練來學習投資。現在，你只需應用我們在本書中提供的資訊，就可以讓你的投資生涯有一個好的開端。

也許你有一些有限的投資經驗，但是在做投資決策時總是感到有點不安或不確定。在這本書裡，我們試著提供你，當你在計畫你的財務未來、構建你的投資組合以走向成功的道路時，你可以理解與用的可靠資訊。我們希望，有了你在本書中學到的知識，你將能在做未來的投資決策時更有自信。

也許你是一位經驗豐富的投資者，在投資過程中犯了許多常見的錯誤，但現在正試圖糾正你的財務之船。我們曾經歷過，也已經做到了。我們希望這本書中的資訊，將有助於引導你的財務之船穿過風平浪靜的海洋，進入安全的港灣。你現在有了財務救生圈——請務必使用它！

無論你有多少經驗，或者你是哪種類型的投資者，你們每個人都是自己財務之船的船長，你需要確保它在正確的航向上。承諾自己，你從現在開始會為你和你所愛的人，創造一個「全新的結局」。過去發生的事都是歷史，無法挽回。但是，你可以從現在開始使用我們在本書中概述的工具與策略，當作幫忙指引你道路的燈塔。所以，答應我們，你不會再拖延了；把你的投資與財務事務安排妥當，應該是你的待辦事項清單上的首要任務。記住，拖延是財務成功的最大危害！

現在，讓我們總結與回顧一下我們已經學過的一些重要的內容。

我們學到什麼？

- **選擇並過一種健康的財務生活方式。** 我們需要還清我們的信用卡債務、建立應急基金、控制我們的支出，最重要的是，學會量入為出，因為這才是財務自由的真正關鍵。

- **及早開始儲蓄，並定期投資。** 我們開始得愈早，複利帶來的強大好處就愈多。

- **更詳細了解我們獲得的各種投資選擇**，像是股票、債券，以及共同基金。對大部分投資者來說，共同基金在單一投資上提供了極大的多樣性。不要在你不了解的事情上投資。

- **大概計算出你退休時可能需要多少錢**，這樣你就知道你是否在軌道上。如果你沒有目標，你就不可能達成你的目標！

- **藉由低成本的共同基金，進行指數化投資的策略**，長期而言，其表現很可能優於絕大多數的策略。如果你決定持有主動式管理的共同基金，那就選擇低費用的管理式基金，並把它們放在稅務優惠帳戶中。

- **資產配置計畫是建立在你的個人情況、目標、時間長度、需求，以及承擔風險的意願的基礎上。** 風險與更高的預期報酬是相伴而行的。天下沒有免費的午餐。盡可能讓你的投資計畫簡單。

- **成本很重要。** 我們不能控制市場報酬，但我們可以控制我們投資的成本。佣金、費用，以及共同基金的費用比率會偷走你大部分的投資報酬。盡可能降低成本。

- **稅可能是你最大的支出。**以最具稅務效率的方式進行投資。把稅務效率低的基金放在你的延後課稅帳戶中，並為你的應稅帳戶選擇具稅務效率的投資。記住分散風險的重要性。你需要一些與其他投資反向變動的投資。

- **再平衡很重要。**再平衡可以控制風險，也可能帶給你更高的報酬。堅持你選擇的再平衡策略。

- **市場擇時與追逐績效表現是糟糕的投資策略。**它們可能導致投資者表現遜於市場，並危及財務目標。

- **為你孩子的教育進行投資。**你有幾種延後課稅與免稅的選擇。

- **管理意外之財。**如果你得到一筆遺產或幸運的中了彩券，要知道如何處理一筆意外之財。

- 回答你**是否需要一個財務顧問這個問題**，以及支持與反對的一些理由。

- **了解透過投資抗通膨債券這類產品，來保護你的資產未來購買力的重要性。**請記住，通貨膨脹是個無聲的小偷，它會偷走你未來的購買力。

- **無視噪音**，不要被每天的新聞事件分散注意力。避開熱門的投資潮流，並避免追隨蜂擁衝向懸崖邊緣的人群。如果你相信「這次不一樣」，那這可能會對你的投資組合造成嚴重的財務損失。

- **使用合適的保險種類與金額來保護你的資產。**保險是為了保護。它不是一項投資。不要把兩者混為一談。

- 如果我們想成為成功的投資者，我們就必須**控制自己的情緒**。讓你的情緒支配你的投資決策可能會對你的財富造成危險。
- **讓你的錢至少維持得跟你的壽命一樣長。**過於樂觀的領取比率，可能會讓你在停止呼吸之前，就把錢用完了。
- **適當的遺產規劃**能確保資產在合理的時間內，以最低的稅傳給繼承人。

來自柏格頭的幫助

你現在有了工具，可以為一個安全的財務未來設定航向。我們知道你能做到，但你不必完全靠自己。如果你需要額外的幫助，柏格頭就在你身邊。我們在 www.bogleheads.org 網站上閒逛。

你可以在那裡找到很多關於柏格頭的有用資訊。你在那裡會發現的一些東西包括：

- 在柏格頭論壇上張貼的實用建議。
- 推薦的閱讀清單。
- 一個很棒的搜尋引擎。
- 目前柏格頭論壇上正在進行的對話的連結。
- 其他金融網站的連結。

Bogleheads.org 網站是由兩位有技術天賦、慷慨、盡心盡力的柏格頭所捐贈、建立，以及維護的，他們是亞歷克斯‧弗拉克與拉

里·歐頓。

所以，如果你有其他的問題，或者需要搞清楚這本書裡的某些東西，你要做的事情就是把你的問題張貼在柏格頭論壇上，我們會盡我們所能試著回答問題。

你應該了解，在柏格頭論壇上回答投資者問題的不只我們三個人。有很多非常聰明、願意幫忙的柏格頭，在你有財務問題時，他們都準備好、願意、也能夠向你伸出援手。

我們有律師、醫生、教育工作者、金融專業人士（CFA、CFP、CPA），以及其他在我們的論壇上貼文的各種有趣的人，包括財經作家，像是威廉·伯恩斯坦、理查·菲利、比爾·蘇西斯，以及賴瑞·斯韋德羅。我們在地理位置上很多元化，在美國的每一個角落與縫隙都有柏格頭。我們也有許多外國的柏格頭，包括一些來自加拿大、澳洲、香港、印度、日本，以及許多其他遍及歐洲、亞洲和遠東的國家。

在柏格頭論壇上，你可以找到投資問題的不同意見。柏格頭不相信一體適用，也不相信投資是照我的方式做，不然就滾蛋。泰勒喜歡說，**條條道路通都柏林（Dublin）**。

論壇上經常圍繞主動式管理基金與指數型基金，以及其他一些熱門話題展開激烈的辯論。你不需要貼文才能學習。如果你想，你也可以像許多人一樣，躲在幕後（潛水），透過閱讀大量被問到與回答的問題，以及關於各種投資話題的交流和辯論來學習。從其他柏格頭張貼的許多有用的連結中，也可以學到很多東西。

柏格頭每年都在不斷擴大與進化。美國各地都有許多柏格頭當

地分會，也有一些外國分會。在達拉斯－沃斯堡、威斯康辛、南加州、亞利桑那州（麥可屬於那裡的分會）、加州中部、俄勒岡、華盛頓哥倫比亞特區、西雅圖、舊金山灣區、佛羅里達州中部、漢普頓錨地、維吉尼亞、新英格蘭西部、大蘋果（紐約市）、明尼蘇達州、德州中部、索諾蘭沙漠、聖地牙哥、辛辛那提、雪城、休士頓、密西根、納什維爾、阿拉巴馬中部、三角研究園、夏洛特、里奇蒙、科羅拉多州城堡岩、愛荷華州東部、勘薩斯城、歐洲（巴黎）、內華達州南部、波士頓南部、土爾沙市、南卡羅萊納低地／薩凡納、蓋恩斯維爾／奧卡拉、丹佛、聖路易斯、鳳凰城、波士頓、土桑、紐澤西州、奧蘭多、南佛羅里達、新罕布夏州／緬因州、底特律、俄亥俄州東北部、匹茲堡、臺灣、紐奧良、德梅因、格林維爾大城市，以及威斯康辛州麥迪遜都有分會。在這些當地分會的聚會上，柏格頭聚在一起進行社交活動、討論共同感興趣的各種投資話題。如果你有興趣跟其他柏格頭一起聚會，你可以在柏格頭論壇維基（www.bogleheads.org/wiki/Boglehead%C2%AE_Local_Chapters）　上了解更多當地分會的相關資訊。加入團體沒有費用；每個人都用自己的方式付費。

　　除了地方分會的聚會以外，還有與傑克・柏格的年度聚會。這些活動已在全國各地舉行。這些活動的日期與地點，通常會在每年 3 月初在柏格頭論壇上公布。

結尾

　　我們再怎麼強調建立自己的個人理財計畫，然後仔細的遵循這個計畫有多麼重要都不過頭。選擇低成本的共同基金，最好是指數型基金，做為你的投資組合的核心。我們覺得簡單中有美。事先告誡，毫無疑問的，在這條路上會有許多分心的事情，會讓你想要偏離你所選擇的道路。然而，如果你事先意識到這點，並準備好應對這些干擾，那麼當情況出現時，你就能更容易的抵抗放棄你的計畫的誘惑。

　　從這本書到我們的線上論壇，你擁有成為一位成功的投資者所需的所有必要工具。也許你會到 www.bogleheads.org 網站上瀏覽柏格頭論壇，你甚至有可能參加柏格頭的聚會。誰知道呢？不久之後，你甚至可能開始稱自己為柏格頭，並幫忙傳播消息。在那之前，請你建立你的計畫並堅持到底！

附錄

附錄一：金融術語詞彙表

- **主動式管理**：一種尋求優於金融市場、或特定基準指標之報酬率的投資策略。

- **年化**：將少於一年的時間調整為一整年。例如，六個月 5% 的報酬率，年化後為 10%。

- **年金**：一種按規定的時間間隔（包括終生）提供支付的延後課稅的保險產品。根據你選擇的保險公司的不同，年金產品與支付方式也會有所不同。

- **自動再投資**：共同基金分配（股息與資本利得）被用來購買額外股份的安排。

- **基準指標指數**：共同基金經理用來比較其基金表現的指數。

- **貝他值**：衡量基金對市場變動的敏感程度。

- **債券**：政府或公司發行的債務憑證。

- **債券信用風險**：指債券發行者不能及時償還利息和／或本金的可能性。

- **債券存續期間**：提供債券型基金之波動率的估算。舉例來說，債券型基金的存續期間為三年，如果利率上升 1%，其價值將下降大約 3%，而債券型基金的存續期間為五年，如果利率上升 1%，其價值將下降大約 5%。

- **債券型基金到期日**：基金中債券到期的平均時間。

- **資本利得**：買價與賣價之間的差額。

- **資本利得分配**：向共同基金股東支付基金中證券淨出售的收益。

- **現金**：用於描述安全、易變現之資產的名詞，例如，定期存單、貨幣市場基金、儲蓄帳戶，有時也包含非常短期的高品質債券。

- **圖表分析師**：試圖用圖表來預測未來價格的人。

- **封閉式基金**：股份數量固定、通常在主要股票交易所上市的共同基金。

- **大宗商品**：未加工的商品，比如穀物、金屬、石油，以及最終到達消費者手中的其他產品。儘管市場運作有些不同，但大宗商品可以像股票一樣，通過像是芝加哥期貨交易所（Chicago Board of Trade）這樣的市場進行交易。

- **消費者物價指數（CPI）**：衡量一籃子的商品與服務，在一段時間內之成本變化的指標。它的主要用途是衡量通貨膨脹。許多支付，像是退休金與社會安全福利金，都是根據這個數字進行調整的。

- **相關性**：兩個變數之間的關係。

- **成本基價**：用來描述經稅法允許調整的投資原始成本的名詞。

- **國家風險**：國際基金會有的風險，像是戰爭、政治動盪、貨幣匯率、政府違約、會計不當等。

- **信用評等**：信用機構對證券的財務實力所作的評價。穆迪、標準普爾，以及鄧白氏（Dun and Bradstreet）都是其中最大的信用機構。

- **保管人**：負責他人活動的人或實體。

- **確定給付制**：在員工退休時付給他們終身年金的退休計畫。員工不用管理或控制這個計畫中的投資。

- **折舊**：一項資產或投資在價值上的減少。

- **定期定額法（DCA）**：定期購買股份。

- **效率市場**：一種認為股票與債券的價格競爭很激烈、資訊也很容易取得，因此當前價格能反映真實價值的理論。

- **效率投資組合**：在一定的風險水準下，以其他投資組合無法提供更高的報酬率的方式，進行多樣化投資的投資組合。

- **權益**：股票。

- **交易中介**：在滿足特定條件之前，與第三方的安全保護安排。

- **指數股票型基金（ETF）**：

在股票市場上交易的指數型基金。ETF 是通過經紀人買進與賣出的。

- **除息日**：從共同基金的資產中扣除分配的日期。這一天，基金的股價（淨值）會依分配金額下跌。

- **預期報酬率**：對某一特定投資或資產類別的估算的未來報酬率。

- **費用比率**：基金淨資產用於支付部分年度費用的百分比。

- **只收取顧問費用的顧問**：按小時收費或按管理資產的百分比收費的財務顧問。

- **全球基金**：同時投資美國與外國證券的共同基金。

- **避險基金**：富有的個人與機構使用的基金，這種基金允許使用共同基金無法使用的高風險策略。

- **高收益債券**：請參考垃圾債券。

- **國際基金**：投資於非美國證券的共同基金。

- **垃圾債券（又稱高收益債券）**：信用評等為 BB 級或 BB 級以下的債券，表示這些債券被認為低於投資級。

發行垃圾債券的公司會承諾支付更高的收益率，以吸引那些原本可能購買更安全的債券的買家。

- **收取銷售手續費的基金**：收取銷售費用的共同基金。

- **長期資本利得**：出售持有至少一年的證券所獲得的獲利，通常稅率會較低。

- **市場擇時**：試圖預測市場方向，然後根據預測進行投資。

- **貨幣市場基金**：投資於非常短期之證券的共同基金。貨幣市場基金試圖維持穩定的 1 美元淨值（NAV）。

- **不動產抵押貸款證券**：代表房屋抵押貸款池中之權益的債券型證券。

- **地方政府債券基金**：投資於免稅債券的共同基金。這些基金最適合高收入納稅人的應稅帳戶。

- **名目報酬率**：未經通貨膨脹調整的投資報酬率。

- **開放式基金**：一種傳統的共同基金，能夠根據基金投資組合中證券的實際價值發行或贖回（賣出）股份。

- **本益比（P／E）**：股票的

當前價格除以它的盈餘。

- **公開說明書**：提供投資者最可靠的投資相關資訊的法律文件。

- **不動產投資信託（REIT）**：管理一組房地產投資的公司。

- **實質報酬率**：經通貨膨脹調整後的報酬率（名目報酬率減去通貨膨脹）。

- **風險**：損失的可能性或無法達到目標的可能性。

- **風險溢酬**：持有風險更高的投資、而不是無風險投資的回報。

- **風險承受度**：投資者在不賣出、不擔心的情況下，忍受投資價值下跌的能力。經常被稱為你的睡眠因子。

- **轉存**：將資產從一個退休計畫轉到另一個退休計畫的免稅轉移。

- **羅斯 IRA**：一項具稅務優惠的退休計畫。提撥是不可扣抵稅的，但積累期間的收入是免稅的，提領時也是。

- **R 平方**：一個從 0 到 100 的數字，反映了基金的變動中，能被它的基準指標指數的變動所解釋的百分比。數

字愈高，相關性就愈強。

- **產業／特定對象基金**：投資於小範圍細分市場的共同基金，比如醫療、科技、公用事業、或房地產。

- **夏普值**：由諾貝爾獎得主威廉·夏普（William Sharpe）建立的，經風險調整後的績效表現的衡量指標。

- **配偶 IRA**：為沒有工作的配偶建立的個人退休帳戶。

- **標準差**：波動度的統計衡量指標。

- **應稅帳戶**：證券每年須繳納聯邦稅的帳戶。

- **延後課稅帳戶**：聯邦所得稅遞延至提領時才繳納的帳戶。

- **總報酬率**：衡量基金獲利或虧損的最完整指標。包含資本利得與股息。

- **傳統 IRA**：一項具稅務優惠的退休計畫。提撥是可扣抵稅的，而且積累期間的提撥與收益都延後課稅。提款按照個人的一般所得稅率課稅。除了有限的情況以外，如果在 59.5 歲之前提領，將會有罰款。

- **信託**：用於在死前與／或死

後對財產進行控制的法律計畫。

- **週轉率**：代表經理人在過去一年的交易活動。

- **未實現資本利得／損失**：基金的證券被賣出後，將會實現的獲利或損失。

- **沖洗買賣**：美國國稅局的一項規定，即如果投資者在31天內投資於「本質相同」的基金，則不允許因為出售基金而蒙受損失。

- **收益率**：投資賺取的收入占當前價格的百分比。

- **殖利率曲線**：圖表上描繪不同到期日之債券殖利率的一條線。

附錄二：我們推薦的書籍

適合新手投資者的書

- 比爾‧蘇西斯的《咖啡館投資哲學》（華盛頓柯克蘭：Palouse 出版社〔Palouse Press〕，2005）。一本帶著重要訊息的小書：如何既簡單又成功的投資。

- 法蘭克‧阿姆斯壯三世的《有學問的投資者》（紐約：美國管理協會〔American Management Association〕，2003）。簡單易懂的市場運作方式的解釋。

- 約翰‧柏格的《買對基金賺大錢》（*The Little Book of Common Sense Investing*，紐澤西州或博肯：Wiley，2007）。這是一本簡短、讀來有趣的小書。這位零售指數型基金的傳奇創辦人，解釋了他向大多數投資者推薦大盤指數型基金的許多原因。

- 麥可‧勒巴夫的《賺錢，也賺幸福：讓你累積財富、享受人生的理財魔法書》（紐約：Crown Business，2002）。一本關於如何明智的投資金錢與時間，以實現財務自由的入門書。這本書的聲音版本由南丁格爾－科南特集團（Nightingale-Conant）出版，標題為《擊敗時間／金錢陷阱》（*Beat the Time/Money Trap*）。

- 理查‧菲利（CFA）的《在順境與逆境中保護你的財富》（紐約：麥格羅希爾出版社〔McGraw-Hill〕，2003）。身為一名前海軍戰鬥機飛行員、股票經紀人，以及四本金融書籍的作者，菲利寫了這本簡單易讀的可靠投資策略的指南。

- 領航集團前執行長傑克‧布倫南的《投資直言》（紐約：Wiley，2002）。優雅簡單、非常實用、且可讀性強。

- 喬納森‧克雷蒙的《你已經輸了，現在該怎麼辦？》（紐約：Portfolio，2003）。一位獲獎的華爾街日報專欄作家，提供了人們成功投資所需的簡單易懂的建議。

適合中等程度投資者的書

- 領航集團創辦人約翰・柏格的《柏格談共同基金》（紐約：麥格羅希爾出版社，1993）。傑克・柏格想讓這本關於共同基金投資的第一本書，與班傑明・葛拉漢的經典著作《智慧型股票投資人》相媲美。他不僅成功了，而且《柏格談共同基金》可能是迄今為止最好的共同基金投資相關書籍。

- 領航集團創辦人約翰・柏格的《共同基金必勝法則》（紐約：Wiley，1999）。華倫・巴菲特稱這本書是「每位投資者必讀的書」。我們認同。

- 威廉・伯恩斯坦的《投資金律》（紐約：麥格羅希爾出版社，2002）。一位聰明的小鎮醫生迷上了投資。結果產生了投資主題方面最好的書籍之一。

- 賴瑞・斯韋德羅的《你唯一需要的勝利投資策略之指南》（*The Only Guide to a Winning Investment Strategy You'll Ever Need*，紐約：*St. Martin's Press*，2005）。關於如何避開華爾街的「輸家遊戲」的精闢見解。

- 柏頓・墨基爾的《漫步華爾街》（紐約：Norton，2003）。投資者經典之作——定期更新。墨基爾是普林斯頓大學的教授，也曾是領航集團董事會的成員。

適合想學更多的人的書籍

- 羅傑‧C‧吉布森的《資產配置》（紐約：麥格羅希爾出版社，2002）。資產配置主題方面最好的書籍之一。

- 彼得‧伯恩斯坦（Peter L. Bernstein）的《投資革命》（*Capital Ideas*，紐澤西州霍博肯，2005）。《投資組合管理期刊》（*Journal of Portfolio Management*）創辦人講述了過去 30 年金融革命的迷人歷史。

- 班傑明‧葛拉漢的《智慧型股票投資人》，附有傑森‧茲威格的註釋（紐約：哈潑柯林斯〔HarperCollins〕出版社，2003）。這是一本由美國最受尊敬的其中一位財經作家，所撰寫的優美書籍，附有最新的評註。

- 賴瑞‧斯韋德羅的《唯一的勝利投資策略之指南》。柏格頭賴瑞‧斯韋德羅，在指導我們在我們的投資組合中正確的使用債券時，讓複雜的債券世界變得容易理解。

附錄三：我們推薦的財經網站

- www.altruistfa.com/readingroom.htm。柏格頭貢獻者艾瑞克・哈斯（Eric Haas）的閱覽室是學習投資的好地方。

- crr.bc.edu。波士頓學院的退休研究中心（Center for Retirement Research）是退休議題方面的研究與文章的極佳來源。

- www.bloomberg.com。財經新聞與資訊，包括當前的債券價格與收益率，可以在彭博（Bloomberg）找到。

- www.bogleheads.org。志願提供協助的亞歷克斯・弗拉克與拉里・歐頓，已經把他們製作的網站，變成通往網路上最好的投資論壇——柏格頭論壇——的門戶。這是我們的首頁。你或許也想把它變成你的首頁。

- www.bylo.org。柏格頭比羅・賽希（Bylo Selhi）經營的一個加拿大網站，上面有許多對每個人都有用、富有洞察力的共同基金資訊。

- www.choosetosave.org。存錢有困難？需要一個財務計算機？這就是你應該去的地方。

- www.coffeehouseinvestor.com。由柏格頭作者比爾・蘇西斯維護，這是一個提供可靠資訊的好資源。

- www.efficientfrontier.com。柏格頭作者威廉・伯恩斯坦經營這個很棒的網站。請務必瀏覽過期的《效率前緣》季刊。

- www.thefinanceprofessor.com。聖文德大學（St. Bonaventure University）財務金融學助理教授吉姆・馬哈爾（Jim Mahaer）建立了這個網站，融合財務金融學術世界與現實世界。

- www.financialpage.blogspot.com。這是柏格頭貝瑞・巴尼茲（Barry Barnitz）的網站，他為柏格頭投資者維護當前有用的研究文章，包含指數化投資、領航基金、資產配置，以及類似主題的文章與

研究。範圍很廣的檔案館。

- www.firecalc.com。詳細的線上計算機，可以用來算出退休時滿意的投資組合提領比率。

- www.investorsolutions.com/?submit=Go&s=Books。柏格頭法蘭克·阿姆斯壯有一本很棒的線上書籍——《21 世紀的投資策略》（*Investment Strategies for the 21st Century*）。

- www.jasonzweig.com。業界最優秀的財經專欄作家兼作家之一傑森·茲威格，為那些想學會獨立思考的投資者建立了一個網站。

- www.jonathanclements.com。喬納森·克雷蒙被許多人認為是業界最好的財經報紙專欄作家。這個優秀的網站成立於 2007 年，包含為投資者提供的易於理解與實用的資訊。

- www.moneychimp.com。關於錢的一切；文章、計算機，以及更多東西。

- www.morningstar.com。毫無疑問的，這是共同基金一般資訊的最佳來源。同時也是柏格頭聯合論壇的家，是柏格頭們經常出沒的地方。

- www.norstad.org/finance。這是柏格頭約翰·諾斯塔德（John Norstad）的許多文章的存放處。梅爾·林道爾與泰勒·雷利摩爾在他的文章《投資整體市場》（Investing in Total Markets）中做出貢獻，這篇文章解釋了整體市場指數基金的複雜理論。

- www.portfoliosolutions.com。這是柏格頭作者理查·菲利（CFA）的首頁。使用「研究」（Research）標籤閱讀理查的論文與發表的文章。「書籍」（Books）標籤會帶你到他優秀的（免費）網路書籍——《大錢》（*Serious Money*）。

- www.research-finance.com。這個網站由約翰·P·斯科多（John P. Scordo）維護，他把最好的學術與財經文章彙集到網路上。

- www.retireearlyhomepage.com。如果你夢想早點退休，並且想知道如何做到，這就是你能瀏覽的網站。這個網站的主人約翰·P·格里尼（John P. Greaney）在 38 歲時退休，至今沒有回頭。

- www.rickferri.com。這是柏格頭作者與論壇撰稿人理查・菲利（CFA）的首頁。你會在這裡找到很多有用的資訊。

- www.vanguard.com/bogle_site/bogle_home.html。如果你想尋找很棒的學習經驗，請瀏覽此檔案，你會找到柏格先生的許多演講。

附錄四：領航集團資產配置問卷與圓餅圖

投資者問卷

❶ 我打算在多久後，開始從這個投資組合提領……

	分數
1 年內	0
1 年到 2 年	1
3 年到 5 年	4
6 年到 10 年	7
11 年到 15 年	12
15 年以上	17

❷ 我打算在多久後，花這個投資組合裡的錢……

	分數
2 年或 2 年內	0
3 年到 5 年	1
6 年到 10 年	3
11 年到 15 年	5
15 年以上	8

❸ 在做長期投資決策時，我打算持有投資多長……

	分數
1 年到 2 年	0
3 年到 4 年	1
5 年到 6 年	3
7 年到 8 年	5
9 年以上	7

❹ 從 2000 年 8 月 31 日到 2001 年 3 月 31 日，股票下跌超過 25%。如果我持有在七個月當中下跌超過 25% 的股票投資，我會……〔如果你在這段期間持有股票，選擇與你實際行為相符的答案。〕

	分數
賣掉所有剩下的投資	1
賣掉部分剩下的投資	3
持有投資，不賣出任何投資	5
買進更多投資	6

❺ 通常，我偏好價值上波動較小或沒有波動的投資，我也願意接受與這些投資相關的較低的報酬率。

	分數
我非常同意	0
我同意	1
我有些同意	3
我不同意	5
我非常不同意	6

❻ 在市場下跌期間，我傾向於賣出我的高風險資產的部分，並把錢投資在更安全的資產上。

	分數
我非常同意	0
我同意	1
我有些同意	3
我不同意	5
我非常不同意	6

❼ 我只會根據與朋友、同事、或親戚的簡短交談，對共同基金進行投資。

	分數
我非常同意	1
我同意	2
我有些同意	3
我不同意	4
我非常不同意	5

❽ 從 1999 年 1 月 31 日到 1999 年 12 月 31 日，有些債券下跌了將近 9%。如果我持有在 11 個月當中下跌 9% 的債券投資，我會⋯⋯〔如果你在這個期間持有債券，請選擇符合你真實行為的答案。〕

	分數
賣掉所有剩下的投資	1
賣掉部分剩下的投資	3
持有投資，不賣出任何投資	5
買進更多投資	6

❾ 下圖呈現的是，三種不同假設下的 1 萬美元投資，它們一年期的最大損失與一年期的最大獲利。考慮到任一年的潛在獲利與損失，我會將我的錢投資於⋯⋯

	分數
基金 A	1
基金 B	3
基金 C	5

＊投資的最大獲利或損失是有可能預測的。這個圖中所示的範圍是假設的，只是為了用來判斷投資者的風險承受度。

❿ 我目前與未來的收入來源（如薪水、社會安全福利金、退休金）……

	分數
非常不穩定	1
不穩定	2
有些穩定	3
穩定	4
非常穩定	5

⓫ 談到投資股票或債券型基金（或個別股票或債券）時，我會形容我自己是個……

	分數
非常沒經驗的投資者	1
不太有經驗的投資者	2
稍微有經驗的投資者	3
經驗豐富的投資者	4
經驗非常豐富的投資者	5

適合你的目標的資產配置策略

根據你每一個目標的總得分，從第 397 頁的表格中，選一個建議的資產類別組合。每一個總得分所代表的資產配置只有一個建議，你依然可以合理的選擇不同的組合，其他風險略高或略低的組合。在下面空白處記錄你的選擇，因為當你挑選具體的基金時，你會需要參考這些東西。

目標	總得分	資產組合
1. _____ _____ _____	_____	_____% 股票 _____% 債券 _____% 現金投資
2. _____ _____ _____	_____	_____% 股票 _____% 債券 _____% 現金投資
3. _____ _____ _____	_____	_____% 股票 _____% 債券 _____% 現金投資

你的投資組合中包含的基金類型

- **股票型基金**。主動式管理的成長或價值型基金，或是追蹤整體股票市場或其細分部分的指數型基金。

- **債券型基金**。主動式管理的短期、中期、或長期公司債、公債、或免稅債券基金，或是追蹤整體債券市場或其細分部分的指數型基金。

- **貨幣市場基金**。主動式管理的應稅或免稅基金，投資於政府、公司、銀行、或其他金融機構發行的現金投資。

- **平衡型基金**。持有股票、債券，以及（有時）現金投資組合的主動式管理或指數型基金。這種「全包式」的基金可以經由單一投資，自動維持你的目標資產配置。

根據你的分數選擇資產配置

● 股票 ● 債券

你的 總得分	建議的 資產配置	平均年報酬率 （1960~2004 年）	年度最大損失 （1960~2004 年）	負報酬年數 （1960~2004 年）
69-75 分	100%	10.6%	−28.4%	45 年當中有 12 年
62-68 分	20% 80%	10.1%	−22.7%	45 年當中有 12 年
55-61 分	30% 70%	9.8%	−19.8%	45 年當中有 12 年
49-54 分	40% 60%	9.5%	−17.0%	45 年當中有 11 年
42-48 分	50% 50%	9.2%	−14.1%	45 年當中有 8 年
36-41 分	40% 60%	8.9%	−11.3%	45 年當中有 6 年
29-35 分	30% 70%	8.5%	−8.4%	45 年當中有 5 年
23-28 分	20% 80%	8.1%	−8.2%	45 年當中有 5 年
7-22 分	100%	7.2%	−8.1%	45 年當中有 5 年

資料來源：領航集團。

這些只是投資組合配置範例。根據你的風險承受度或你個人的情況，你或許想選擇比依據你的得分建議的範本，更保守或更積極的配置。請記住，這些配置是供長期財務目標使用的。較短期的目標或緊急情況，也許持有現金投資會更好。在股票市場報酬方面，我們使用 1971 年到 2004 年的道瓊威爾夏 5000 綜合指數，以及 1960 年到 1970 年的標準普爾 500 指數。在債券市場報酬方面，我們使用 1973 年到 2004 年的雷曼兄弟美國政府與信用債券指數（Lehman Brothers U.S. Government/Credit Bond Index）、1969 年到 1972 年的花旗集團高評等債券指數（Citigroup High Grade Index），以及 1960 年到 1968 年的標準普爾高評等公司債指數（S&P High Grade Corporate Index）。

這份投資者問卷是為了幫助你決定，如何在不同資產類別（股票、債券，以及現金投資）之間分配你的投資，但並未提供全面的投資或財務建議。我們不保證任何特定的資產配置能達成你的投資目標。所有投資都涉及風險，金融市場上的波動與其他因素，可能會導致你的帳戶價值下降。隨著你的財務狀況或目標的改變，重新做投資者問卷、看看你的建議的資產配置是否有所改變，會有所幫助。

表格中所列出的報酬率，包含收入、股利、資本利得分配的再投資；報酬率並未反映出投資費用與稅的影響。過去的績效表現並非未來結果的保證。

謝辭

————— ❧❧ —————

任何一個寫書的人都知道，負責把一個想法變成最終產品的人，比作者還要多。在實現這本書的過程中，我們想要感謝下列這些人，並向他們表達特別的謝意：

比爾·法倫（Bill Falloon），他是我們在約翰威利出版社（John Wiley & Sons）的編輯，他向泰勒提出寫一本柏格頭書籍的想法，而且不接受拒絕的答覆。

亞歷克西斯·赫利（Alexis Hurley），感謝他當一個優秀、給予幫助的經紀人

理查·菲利（Rick Ferri），感謝他花了無數的時間並提供寶貴的協助，對章節進行評論與核對數字，使這本書變得更好、更準確。他是一個優秀的人，也是真正的朋友。

柏格頭鮑伯·比曼（Bob Beeman），感謝他在 I 債券的稅後實質報酬率方面的原創成果。

Excel 高手艾利克·史坦萊（Alec Stanley），感謝他在延伸鮑伯·比曼的原創成果中所做的工作，並在我們提出協助的要求時（且這個情況經常發生），提供其他有價值的試算表協助。

感謝晨星公司（Morningstar）創立了領航死忠粉絲論壇（Vanguard Diehards Forum），以及亞歷克斯·弗拉克（Alex Frakt）與拉里·

歐頓（Larry Auton）建立了 bogleheads.org 網站。同時，特別感謝拉爾夫·阿維森（Ralph Arveson）為我們的柏格頭比賽和柏格頭當地分會網站，所做的貢獻。

感謝所有對這本書展現出極大熱情並給予鼓勵的人，讓我們所有的努力看起來很值得（你們知道我們說的是你）。

最後，當然同樣重要的是，我們要感謝我們的妻子，派特·雷利摩爾（Pat Larimore，已故）、瑪琳·林道爾（Marlene Lindauer），以及艾兒可·勒巴夫（Elke LeBoeuf），感謝她們在我們投入長時間待在電腦前，準備這份心甘情願做的工作的過程中，給予耐心與理解。

國家圖書館出版品預行編目（CIP）資料

鄉民的提早退休計畫〔觀念版〕／泰勒‧雷利摩爾（Taylor Larimore）、梅爾‧林道
爾（Mel Lindauer）、麥可‧勒巴夫（Michael LeBoeuf）作；劉奕吟譯. -- 初版. -- 臺北
市：樂金文化出版：方言文化出版事業有限公司發行，2021.10
400 面；14.8×21公分
譯自：The Bogleheads' guide to investing, 2nd Editon
ISBN　978-626-95068-3-5（平裝）
1. 柏格（Bogle, John C.）　2.投資　3. 理財　4. 資本市場

563.5　　　　　　　　　　　　　　　　　　　　　　　110014962

鄉民的提早退休計畫〔觀念版〕
The Bogleheads'Guide to investing, 2nd Editon

作　　　者　　泰勒‧雷利摩爾（Taylor Larimore）
　　　　　　　梅爾‧林道爾（Mel Lindauer）
　　　　　　　麥可‧勒巴夫（Michael LeBoeuf）
譯　　　者　　劉奕吟
責任編輯　　林映華
編輯協力　　林宥彤、蕭瑋婷
總 編 輯　　陳雅如
行 銷 部　　徐緯程、段沛君
業 務 部　　康朝順、葉兆軒、林傑、林姿穎
管 理 部　　蘇心怡、莊惠淳、陳姿仔

封面設計　　職日設計Day and Days Design
內頁設計　　王信中

出版製作　　樂金文化
發　　　行　　方言文化出版事業有限公司
劃撥帳號　　50041064
通訊地址　　10045台北市中正區武昌街一段12號9樓
電　　　話　　（02）2370-2798
傳　　　真　　（02）2370-2766
印　　　刷　　緯峰印刷股份有限公司

定　　　價　　新台幣480元，港幣定價160元
初版一刷　　2021年10月
I S B N　　978-626-95068-3-5

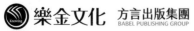